조선명장전 1 이순신

조선명장전 1 이순신

초판 1쇄 인쇄 2019년 11월 5일
초판 1쇄 발행 2019년 11월 10일

지은이   최익한
엮은이   송찬섭
펴낸이   이영선
책임편집   김종훈

편집   강영선 김선정 김문정 김종훈 이민재 김연수 이현정
디자인   김회량 정경아
독자본부   김일신 김진규 정혜영 박정래 손미경 김동욱

펴낸곳 서해문집 | 출판등록 1989년 3월 16일(제406-2005-000047호)
주소 경기도 파주시 광인사길 217(파주출판도시)
전화 (031)955-7470 | 팩스 (031)955-7469
홈페이지 www.booksea.co.kr | 이메일 shmj21@hanmail.net

ⓒ 송찬섭, 2019
ISBN 978-89-7483-998-7 93910

이 도서의 국립중앙도서관 출판예정도서목록(CIP)은 서지정보유통지원시스템 홈페이지(http://
seoji.nl.go.kr)와 국가자료공동목록시스템(http://www.nl.go.kr/kolisnet)에서 이용하실 수
있습니다.(CIP제어번호: CIP2019042869)

조선명장전 1 이순신

최익한 지음 — 송찬섭 엮음

서해문집

이 책은 최익한이 1949년 북한의 학술지《역사제문제》에 '조선명장론'
이라는 주제로 연속 수록한 을지문덕, 연개소문, 강감찬, 이순신 등에
대한 논문에 이후 김유신, 곽재우 편을 보완하여 1956년 발간한《조선
명장전》을 활용하였다. 전체 분량과 비중을 고려해서 책의 절반 이상
을 차지하는〈이순신 장군〉편을 한 권으로 하고 기타 명장을 묶어서 별
도의 책 한 권으로 출간하고자 한다.〈조선명장론〉은 최익한이 북한에
서 처음 썼던 글로서 우리나라 역대 명장을 대상으로 하였다. 단순한
위인전이 아니라 우리 역사의 흐름, 특히 전쟁사에 대한 폭넓은 시각을
보여 주며 다양한 자료에 기반하여 학문적 가치도 높다.《조선명장전》
은 최익한의 전집으로 넣기에 충분한 업적이라고 볼 수 있다.

　《조선명장전》의〈이순신 장군〉편을 간단히 소개하겠다. 한말, 일
제강점기, 해방 초에도 이순신에 관한 책이 몇 편 있었지만, 이 책은 그
수준을 완전히 뛰어넘은 작품이다. 이순신 장군이 임진왜란에서 세운
전과만이 아니라 그 이전 수군 정비에 관한 여러 가지 창안과 개선을

꼼꼼하게 다루고 있다. 이 시기에 최익한은 최선을 다하여 우리나라 사적뿐 아니라 일본, 중국, 러시아 등의 자료를 수집하였기에 당시 일본의 전략이라든가 중국의 동향 등도 치밀하게 작업할 수 있었다. 더구나 최익한은 본래 한학자로서 동양 고전에 풍부한 지식이 있어 정책 해석에서도 그러한 자산을 합리적으로 활용했다.

　최익한은 글을 쓸 때 지역의 설화를 활용하고 현장을 답사하여 서술하였다. 그는 서울에서 기자 생활을 하면서 여러 지역을 답사하였기에 이순신 장군이 수군으로 활동한 것을 서술하는 데 이러한 답사 경험을 활용할 수 있었다. 1948년 월북한 뒤로는 이순신 장군이 초기에 함경도 지역에서 활동한 내용에 대한 사료를 확보하기 수월했기 때문에 더욱 생생하게 서술할 수 있었다. 최익한은 '여유당전서를 독함' 등의 신문 글을 쓸 때도 직접 현장을 답사하였다. 이 책의 녹둔도에 대한 주석에서 속명 '사시마沙次麻'라고 했다든지, 현재까지도 육진 지방에 여진 재가승在家僧 부락이 남아 있다는 서술은 그가 북한에 머물면서 책을 썼기에 가능했다. 이순신 장군이 활동했던 지역에서 간행되었던 읍지邑誌를 최대한 활용한 점도 이야기를 풍부하게 하였다. 그러나 민간 설화를 최대한 활용하다 보니 논개가 본래 노운개盧雲介였다는 식의 받아들이기 어려운 내용도 있다.

이순신 장군이 남북 양 지역에서 활동하였고, 임진왜란은 전국에 걸쳐 일어났던 전쟁이다. 최익한 자신도 이순신의 활약뿐 아니라 전쟁의 전개과정 전반을 다루었기 때문에 전국의 지리에도 관심이 높았다. 그는 특히 인문지리를 폭넓게 이해하려고 하였다.

우리말도 잘 활용하였다. 최익한이 강원도 출신(울진은 당시 강원도였다)이었기에 강원도 방언을 많이 썼지만 월북 이후로는 북한 지역 방언도 글 속에서 많이 썼다. 그 가운데는 답새기, 둔치다, 맨주, 궁글 등 지금도 잘 알 수 없는 방언도 들어 있다.

최익한은 그간 작업한 신문 글과 작업의 분명한 목표에 따라 대중용으로 이 글을 서술하였다. 대중용 글임에 비해 한자가 상당히 들어간 점은 당대의 자료를 활용했기 때문이기도 하지만 군사용어 등 일반인에게 익지 않은 단어가 많았기 때문이기도 하다.

이순신 장군에 대한 최익한의 해석과 의미 부여에는 힘이 있다. 조산포 만호로 간 것을 '장군의 수군계의 발족은 이것으로써 비롯하였다'고 한 평가라든가, 정읍 현감과 태인 겸관 때의 활약을 '장군은 민중과 접촉하면 반드시 그들의 지지를 받은 것을 이것으로도 알 수 있다'는 평가는 적절하였다.

다만 최익한이 우리 민족의 우월성 관점에서 서술한 부분이 가끔 보인다. '조선 종족의 활발한 여세는 계속적으로 바다를 건너가서 골상, 언어, 생산 기술 및 문화 등 각 방면에 일본족의 우수한 주체를 구성하여 왔으며…'는 그 사례다.

탈환을 해방으로 표현하거나 인민 등의 용어를 쓴 것은 사회주의 지식인으로서 당연한 일일 수 있다. 연대를 '전쟁 몇 년'으로 기록한 것도 전개과정이 구체적이었음을 보여 준다. 크게 보면 조선사, 전쟁사와 이순신이라는 인물을 종횡으로 엮었다. 통영 앞바다의 거북선 모형이라든가, 이순신 장군 연극에 대한 언급은 최익한이 이순신에 크게 관심을 기울였음을 보여 준다. 그는 이순신을 '군사적 예술'이라고 부를 만큼 심취하였다.

이 글에는 문학적이면서 창의적인 서술이 많다. 조선시대 해외 활동이 없었다는 점을 '백제와 신라가 광범히 활약하던 동서 해면은 유생 정치의 폐관주의에 의하여 전연 봉쇄되어 버렸다'든가, 임란 직후 육로에서 계속 패배한 것을 '극악한 군사적 실패의 근인에 대하여 이제 이순신 장군으로 하여금 단적으로 지적하게 하자!'고 서술했다.

이 글은 대외침략사, 인민항쟁사의 성격을 포함하는 글이므로 지나치게 감정적인 표현도 적지 않다. 지배층이라든가 왜군, 명나라 파견 부대에 대한 감정적인 표현은 책의 가치를 조금 떨어뜨릴 수 있다. 최익한은 '당파의 앞잡이인 언관들'이 이순신에게 작위를 더하지 않은 것은 '당시 관료 계급이 장군 개인을 박대한 것이 아니라 조국의 영예를 경멸한 것'이라고 하면서 당시 관료층에 대한 부정적 인식을 드러내기도 했다.

이 글은 북한에서 인민대중을 대상으로 서술하였기에 최익한의 이전 저작보다는 문장이 훨씬 쉽고 한자어가 줄었다. 그러나 군사용어

또는 북한의 일상용어로서 우리와는 차이가 있어 바로 이해하기 어려운 말은 한자를 그대로 사용하였다. 어려운 한자말이 아니더라도 식물食物, 전지戰地 등 우리에게 그리 익지 않은 용어는 한자를 병기하였다.

'이조'와 같이 현재 남쪽에서는 잘 쓰지 않는 말이 있다. 북한에서 '조선'은 우리나라 전 시기를 가리키므로 이와 구분하기 위해 '이조'는 바꾸지 않고 그냥 사용하였다.

원본에는 오타가 제법 있다. 단순 오타는 활자를 뽑는 과정에서 생겼을 것이다. 그 밖에 최익한이 기억에 의존하여 작성하였기에 생긴 오기도 적지 않아서 최대한 바로잡으려고 하였다. 여기서는 앞서 냈던 최익한의 다른 저작에 비해 원본의 표현을 큰 폭으로 수정하였다. 최익한이 이 글을 쓸 때 이전 저작들보다 대중에게 더욱 널리 읽힐 것을 염두에 두었으리라고 판단해서다. 이 책은 이순신 장군을 중심으로 하였지만 우리나라 전쟁사의 흐름을 이해하고 전쟁사의 중요성을 살펴보는 데에도 크게 도움이 되리라 본다.

이렇게 귀중한 책이 발간될 수 있었던 경위를 간단히 소개한다. 이 책은 그간 국내에는 존재 자체도 알려지지 않았다. 몇 년 전 한국근현대사 자료 수집을 하는 박현철 님(국민건강보험 근무)이 한 고서점에서 이 책을 구하였다. 서점 주인의 말로는 핀란드에서 한국학 연구를 하던 고송무(1947~1993) 선생님이 사고로 돌아가신 뒤 그분의 집에서 흘러나왔다고 한다. 그는 아마도 핀란드나 이웃 국가에서 이 책을 구했을 것이다. 평양에서 발간한 책이 지구를 한 바퀴 돌아 우연히 발견되었으니 남북의 현실을 증언해 주는 셈이다. 늦었지만 발간을 통해 고마움을 표현하고 싶다. 다만 목차의 마지막 부분에 '약도 10장'의 목록이 기록되어 있으나 이는 별지로 제작된 탓인지 첨부되지 않아서 이용하지 못했다. 언젠가 구하게 되면 보완해야 할 것이다.

마지막으로 원고를 검토해 주신 이상훈 선생님(육군박물관 부관장)과 작업을 도와주신 정윤화(고려대 박사과정), 이선아(성균관대 박사과정) 두 분께도 감사드린다.

2019년 11월
송찬섭

일러두기

1 이 책은 《조선명장전》(민족보위성 군사출판부, 1956)을 활용해 새롭게 편집한 것이다.
2 원본의 표현을 최대한 살리면서 현행 맞춤법에 맞게 글을 수정하였다. 다만, 일부 표현은 저자의 의도를 살리기 위해 그대로 두었다. (예: 임진조국전쟁/임진왜란, 경성/서울)
3 괄호 안의 설명은 모두 원본 그대로이거나 줄였고, 각주는 모두 엮은이가 달았다.
4 한자 병기는 최소화했으나, 필요한 경우 중복 표기하였다.
5 외래 인명과 지명은 외래어표기법에 따랐으나, 일부는 저자의 표현에 따랐다.
6 원문의 오타는 수정하고 원문을 밝힐 필요가 있을 때는 각주에 기재하였으나 큰 의미 없는 오타는 각주 없이 고쳤다.
7 책이나 문집은 《 》, 시나 편은 〈 〉, 강조나 인용은 ' '로 표기하였다.

이 책은 과거 1천 수백 년 동안 무수히 출현하였던 영용英勇한 선조 중에서 고구려 을지문덕乙支文德, 연개소문淵蓋蘇文, 신라의 김유신金庾信, 고려의 강감찬姜邯贊과 임진조국전쟁 시기의 이순신李舜臣, 곽재우郭再祐 6인의 명장의 전기를 쓴 것이다. 끝으로 임진조국전쟁과 그 전쟁에서 영웅적으로 투쟁한 여러 장병의 전모에 관한 개사를 첨부하여 그들의 열렬한 애국정신과 위대한 전투업적을 간명히 또는 체계적으로 연구·논술하려 하였다. 이는 일면으로는 영웅 조선의 유구한 군사적 전통을 천명하며 타면으로는 오늘날 조국의 통일 독립을 위하여 싸우는 인민들에게 하나의 고귀한 병감으로 제공하려는 것이다.

이 위대한 장군들은 자기의 생명과 모든 것을 국가와 인민에게 바치고 강포한 외적의 침략에 대항하여 주관적으로는 조국의 자유 독립을 위하며, 객관적으로는 동방 여러 인민의 평화와 안전에 위대한 공훈을 수립하였다. 이 중요한 관점에 있어서 그들이 어느 시대, 어느 계급에 속하였던 것을 불문하고 우리는 그들에게 무한한 광영을 드리지 아니할 수 없는 것이다.

특히 우리 선조는 유구한 국가 수호 과정에서 두 개의 역사적 특징을 가지고 있었다. 하나는 세계 어느 문화 민족에서도 보기 드물 만큼 평화와 자유를 애호하였기 때문에 남의 국토와 인민을 침해하는 전쟁은 거의 한 번도 일으킨 적이 없었던 것이며 다른 하나는 육지로, 바다로 극히 빈번한 외적 침략을 받을 때마다 항상 영웅적으로 싸워서 적을 격퇴하였으므로, 이 가열하고 장구한 시련과 경험에서 조국방위에 대한 전략전술이 비상히 발달되었던 것이다.

그들은 실지 전투에서 항상 소수의 군대로써 적의 우세를 제압하였으며 견인불발한 지구전을 펼쳐 적의 속전속결 방침을 파탄시켜서 최후의 승리를 거두었다. 이는 참으로 우리 영용한 선조들의 전쟁 역사에서만 많이 볼 수 있는 특이한 실례들이다.

이제 다시 한 번 강조할 것은 레닌 선생이 일찍이 간파한 바와 같이 '모든 전쟁에서 승리는 결국 전쟁에서 자기들의 피를 흘리는 대중의 정신 상태가 결정하는 것이다'. 우리 영용한 선조들은 외적의 침략을 격퇴하는 마당에서 무엇보다도 먼저 당시 인민들의 의분심을 고도로 고무하고 인민들의 애국적 역량을 옳게 조직하여 정의의 승리를 틀림없이 얻었던 것이다.

그들은 조국보위전쟁을 인민전쟁으로 인식한 동시에 인민 장군의 성격을 훌륭히 발휘하였다. 시인 푸시킨은 나폴레옹 1세의 대침략을 격퇴한 러시아 사령관 쿠투조프' 장군을 '인민의 영수'라고 부르고 '신성한 영예'라고 찬미하였다. 이와 같이 우리도 강포한 외적들의 침략으로부터 조국을 구출하고 따라서 동방 제국의 평화와 안전에 기여한 을지문덕, 연개소문, 김유신, 강감찬, 이순신, 곽재우 장군들과 임진조국전쟁에서 영용 무비하게 투쟁한 여러 영웅들에게 또한 '인민의 영수', '신성한 영예'를 외쳐 마지아니하는 바다.

1952년 8 · 15 7주년 기념일

저자 최익한 씀

I   러시아의 군사령관. 본명은 Mikhail Illarionovich Golenishchev-Kutuzov(1745~1813). 1812년 나폴레옹의 러시아 침공을 격퇴한 장군.

이 순 신

임진왜란은 우리 조선 민족이 발전하여 오는 행정行程에서 처음 보는 큰 재난이며 큰 모욕이었다. 이는 장차 3세기 뒤에 닥쳐 올 강도 일본의 제국주의적 침략에 대한 일종의 전사前史적 신호였다. 이 왜란이 단순한 군사적 만행이 아니었던 것처럼 이순신 해군을 중심으로 한 우리의 승리 또한 일시 우연한 국방적 사건이 아니었다.

일본은 아시카가씨足利氏의 무로막치막부室町幕府[1] 이래로 자체의 경제적 이득을 위해 대륙에 조공朝貢과 수호修好라는 명목으로 통상과 개항을 교섭하여 중국(명나라)의 영파寧波와 조선(이조 초기)의 삼포三浦에 호시互市를 열어 교역을 하였다. 그때 수입한 일본 상품은 조중朝中을 물론하고 인민 생활에 불필요한 것인 반면에 수출품은 대개 일용 필수품이었으며 일본 상인들이 폭리를 취하여 경제적으로도 많은 폐해를 빚어내었다. 뿐만 아니라 그들이 상업을 표방하고 각 상항商港에 내류

---

[1]   아시카가 다카우지足利尊氏가 새로운 천황을 옹립하고 교토에 세운 막부(1388~1573).

來留하며 일부 주민을 유혹하여 내정內政을 정탐하고 동란을 일으킨 일이 한두 번이 아니었다. 그리하여 조중 양국은 '불모이동不謀而同'[2]으로 일본에 관한 통상 정책을 수차에 걸쳐 긴축하고 제약하여 오다가 나중에는 부득이하게 상항을 폐쇄하고 국교를 단절하게 되었다.

왜적의 괴수 도요토미 히데요시豊臣秀吉는 일본의 집정執政이 되자 곧 조선 정부에 위협적인 교섭을 시도하고 일본이 중국으로 진군하는 길을 조선이 빌려주지 않는다는 구실을 내세워 전국의 힘을 기울여 배신적이며 불의의 침범을 감행하였다. 이는 종래 조중 양국 정부가 대일 통상 금지 정책을 단행한 데 아무런 반성도 하지 않고, 경제적 불만과 파렴치한 야수성으로 일관한 놈들의 탐욕스러운 복수주의가 출병의 중요한 원인이었기 때문이다. 놈들은 사기, 부랑, 모험과 약탈이 본질이었던 중세기적, 특히 '왜구적' 상인 자본의 활동 무대를 개척하기 위

---

2   미리 의논하지 않아도 의견이 서로 같음.

하여 무장을 동원하고 바다를 건너 피비린내 나는 발톱을 대륙에까지 뻗었다. 왜구의 이와 같은 만행은 필연적으로 당시 아시아의 평화적 중농경제를 토대로 한 봉건주의체제를 국제적으로 격노케 하여 조중 연합군의 공동전선을 대규모로 촉성시켰다.

이와 같은 국제적·물질적 환경 속에서도 조선 인민의 열렬한 애국정신과 용감한 영웅주의를 대표한 이순신 장군은 조국을 보위하는 천재적 전공戰功을 세웠으며 명나라의 조정은 막대한 인적·물적 소모를 돌보지 않고 자국의 긴급한 국방적 견지에서 장기간에 걸쳐 조선 원조를 계속하였다. 반면에 왜적의 야만적 침략전쟁은 조중 연합군의 정의로운 깃발 앞에서 결정적으로 패퇴하였으며 도요토미 정권은 침략자의 필연적 운명인 패전과 함께 무너지고 말았다. 그의 후계자인 도쿠가와막부德川幕府[3]는 선행자의 여지없는 실패를 크게 경계하여 그 후 300년 동안, 즉 구미 자본주의가 동양에 침입하기 전까지 쇄국적인 봉건조직을 강화하는 한길로 나아가는 동시에 조선에 극히 공순하고 평화적인 태도로 외교를 해 왔다.

이순신 장군의 전략전술과 전투공적을 연구 서술하는 본론의 서언에서 이와 같은 전체적인 역사의 개략만이라도 지적하여 두는 것이 본론을 이해하는 데 도움이 되리라고 믿는다.

이순신 장군의 전기傳記와 그의 전투 사실에 관한 논술이 세상에 상당히 유행하고 있으나 대개는 그를 추상적으로 과장하며 그의 전공을 격찬한 데 불과하다. 그리하여 그의 전략전술과 영웅주의를 과학적으

---

3 도쿠가와 이에야스德川家康가 일본을 통일하고 현재의 도쿄인 에도에 연 무인 정권(1603~1867).

로 연구하고 체계적으로 논술한 문헌은 아직 별반 보이지 않으므로 장군의 위대한 내용은 일반에게 요령 있게 알려지지 않은 반면에 도리어 단편적 성격을 띤 일종의 일화와 전설로 진화하는 경향이 없지 않다.

심한 예로서 걸핏하면 장군을 당시 도원수 권율權慄과 꼭 동등한 군략가로 평가하여 종래 이조 양반의 당파적 논법을 무의식적으로 계승하고 있다. 권 원수의 전투업적도 훌륭하지만 진실한 의미의 장재將才와 전략으로 볼 때 그는 당시 의병대장인 곽재우에 비교하더라도 몇 걸음을 물러서야 하는데, 하물며 이순신 장군과 자리를 같이하여 말하는 것은 과학적으로 논평하는 태도가 아니다.

이보다 조금 발전된 논법은 영국의 명장 넬슨에 비하는 것이다. 트라팔가르Trafalgar 해협⁴에서 나폴레옹의 침략 함대를 격파하고 장렬한 최후를 맞이한 그의 사적이 장군과 대개 유사하다고 누구나 인정할 수 있다. 그러나 넬슨은 이미 강력한 군대를 자기 손에 갖췄으며 또 군수보급과 작전계획 등 모든 것을 영국 정부가 전력으로 원조하였을 뿐 아니라 전쟁 기간도 극히 짧았으므로 그의 성공은 결코 기이한 것이 아니었다. 그러나 이순신 장군은 그와 전연 다르게 가장 불리한 조건이었으니, 즉 일반 군비는 와해되었으며 정부로부터 아무 방책과 조력도 얻지 못했다. 그럼에도 장군은 애국 인민의 열렬한 협력과 지지를 얻어서 병원兵員, 군량 및 전함 일체를 자기의 창의와 독자적 힘으로 급속히 준비하였으며 더구나 7년이란 긴 기간 동안 백전백승의 성과를 가지고 이

---

4   스페인 남단과 북아프리카 사이의 좁은 해협. 이곳에서 1805년 넬슨 제독이 지휘하는 영국함대가 프랑스-에스파냐의 연합함대를 격파하였다.

두 사람의 역사적·군사적 평가를 동일하게 하면 이는 심히 단순하고 어리석은 속물적 피상론皮相論에 불과하다.

이순신 장군의 전기는 장군이 아니면 있을 수 없다. 이는 당시 조선 인민이 장군의 탁월한 지휘 밑에서 얼마나 영용하고 의분 있게 잘 싸웠던가를 실증한 지적이다. 장군은 7년 전쟁을 시종일관하게 주동하였으므로 장군의 전투는 곧 당시 조선 해상전투 전체인 동시에 전 전쟁의 역사에도 중심 부분이 되었다. 장군의 전투사적을 이해하려면 먼저 당시 전 전쟁 역사를 전체적으로 파악해야만 가능할 것이다.

필자는 장군이 조국을 보위한 위대한 내용을 일반 인민이 이해할 수 있도록 그의 전모를 체계적으로 서술하였다. 도저히 명확하게 인식되지 않는 부분, 다시 말하면 장군의 전투와 관련한 인과적 사실들을 될 수 있는 대로 광범히 논술하려 하였다.

조국 역사상 한 개 커다란 결절인 임진조국전쟁을 개략적이라도 이해하려는 일반 독자들이 이 글을 읽는다면 또한 도움을 얻을 수 있으리라고 생각한다.

장군에 대한 약간의
전제적 인식

01

충무공 이순신 장군의 전략과 위훈은 이제 새삼스레 논술할 필요가 없다. 그가 자기의 생명과 지식과 재능을 다하여 강포 무쌍한 왜적을 철저히 분쇄하고 민족과 조국을 수호하는 사업에 성공적으로 공헌하였으므로 조국이 있고 민족이 있는 한 장군의 공적은 영원히 살아서 빛날 것이다.

당시 7년 전쟁은 동양 유사 이래 처음 보는 육해 양면에 걸친 장기적인 대전쟁이었다. 조선, 중국, 일본 세 나라가 비록 정의와 침략의 입장은 다를지언정 각기 자국의 인력과 무력을 통틀어서 긴 시일을 허비하며 용이 날고 범이 뛰는 듯한 판갈이 싸움을 전개하였다. 이는 당시 전쟁 전 국면의 중심인물인 우리 이순신 장군의 탁월한 인격, 재능, 지략과 전공 모든 것을 비교하고 대조하기에 극히 좋은 기회였다. 이 역사적이며 현실적인 평가의 결론은 과연 어떠하였던가? 우리는 장군을 직접 보고 사귀고 그와 서로 싸워 본 당시 사람들의 체계적인 여론을 들어 보기로 하자.

첫째 본국에서는 당시 봉건사회적 통치계급이 문벌과 붕당으로 구성되어 정권을 잡고 공명을 세우는 일을 그야말로 '쥐싸움, 개싸움' 식으로 했으며, 어떤 사실에도 입각하지 않은 채 비방과 칭찬(毀譽)을 하고 상벌을 내렸다. 또 당시 수륙 양면에 훌륭한 공훈을 세운 무사와 명장들이 별같이 벌어져 있어서 제가끔 남을 깎아 내리고 자기 잘남을 자랑하였다. 그러나 한 마디 과장도 없이 항상 자기 부족을 느낀 이순신 장군의 위대한 인격과 공훈에 대하여 그들은 마침내 모두 머리를 숙이고 그를 중흥공신中興功臣의 최상위에 올려 모시기에 일반이 아무런 이의가 없었다. 당시 애국시인 차천로車天輅는 장군의 순국을 애도하는 시의 첫 머리에 "우주무쌍장宇宙無雙將 누선제일공樓船第一功"[1]이라 하였으니 이는 결코 과도한 찬사가 아니었다.

둘째 당시 명나라 응원부대의 장령들은 대국이란 그릇된 우월감으로 조선의 장군들에게 오만무례한 태도를 기탄없이 취하였으나 장군의 장재將才에는 계금季金,[2] 장홍유張鴻儒,[3] 진린陳璘[4] 등이 모두 충심으로 탄복하지 않는 자가 없었다. 그중 수군도독 진린은 성질이 완고하고 경솔할 뿐더러 장군의 직접 상관으로 군림하게 되었다. 그러나 그는 장군을 한 번 접촉하자 곧 성심으로 감복하여 상관으로서 도리어 장군의 절제를 받기를 자원하였으며 또 국왕 선조에게 "이순신은 경천위지經

---

1 "우주에서 가장 뛰어난 장수 수군으로 가장 큰 공을 세웠네". 《이충무공전서》 권12 부록4에 실린 봉상정봉常正 차천로의 시 〈도이장군悼李將軍〉의 첫 머리다.
2 명나라 유격장.
3 명나라 총병관總兵官.
4 명나라 수군제독.

天緯地[5]의 재주와 보천욕일補天浴日[6]의 공로가 있다"라고 보고하여 최대 경복의 뜻을 표하였다. 그는 장군의 전략전술을 자세히 감상하고 "공은 소국의 인물이 아니니 만일 중국에 가면 마땅히 천하의 상장上將이 될 것이다"라고 하였다. 이것을 보아서도 당시 명나라 장령들의 장군에 대한 평가는 그들이 자기 나라의 천재적인 군략가로 가장 숭배하는 제갈공명諸葛孔明에 결코 못하지 않았다.

셋째 우리의 적이며 원수인 왜적들이 내린 장군에 대한 군사학적 평판은 또한 어떠하였던가? 그들은 전통 있는 바다 도적이었으므로 출병하던 당초에는 조선 육군의 저항을 염려하였고 해군은 문제도 삼지 않았다. 놈들은 엉큼스럽고 무시무시한 계획을 세웠다. 육해군은 부산에서 길을 나누어 육군은 내지로 진격하여 일제히 수도 서울을 함락시키고 그의 선봉부대는 평양으로 나아간다. 그리고 해군은 삼남 해안을 돌아 한강 입구에서 경성 주둔의 적군과 연결한 다음에 다시 황해도를 거쳐 평안도의 대동강 입구에 가서 평양 점령군과 회합하여 수륙 합력으로 요동에 들어가서 중국을 침략하려는 계획이었다. 그런데 육지에 오른 적군이 불과 2~3개월 이내에 파죽세로 거의 전국을 유린한 것과 달리 해상에서는 처음부터 우리의 강력한 항전을 계속 받아 서남 해안에 한 걸음도 들여놓지 못하였다. 이에 예정한 육해군의 연결은 전연 불가능하였으므로 '고군심입孤軍深入'한 육군 부대는 용두사미 격으로

---

5 온 천하를 짜임새 있게 잘 계획하여 다스림.
6 하늘을 메우고 해를 목욕시킨다는 뜻. '여와가 하늘을 메우다(女媧補天)' 《회남자淮南子》〈남명훈覽冥訓〉와 '회화가 해를 목욕시키다(羲和浴日)' 《산해경山海經》〈대황남경大荒南經〉에서 유래하였다. 위대한 공훈을 세운 것을 비유하는 말이다.

평양, 경성 등 내지에서 할 수 없이 패퇴하는 궁경에 빠졌다. 이는 무엇보다도 오로지 이순신 장군의 해군이 남해의 파도 위에서 철벽 같은 제해권을 장악했기 때문이다. 그때 놈들은 장군을 해상의 신으로 인정하였으며 그 후 수백 년을 내려오면서 일본의 군사가들, 특히 '살마薩摩'[7] 해군 계통에서는 장군의 신묘한 해전 방략을 유일한 모범으로 알고 깊이 연구하며 배우고 숭배하였다.

장군의 장재와 무훈으로서의 역력적 지위는 이상의 논술로써 대개 측정할 수 있는 것이다. 그러나 이보다도 우리는 장군의 '신성한 영예'를 이하에 열거한 몇 가지 점에서 깊이 이해하지 않으면 안 될 것이다.

첫째, '동양의 발칸반도'인 우리 조선은 민족 발전 과정에서 주위의 여러 나라들과 접촉이 자못 많았으며 동시에 그들이 침략할 때마다 영용한 선조들이 반드시 궐기하여 조국을 파멸의 비운에서 수호하고 민족을 노예화의 위험으로부터 구출하였다. 예를 들면 고구려의 을지문덕은 수양제의 수백만 대군을 살수, 요수 사이에서 섬멸하였고, 연개소문은 당태종의 무적 군대를 안시, 건안 제 성의 부근에서 무찔러 버렸고, 고려의 강감찬은 거란 성종의 강포한 군대를 귀주, 압록 등지에서 격멸하여 버렸다. 이제 우리 조국을 왜적의 대륙 침입을 위한 피의 다리로 만들려는 횡포 무비한 도요토미 히데요시의 원정대를 우리 반도의 남방 해협에서 계속해서 분쇄하여 버렸으니 이는 장군이 위로 영용 위대한 선조들의 전통을 계승하며 아래로 독립의 민족적 터전을 자손만대에 남겨 주었던 것이다.

---

7 규슈九州 사쓰마번(지금의 가고시마현鹿兒島).

둘째, 장군의 열화 같은 조국애는 그의 용감하고 결사적인 실천에서 모두 표시되었다.

검명劍銘

三尺誓天　칼을 잡고 하늘에 맹세하니

山河動色　산도 느끼며 물도 느끼난다[8]

시구詩句

誓海魚龍動　바다에 맹세하니 어룡이 움직이며

盟山草木知　산에 맹세하니 초목도 아노나[9]

이는 모두 장군의 거짓 없는 견결한 애국정신을 스스로 말한 것이다. 그는 나라와 민족만을 생각했으며 조국을 위해 복무하여 부귀와 권세를 안중에 두지 않았다. 인민과 병사를 자기의 아들딸과 같이 사랑하고 자신을 그들의 친애하는 벗으로 자처하였으며 적을 물리칠 때에는 죽음과 고난을 깨닫지 않고 원수를 미워하여 털끝만 한 용서와 타협도 하지 않았다. 이와 같은 의분과 충성을 보여 준 장군의 인격은 애국 인민의 모범이 되고도 남음이 있다.

셋째, 위에서 언급한 바 을지문덕, 연개소문, 강감찬 등의 영용한 전투들은 대개 육상에서 실행되었으나 이순신 장군의 위대한 전적은

---

8 이순신 장군의 칼에 새겨진 글귀. 또 다른 칼에는 '한 번 휘둘러 쓸어 버리니 산하가 피로 물들었다(一揮掃蕩 血染山河)'라는 글귀가 새겨져 있다.

9 《이충무공전서》 권 15 〈진중음〉의 한 구절.

주로 해상에 있었다. 이는 '수군과 육군 어디를 가도 다 잘 지휘할 수 있는 재능을 겸비하고 있던' 장군으로서* 그때 맡은 방면이 우연히 바다였고 따라서 그 직책이 수군의 장령이었기 때문에 그러한 해상전투의 위훈을 올렸던 것이지 결코 장군이 육군에는 서툴렀고 해군에만 능숙했기 때문은 아니었다. 그러나 전쟁 예술의 능력을 넓고 거침없는 바다 위에서 크게 발휘한 것은 장

> *장군이 전쟁 중 원균元均과 당파의 무함으로 옥중에 있을 때 유명한 대신 정탁鄭琢은 국왕에게 글을 올려 변명하는 말 가운데에 '재주가 수륙전을 겸하여 못하는 일이 없으므로(才兼水陸, 無或不可)'[10]라고 하였다.

군의 전적에 한층 장쾌하고 광활한 특징을 부여한 것이다. 300년 동안, 즉 근대 자본주의 침략의 조류가 우리나라 관문을 두드리기 전까지는 조국의 영해에 왜구의 그림자가 한 번도 나타나지 않았으니 장군이 전승한 영향이 얼마나 강대하였던가를 넉넉히 짐작할 수 있다.

넷째, 7년이나 걸친 장기간, 더구나 크고 작은 백여 회의 교전에서 장군은 문자 그대로 백전백승하였고 한 번도 실패해 본 일이 없었으니 상승常勝 장군의 칭호는 오직 장군에게 드릴 수 있으며 동서고금의 허다한 명장의 전기에서도 그 유례를 발견하기 어렵다. 장군이 원래 위대한 명장의 인격과 덕성을 완전히 갖췄을 뿐만 아니라 지모, 전략, 기교와 발명, 모든 방면에 절세의 천재를 갖고 수련했다는 것은 아무도 부정할 수 없는 엄격한 사실이었다.

---

10 《약포선생문집藥圃先生文集》권2〈論救李舜臣箚〉初收議入 啓 又具此箚未進 特命依議減死 議見下. "…舜臣實有將才 才兼水陸 無或不可 如此之人 未易多得…".

장군의 출신과

不遇

불우의 시기

02

장군은 덕수德水 이씨며 자字는 여해汝諧다. 조부는 백록百錄이며 아버지는 정貞이며 어머니는 변수림卞守琳의 딸이며 부인은 상주 방씨尙州方氏였다.

그는 유가儒家의 아들로서 1545년 이조 인종 원년 을사(명나라 세종 가정嘉靖 24년) 음력 3월 8일 자시子時(새벽 1시)에 경성 건천동乾川洞(남산 아래, 현재 앵정동櫻井洞인 듯)¹에서 탄생하였다. 자질이 영명하고 성격이 호매하고 도량(器局)이 커서 남의 구속을 받기 싫어하였다. 어렸을 때 동무 아이들과 놀면 반드시 전투의 유희를 하며 항상 장수가 되어 지휘하였다.

그는 4형제 중 셋째로서 형님들에게 유학을 배우는 데 재기가 있어 성공하리라 예상되었으나 항상 군사학에 뜻을 두었다가 23세에 처음으로 무술을 배우니 체력이 월등하여 말타기, 활쏘기에서 동료들을 압

---

1   일제강점기 때 지명 앵정정櫻井町을 그대로 기재한 것으로 보임. 현재 서울 중구 인현동.

도하였다. 그의 천성이 고상하여 동배 무인들이 종일토록 서로 농담·희언하되 장군에게는 항상 존경을 표하였다.

28세(1572. 선조 5) 때 훈련원 별과를 보러 가서 말을 타고 달리다가 떨어져 왼쪽 다리뼈가 부러졌다. 보는 사람들은 장군이 죽은 줄로 알았는데 그가 오른발로 일어서며 버들가지를 꺾어 껍질을 벗겨 상처를 싸매니 온 장내가 모두 장사라고 하였다.

32세(1576. 선조 9) 봄에 비로소 무과에 급제하였다. 무경제서武經諸書 (옛날 군사학 교과서들)를 다 통강通講하며 전공하는 선비도 말하기 어려운 점들을 능히 해답하여 시험관을 경탄케 하였다. 그는 무과 신은新恩(새 합격자)으로 선영先塋(조상 무덤) 참배를 갔는데 묘 앞에 서 있던 석인石人이 넘어져 있어 따라갔던 사람 수십 명더러 일으켜 세우라 하였으나 무거워서 일으키지 못하였다. 그러자 그가 청포靑袍를 입은 채로 석인을 등에 짊어져 번쩍 일으켜 세우니 보는 사람이 모두 신력神力이라 하였다.

이상 서술로 보아도 장군이 무인으로서 지력, 체력이 우수하였음을 짐작할 수 있다. 그러나 그는 천성이 고결하여 권문세가에 출입하는 것은 물론이요, 필요 없이 남과 교제하기를 싫어했으므로 비록 서울에서 생장하였으나 아는 사람이 적었다. 오직 서애西厓 유성룡柳成龍(후에 임진전쟁 때 수상으로 문신의 원훈이 되었다)은 장군과 한 마을에 살아 자주 교제하였으므로 장군에게 탁월한 군사가의 재능이 있는 것을 깊이 인식하고 항상 칭찬하였다. 이때 이조판서(관리의 인사를 맡은 장관)로 있는 율곡栗谷 이이李珥는 장군의 명성을 듣고 또 자기와 동성동본인 것을 알고 유성룡을 통하여 한 번 만나기를 청했으며 유성룡도 장군에게 가서 만나라고 권했으나 장군은 "동종同宗(=同姓同本)이니까 만나는 것이 좋지만 지금 그가 전상銓相(이조판서를 가리킴)으로 있으니 만나서는 옳지 않다"라고 하며 끝끝내 가 보지 않았다. 이처럼 장군이 개인 영달에 담박²하였다는 것은 종래 유교 학자들의 형식적 평론이거니와, 사실은 자기 재능을 국가에 봉헌하려는 열의를 가지고 있는 장군으로서 이이를 가서 보지 않은 것은 자기 영달에 담박한 것이 아니라 당시 당파적 명목을 기피한 까닭이었다.

그는 같은 해에 첫 벼슬로 함경도 동구비보童仇非堡 권관權管(임시대리 하급무관)이 되었다. 그때 함경도 관찰사 이후백李後白이 관내 여러 진영을 순행하며 국경지대의 장교의 사술射術을 시험했는데 낙제자를 엄혹히 형장刑杖하였으므로 장군은 이후백이 본보本堡를 방문했을 때 조용히 충고하였다.

35세(1579) 봄에 중앙에 돌아와서 훈련원 봉사(사무관)가 되었는데 때마침 병조 낭관의 한 사람이³ 자기의 친한 사람을 참군參軍⁴에 올리려 하였다. 장군은 규칙을 지켜 동의하지 아니하고 "아래 있는 사람이 이유 없이 뛰어오르면 마땅히 오를 만한 사람이 오르지 못하니 이는 공평한 일이 아니며 또 법규는 고칠 수 없다"라고 하였다. 그의 위협에도 장군은 끝끝내 굴하지 않았다.

이때 병조판서 김귀영金貴榮이 자기 서녀庶女를 장군의 첩으로 주려 하였으나 그는 "내가 처음 국가에 복무하는 길에 나와서 어찌 권문세가

---

2   욕심이 없고 순박함.
3   서익徐益이라고 한다(이민웅,《이순신평전》, 책문, 2012, 47쪽).
4   조선시대 한성부漢城府 · 훈련원訓鍊院에 두었던 정7품직.

에 의탁(托跡)하랴?"라고 하며 즉시 중매하러 온 사람을 사절하였다.

동년 겨울에 충청도 병사의 군관이 되었을 때 방 안에 아무 물건도 두지 않고 오직 침구뿐이었으며 돌아갈 때에는 남은 식량과 찬물饌物[5]을 적어서 식량 관리인에게 돌려주었다. 병사는 이것을 듣고 그의 청렴·정직한 성격에 감복하여 장군을 경애하였다.

동년 가을에는 발포 만호(수비부대장)가 되었다.[6] 전라도 감사 손식孫軾이 참언讒言을 듣고 장군에게 책벌을 주려 하다가 병서를 강講받고 진도陣圖를 쓰여 본 후에 장군의 학식과 필법이 정통함을 알고 드디어 우대하였다. 그때 전라좌도 수사 성박成鏄[7]이 발포에 사람을 보내어 객사客舍(국왕 위패를 모셔 놓은 관청) 마당 가운데에 서 있는 오동나무를 베어 자기의 거문고 재료로 쓰려 하니 장군은 허락하지 아니하고 "이는 국가 재산이며 심은 지 여러 해가 되었는데 하루아침에 개인이 사용하고자 베어 가려 하는 것은 무슨 까닭이냐?"라고 하였다. 수사가 대단히 성내었으나 감히 베어 가지 못하였다. 그다음 이용李戩이 전라 좌수사로 와서 장군이 강직한 것을 미워하여 과업의 결점을 잡아 책벌을 주려고 관하 다섯 개 군항[8]의 병원을 불시에 나가서 검열하니 네 개 군항은 결원이 심히 많았으되 발포의 결원은 다만 세 명이었다. 그러나 수사는 단지 장군을 걸어서 책벌을 주기를 국왕에게 청하였다. 장군은 수사의 옳지 못한 기도企圖를 알고 네 개 군포의 결원수를 조사해서 장차 수사

---

5 반찬을 만드는 데 쓰이는 여러 가지 재료를 가리킴.
6 이순신은 약 18개월간 발포 만호로 재직했다. 이는 수군 지휘관으로서 이순신의 첫 부임으로 중요하다. 발포는 현재 전남 고흥군 도화면 내발리.
7 원문에는 성단成鏄으로 잘못 기재되어 있다.
8 방답진, 녹도진, 발포진, 사도진, 여도진을 가리킨다.

의 불공정함을 폭로하려 하였다. 이것을 들은 수사본영水使本營의 부장部將들이 수사에게 충고하기를 "결원은 발포가 제일 적었고 또 이순신이 네 개 군포의 결원록을 가지고 있으니 이제 무죄한 그에게 책벌 주기를 상부에 요청하면 후회될 일이 있을 것이다"라고 하니 이용은 깨닫고 이미 발송한 보고문을 급히 쫓아가서 취소하였다.

이때 수사가 감사와 함께 관내 제진의 성적을 평정하는 데 장군을 최하에 두려 하니 도사都事 조헌은 집필자로서 항의하기를 "이순신이 군대를 훈련시키고 부하를 통솔하는 성적은 내가 듣기에는 한 도(一道)에서 제일이다. 다른 진장鎭將의 성적은 떨어뜨릴지라도 이순신에게는 그럴 수 없다"라고 하였다.

38세(1582)에 군기軍器 경차관敬差官(군기 조사관)이 발포에 와서 장군이 군수 기재를 대단히 잘 정비하였는데도 '군기불수軍器不修'로 상부에 무고하여 장군을 면직시켰다. 이는 위에 말한 것처럼 장군이 훈련원 봉사로 있을 때 굴종치 않았던 것에 그 경차관이 감정을 품었기 때문이었다.

동년 여름에 훈련원에 잠시 복무하였다. 이때 유전柳㙉(당시 정승)은 장군이 좋은 화살통(箭筒)을 가진 것을 듣고 장군을 불러 청구하였다. 장군은 말하기를 "화살통을 드리기는 어렵지 않으나 남들은 대감이 받는 것과 소인이 드리는 것을 어떻게 생각할 것인가? 일개 화살통 때문에 대감이나 소인이 모두 욕된 이름을 입는 것이 대단 미안하다"라고 하니 유전은 그대의 말이 옳다 하고 강요하지 아니하였다.

39세(1583) 가을에 이용은 남병사南兵使(함경남도 병사)가 되어 장군을 불러 군관을 삼으니 이는 이전에 장군을 알지 못하고 박대한 것을 깊이

후회한 까닭이며 대소 군무를 장군에게 반드시 문의하고 대단히 친밀해졌었다.

동년 겨울에 건원보乾原堡(함경북도 경원군) 권관으로 전직하였다. 이때 여진족 을지내乙只乃[9]가 국경 지방에 침입하니 장군은 기묘한 모략[10]을 써서 꾀어 들여 복병으로 생포하였다. 이는 장군이 처음 세운 무공이다. 북병사北兵使(함경북도 병사) 김우서金禹瑞는 공을 시기하여 주장의 명령이 없이 독단적으로 하였다고 조정에 무고하여 큰 상을 받지 못하게 하였다.

동년 11월에 부친상을 당하여 다다음해, 즉 42세(1586) 정월에 삼년상을 마치고 사복시司僕寺 주부主簿[11]가 되었다가 60일 만에 조산포造山浦(함경북도 경흥) 만호가 되니 이는 조산이 국경에 가까워 여진족이 두만강을 건너와서 침범하는 일이 자주 있는 까닭으로 조정에서 유성룡의 추천으로 장군을 특별히 뽑아 두만강을 방수防守하게 하였다. 이 조산포 만호는 함경북도 육군 병사의 관하에 예속되었으나 그의 직무가 주로 강방江防이므로 수군 종류에 속한 진장鎭將이었다. 장군의 수군계의 발족은 이것으로써 비롯하였다고 볼 수 있다.[12]

그다음 해 43세(1587, 선조 20)[13] 가을에 녹둔도鹿屯島(함경북도 경흥)* 둔

9   이순신의 조카 이분이 작성한 〈행록〉에는 울지내鬱只乃라고 나오고 최유해의 〈행록〉에는 울을지내鬱乙只乃라고 나오며,《조선왕조실록》에는 우을기내于乙其乃라고 표기되었다. 을지내乙只乃라는 표현은 보이지 않는다. 울鬱 대신 간략한 글자를 선택한 것이 아닐까 한다.
10   원문에는 '모량'으로 기재되었으나 모략謀略의 오타인 듯하다.
11   왕이 타는 말·수레 등 마구와 목축에 관한 일을 맡아보던 관청. 원문에는 司僕侍로 잘못 표기되었다.
12   '경흥도호부에는 요새가 두 곳 있는데 그중 하나가 조산포. 조산포에는 싸움배를 정박해 놓고 만호가 배 타는 병사 90명을 거느리고 지킨다'(《세종실록지리지》).
13   원문에는 42세로 되어 있으나 43세가 맞을 것이다.

전관屯田官을 겸임하였다. 장군은 녹둔도가 외롭고 군사가 너무 적으므로 그때 북병사 이일李鎰에게 병비 증가를 청했으나 그는 듣지 않았다. 그러자 9월에 추도번호楸島藩胡* 마니응개亇尼應介[14]가 우리 수비 병력이 허약한 것을 알고 경흥 지경에 거주하는 호인 부락을 유인하여 그곳의 우리 농민들이 추수하려 들에

* 녹둔도는 속명 사시마沙次麻[15]인데 경흥부 남쪽 50리 밖에 두만강이 들어가는 어구에 있다. 장군이 올라가서 싸운 산봉우리를 뒷사람들이 전승대戰勝坮라고 명칭하고 기념비를 세웠다.[16]
* 번호는 국경에 거주하는 호인을 이른다. 세종 때 김종서金宗瑞가 두만강 연안에다가 육진鎭을 창설하고 귀화한 호인·여진족을 각 성 부근에 거주시켜서 강 건너편 귀화하지 않은 호인들을 견제하고 방어하는 울타리를 삼았다. 이것의 잔재로서 현재까지도 육진 지방에 여진 재가승在家僧[17] 부락들이 남아 있다.

나간 빈틈을 타서 다수히 돌입하여 추도의 목책을 포위하고 크게 약탈하며 수비대장 오형吳亨, 임경번林景藩을 쏘아 죽였다. 장군은 부근 산봉우리 위에 올라가서 방어하고 적병이 돌아갈 길목에 복병하였다가 날이 저물어 갈 때 습격하였는데 붉은 전옷(紅氈服)을 입고 앞서서 지휘하는 적장 수 명을 쏘아 죽였으며 이경록, 이운룡李雲龍과 함께 추적하여 포로가 되었던 우리 병졸 60명을 구출하였다.

---

14 원문에는 칭니응개稱尼應介 라고 기재되었으나 《선조수정실록》 21권(선조 20년 9월 1일 정해)에는 마니응개亇尼應介 라고 나온다.

15 녹둔도는 다산 정약용의 《대동수경》에 사차마도沙次麻島 라고 했다. 사차마沙次麻는 사슴이라는 뜻의 그 지방(여진) 방언으로 육진 개척 이후 녹둔도라고 불렀다. 최익한이 사시마라고 표기한 것은 그 지역에서 부르던 표현이 아닐까 한다. 그 뒤 모래 퇴적으로 러시아 땅과 연결되어 한말 대한제국과 러시아 사이에 영토분쟁이 일어났다.

16 《동국여지승람》 권50. 경흥 관방 〈녹둔도농보鹿屯島農堡〉 조;《학봉일고鶴峯逸稿》 권3 〈북정일록北征日錄〉 경진년 1월 18일(무오) 참조;《이충무공전서》 권10 〈전승대비〉;《이충무공전서》 권14(이은상 본) 〈전승대비각 중수기〉 참조.

17 마을의 절에는 따로 승려는 없지만 주민들은 불교를 바탕으로 한 생활을 하였으며 불교에 능숙한 사람을 촌장으로 뽑았다. 이들이 사는 마을은 '재가승마을' 혹은 '중골'이라 불렸으며 이들은 모두 하천인으로 대우되었다(《동아일보》, 〈재가승만고在家僧漫考〉 1~4, 1935.11.30, 1935.12.3, 1935.12.4, 1935.12.7).

이날에 장군은 왼쪽 다리에 적병의 화살을 맞았으나 군사가 알면 놀랄까 봐 꽂힌 화살을 남모르게 손수 빼 버렸다.

이 전투 끝에서 병사 이일은 장군의 공로를 시기하고 또 자기 과실을 전가하기 위하여 장군을 죽이려고 고문장으로 불렀다. 장군의 친우인 군관 선거이宣居怡가 장군의 손을 잡고 눈물을 흘리면서 술을 마시고 마음을 진정하라고 하였으나 장군은 엄숙한 태도로 사람이 죽고 사는 것은 천명이 있으니 술을 마셔 무엇하랴 하였다. 그러면 물이라도 마시라 하니 장군은 목마르지 않은데 물 마실 것 무엇이냐 하며 고문장으로 들어갔다.

이일은 장군더러 이번 패전한 사실을 고백하라 하니 장군은 항변하기를 "내가 병원兵員 증가를 여러 번 청했으나 병사兵使가 듣지 않고 있다가 호인의 습격을 받았다. 공문서가 모두 여기에 있으니 조정이 만일 이 사실 내용을 알면 나를 죄주지 않을 것이며 또 나는 힘껏 싸워서 적병을 물리치고 포로가 된 우리 사람을 탈환하였으니 패전이란 무슨 말이냐?"라며 얼굴빛이 태연자약하였다. 이일은 아무 답변도 못 하고 다만 장군을 가둬 두고 허위 보고를 하였더니 국왕은 패전까지는 인정치 않았으나 벼슬을 빼앗고 백의白衣(평졸병)로 종군하게 하였다.[18] 얼마 안 되어 반란하는 호인을 격퇴하고 그의 수급首級을 드린 공으로 조정에서는 장군을 용서하여 고향으로 돌아가게 하였다.[19] 이때 조정에서 군사기술이 우수한 사람은 계제를 밟지 않고 등용하였는데 이에 유성

18 이순신은 급제 신분으로 우화열장右火烈將이라는 직함을 띠고 참전하였다.
19 백의종군은 직책만 정지될 뿐 원래 계급이 강등되어 일개 병졸로 근무하는 것은 아니라고 한다(이민웅, 《이순신평전》, 책문, 2012, 57쪽).

룡의 추천으로 장군의 성명이 제2번에 적혀 있었으나 반대 당파가 방해하여 아무런 임명이 없었다.

45세(1589)에 전라도 감사 이광李洸이 장군을 초청하여 군관을 삼고 탄식하며 말하기를 그대 같은 재질로서 이처럼 불우하니 안타까운 일이라 하며 본도 조방장助防將을 겸임하게 하였다.

동년 11월에 무겸선전관武兼宣傳官이 되어 중앙에 들어왔다가 12월에 나와서 정읍현(전라북도)의 현감이 되었다. 이는 등과한 지 14년 만에 처음으로 일읍 수령이 된 것이니 그가 얼마나 불우한가를 짐작할 수 있다. 겸관兼官으로 이웃 고을 태인에 가서 오랫동안 미결로 쌓여 있던 공문 안건을 명쾌하고 신속하게 처결하니 민중이 모두 감탄하고 어사御史에게 진정陳情하여 장군을 태인 본관으로 있게 하여 달라고까지 청원하였다. 장군은 민중과 접촉하면 반드시 그들의 지지를 받은 것을 알 수 있다.

그다음 해(1590) 7월에 고사리진高沙里鎭(육군 소속)²⁰ 병마첨절제사兵馬僉節制使(약칭 첨사)로 임명되자 곧 다시 만포진滿浦鎭²¹ 수군첨절제사로 임명되었다. 그러나 양사兩司(사헌부와 사간원)는 장군을 너무 빨리 진급시킨다고 번번이 문제를 삼아서 정읍 현감으로 그냥 있게 되었다. 이도 당파들이 장군을 배제한 까닭이며 또 장군이 권세가에 아첨하지 않는 까닭이었다.

---

20 평안도 강계군.
21 평안도 강계군. 압록강변에 있음.

* * *

　　이상 일련의 경력을 내려 보면 장군의 신세가 얼마나 불우했던가를 넉넉히 알 수 있다. 32세의 장년에 겨우 무과에 급제하여 15년의 긴 세월을 말직 군관으로서 헛되이 보내면서 갖은 모욕과 고난을 맛보았다. 털끝만 한 공적을 세울 수 있는 기회도 얻기가 매우 어렵거니와 다행히 기회를 얻어 세워 놓은 공적까지도 여우 같은 무리들의 시기와 중상 때문에 상은 고사하고 도리어 벌을 받은 적이 한두 번이 아니었다.

　　입에 젖내 나는 경박한 아이들은 자기 할아비의 뼈를 팔거나 썩은 붓대를 놀리거나 권세의 문 앞에 무릎을 꿇거나 또는 정권 쟁탈의 수단인 당파에 가담하는 것을 출신의 밑천으로 하여 고귀한 벼슬과 지위를 제집 울타리 안에 있는 과일처럼 따먹는 이러한 봉건 양반사회에서 조국과 민족의 큰 일꾼인 장군의 앞에는 오직 가시덤불이 길을 막고 있었다. 장군 개인을 위해서라기보다 당시 국가와 민족을 위하여 통탄치 않을 수 없는 일이었다. 그러나 장군은 이것으로써 조금이라도 자기 뜻을 저상하거나 절개를 변하거나 하지 않고 곳과 일을 따라가면서 성심과 정의를 다하여 전진하였다. 장군의 인격과 사상은 이렇게 불행하고 고난스러운 환경 가운데서 더욱 수련되고 빛났던 것이다.

장군의 전라 좌수사
취임과 해군 중요성의
제창

03

1591년(선조 24) 장군은 어느덧 47세였다. 정읍 현감에서 진도(전라우도) 군수, 곧이어 가리포(전라우도 수사 관하)[1] 수군첨절제사로 임명되었으나 모두 취임하기 전 동년 2월 23일에 전라좌도 수군절도사(약칭 전라 좌수사)로 승직하였다.

이때 왜적이 침입하리라는 경보가 날로 높아갔다. 국왕은 비변사(국방 참모부) 대신들로 하여금 각각 장재가 있는 사람을 천거케 하였는데 장군의 인물을 일찍부터 가장 잘 아는 당시 좌상 유성룡이 장군을 특천하여 이와 같이 임명되었던 것이다. 양사는 그가 갑자기 승직되는 것은 옳지 않다 하여 갈아 버리기를 청하였으나 국왕은 듣지 않았다. 전라좌도 수사의 본영은 순천의 여수만에 위치하였으나 앞으로 남방 다도해를 두고 왼편으로는 경상우도가 인접하고 호남의 곡창지대를 배후에 두어 실로 남해의 요충 지점이다. 그리고 해군의 수사는 그 직위가

---

[1]　현재 전남 완도군 완도읍.

육군의 병사(병마절도사의 약칭)와 상등하며 일도一道를 자기 관구로 한 해군사령관이었으므로 해군에서는 중요한 직임이었다. 장군의 천재적인 해군 전략을 실행하기에는 수사의 권한이 너무나 협소하지마는 어쨌든 장군으로서는 처음 얻은 활동 무대였으며 장래 강대한 제해권制海權이 이곳에서 급속히 준비되었던 것이다.

때는 바로 임진년(1592)의 전년이었다. 조선과 일본의 국교 관계는 이미 험악하여져서 왜적이 바다를 건너 침입할 것은 결정적 사실이었다. 그러나 당시 조선의 통치계급은 200년 동안이나 이렇다 할 만한 외환이 없었으므로 무비武備를 전연 수리하지 않았으며 십수 년 전에 율곡 이이가 일정한 원리 밑에서 양병십만론을 제기하였으나 안일성에 사로잡혔던 당시 정치가들은 그것을 등한하여 부결하고 말았다. 유학자들의 번문허례繁文虛禮와 사대사상은 문약성을 조장하고 대궁족大弓族²의 무강武强한 전통을 여지없이 말살하였다.

그리하여 그들은 전국의 동향과 조국의 군사 시설에는 대체로 관심을 기울이지 않았으며 설혹 관심을 가진 사람이 있다 하더라도 목전의 이해와 인습적 폐해에 얽매여서 창안적인 시설은 또한 용허되지 아니하였다. 농민의 고혈을 기초로 한 양반정치는 봉건적인 봉쇄 속에서 정권 쟁탈을 중심한 격렬한 붕당전朋黨戰을 일삼고 있었다.

이와 같이 안일성과 문약성이 지배하는 양반사회에서 생장한 장군은 자기의 애국적인 정신 때문에 사회의 모순과 결함을 바로 보게 되었다. 그는 국방 조직이 말할 수 없을 만큼 약화된 데 크게 우려한 동시에

---

2 동이東夷의 '이'자를 대궁大弓으로 풀어서 썼다.

양반 사대부들이 아무런 경각도 없이 경쟁과 당론을 일삼는 것을 국가
와 인민의 거대한 적으로 여겨 미워하였으며 또 왜적이 반드시 올 것과
어떠한 형세로 올 것인지까지도 누구보다 가장 명확히 예견하였다.

원래 조선은 3면이 바다로 싸인 반도다(해안선이 8693킬로미터). 고대부
터 서쪽의 중국과 동쪽의 일본을 바다로 상대하고 있었던 만큼 국방상
해군은 절대적으로 필요했다. 상고 단군시대에 왕자 3인을 보내서 서
해의 요지인 혈구穴口(강화도)에 성을 쌓고 (속전 삼랑성) 배장생裵長生을 남
해상장南海上長으로 삼아서 해방海防사업에 노력하였다고 한다.[3] 이는
물론 전설이다. 어쨌든 우리 종족이 유구한 옛날부터 바다에 대한 관심
이 컸다는 뜻이다. 그리고 삼한, 삼국시대에는 발해 황해와 동해의 해
안에 상업과 군사를 위한 도시와 요새가 다수 설치되었다.

이제 군사상으로 고찰하더라도 위만조선이 한무제漢武帝 유철劉徹
의 침략을 받을 때 우거右渠의 군대가 한나라 누선장군樓船將軍 양복楊
僕의 5만 군대를 격파하여 양복으로 하여금 10여 일 동안이나 산곡 중
에 도망케 하였다(기원전 109). 그 뒤 고구려의 광개토왕은 몸소 수군을
거느리고 백제에 가서 왜적을 평정하였으며(396) 을지문덕과 건무建武[4]
는 수나라 내호아來護兒의 수만의 수군을 평양, 패수 사이에서 격멸하
였으며(612), 개소문은 당태종 이세민李世民 부자가 5~6차나 파견한 수
로군을 요동, 압록, 평양 등지에서 연속으로 격퇴하였다(645~666). 이는

---

3   일기자一記者, 〈동아천지東亞天地를 호령하는 옛날의 조선해군朝鮮海軍〉, 《별건곤》 제12·13호
    (1928년 5월 1일): 자산自山 안확安廓의 《조선해육군사》 초고본 내용을 인용. 이 원고는 《조선문명
    사》의 일부로 기획되었으나 미완성(황종흘·김효철, 〈안확의 조선육해군사〉 29쪽, 《대한조선학회지》 41(4),
    2004년 12월.

4   영양왕(재위 590~618)의 아우. 이후 영류왕(재위 618~642)이 됨.

모두 저명한 사실들이다.

그리고 신라는 건국 초기부터 왜구의 침범이 많았으므로 전함과 해상의 방비가 강화되었으며 태종무열왕 때에는 신라의 해군이 동해를 건너 일본 본토에 상륙하여 그들을 응징하고 백마의 무덤을 쌓은 일까지 있었다(마관馬關은 이 백마총白馬塚에서 유래된 명칭이라고 함).[5] 문무왕 10년(670)에는 해군대장 당천當千과 문훈文訓이 당선唐船 100여 척을 파멸하여 당장唐將 설인귀薛仁貴로 하여금 단신 도주케 하였다. 백제는 원래 해상 활동이 광범하여 동의 일본과 남의 오월吳越은 물론이요 요서, 산동 등지까지 간혹 출병하여 국토방위에 노력하였다.

그리고 신라 통일 이후로 사절使節, 유학생과 구법승求法僧 등의 왕래부터 상인들의 상품교역에 이르기까지 우리 반도는 당나라와 일본의 교통 중계 지점이 되었다. 전시 이외 평시에도 상선, 교통선과 일반 해안에서 해적 방어를 위하여 해군의 경호가 필요하였다. 일례를 들면 신라 제42대 흥덕왕 3년(828)에 해상 명장 장보고張保皐는 국왕에게 건의하여 상비병 1만 명으로써 청해진(현금 완도) 대사大使가 되어 제해권을 장악하고 당나라 상인들이 우리 남녀를 붙잡아다가 노비로 팔아먹는 것을 금지하였다. 또한 당나라와 일본 간의 무역과 교통을 관리하며 그의 무역사절은 '회역사廻易使'란 명칭으로 일본 구주九州의 태재부太宰府(대륙 외교 사무를 맡은 관청)와 교섭하고 축전築前,[6] 박다博多[7](모두 일본 북

---

5 《동사강목》제3상, 〈계묘년 신라 진평왕 5년〉 2월; 《순암집》제1권, 〈觀東史有感 效樂府體〉 중 '백마총행白馬塚行'; 임수간任守幹, 《동사일기槎日記坤》 곤坤, 〈해외기문海外記聞〉 참조.
6 쿠젠. 일본의 옛 지명. 현재 후쿠오카현福岡県의 북서부.
7 하카다. 본래 항구도시였으나 현재 후쿠오카시에 통합되어 있다. 후쿠오카시 동반부의 지명.

구주 지명)에 자주 왕래하였다.

고려에 들어와서는 태조 왕건이 궁예의 백선百船장군이 되어 전라 해상에서 용명勇名을 날렸다. 그 후 거란, 금, 몽고와의 북륙北陸 관계가 오랫동안 긴장하여 왔던 반면에 고려 사람들은 발해 및 황해 방면에서 계속 의연히 활약하여 오월, 남북南北 송宋과 원나라와의 해상 교통이 자못 빈번하였다. 그리고 원종과 충렬왕이 원나라와 합력하여 2회의 일본 정벌이 있은 후로는(1274~1282) 국교가 단절되다시피 하였으며 말엽에는 일본 해구가 조선 연안을 침범하는 일이 상당히 격심해져 방왜선防倭船이 국방상 중요한 지위를 차지하게 되었다. 최영崔瑩 장군은 대함大艦 130여 척을 만들어 해안 요소에 배치하였고(1376) 창왕 때에는 왜구의 근거지인 대마도를 쳐서 소탕하였다(1389).

이조에 들어와서는 해방海防 시설이 고려와 대차가 없었으며 태종 말년, 즉 세종 원년(1419)에 삼군도체찰사三軍都體察使 이종무李從茂가 대마도에 가서 전도全島 소탕을 강행하였다.

이상의 역사적 개술에서 우리 조선의 해상방위 문제가 육상방위에 비하여 못지않을뿐더러 오히려 일층 중요했던 것을 알 수 있다. 해상으로 쫓아오는 외적을 해상에서 맞아 치는 것이 원칙적인 방법이며 단순히 적의 상륙을 방어하는 육상 작전은 제해권을 적에게 맡기는 동시에 적의 수륙병진작전을 유리하게 하는 것이다. 이것이 이순신 장군의 전략에서 절대 금물이었던 것은 다음의 실례에서 명백히 나타났다.

즉 임진 전년에 왜구에 대한 국방 대책이 다소 문제되었을 때 일찍이 육군 장령으로 북호北胡(두만강 북의 여진) 방어에 용명이 있던 신립申砬은 주사舟師를 폐지하고 육군에만 전력하자고 조정에 건의하였다. 이때 전라 좌수사로 취임하여 해군 강화에 온갖 노력을 다하고 있던 이순신 장군은 크게 놀라며 지급히 반대 의견을 올려 "해구를 막는 데는 주사가 제일이니 수륙 양군을 하나도 폐지할 수 없다"라고 강경히 주장하였다. 조정에서는 결국 장군의 주장이 옳다 하고 신립의 건의를 채용하지 않았다. 만일 이 건의가 채용되었더라면 우리 조국의 운명은 '임진왜란' 즉시 신립과 함께 탄금대 벌판에서 더욱 곤란해졌을 것이 아닌가?

이 해군 폐지 사상은 신립이 비로소 주장한 것이 아니고 그 유래가 이미 오래다. 이조 태종 시대에도 해군 폐지설이 유력하였으므로 세조 시대에는 일본 해적에 저항하기 곤란하니 전선戰船을 폐지하고 육상의 기병으로써 그들을 전승하자는 논의가 있었다. 바다를 버리고 육지에서 지키자는 우둔한 전략 사상은 의연히 계속되어 임진 당시의 군사계에 상당히 침투되었다. 앞서 서술한 신립의 해군 무용설은 그가 육군 장령인 까닭에 혹시 그렇게 주장할 수 있다 하겠지만 후일 경상 우수사 원균은 임진왜란이 곧 시작한 때에도 자기가 해방상海防上 중요한 지점과 중요한 시기에 있는 것을 망각하고 왜적의 함대와 용감히 한 번 싸워 보기도 전에 곧 전선 100여 척과 화포, 군사기재를 바닷속에 집어넣으며 1만여 명의 해군을 흩어 버리고 상륙작전을 운운하였으니 육군 지상주의의 폐해가 이처럼 심각한 것에 놀라지 않을 수 없다. 이는 오직 이순신 장군의 해군 강조론으로만 옳게 수정되었다.

해군 정비에 관한
장군의 창안 및 개선

04

해군의 질적 향상

당시 '귀문천무貴文賤武' 제도는 군사상 '귀륙천수貴陸賤水' 사상을 파생시켰다. 왜 그러냐 하면 인습을 좋아하고 창안을 싫어하여 안일을 취하고 모험을 피하는 양반계급의 문약한 사회에서는 무인 출신이 비록 무예에 종사하더라도 활 쏘고 말 타는 기술이 보통 수준에만 달하면 당당한 군인으로서 자처할 수 있었다. 그러나 수군에서는 수상생활이 첫째 풍랑에 시달리고 물에 빠져 죽을 위험이 있으며 둘째로 전선 구조를 알고 그것을 조종하는 데 필요한 기교와 노력은 육군 생활에 비교할 바가 아니었다. 뿐만 아니라 전투가 개시되면 도피할 길이 육상보다 수상이 훨씬 봉쇄되었으므로 일반 무인은 해군 취직을 대개 기피하였다. 이러한 이유에서 해군 장교의 질적 저하는 필연적이었으며 또 실지 전투 경험도 대체로 부족하였다.

그리고 당시 160여나 되는 대소 군항에 배치된 수군의 정원은 4만 8800인이었는데 1개월씩 교체하므로 재역 정원은 2만 4400인이었다.

그러나 실지 상비 병원은 이 법정수에도 달하지 못하였다. 징병 방법은 전국 각처에서 몇 명씩 배당하여 징용하였다. 병역, 기타 부역 일체에 면제의 특전을 받는 양반 자제들은 수군 병사가 될 리 만무하므로 수군 병사는 모두 천민, 노예 그리고 평민들이었다. 그들은 평시에 훈련이 부족하므로 물과 배에 익지 못하여 전시 활동은 그만두고 평시에 배 타는 기술조차 자유롭지 못하였다.

이러한 이유에서 옛날 고려 공민왕 때 해변 주민들을 교양시켜 수군을 만드는 것이 속효速效 적이라는 중랑장中郎將의 의견이 있었으며 이조 중엽에는 해변 지방의 주민으로서 해사에 익숙한 자는 전부 수군으로 채용하자는 논의가 있었다. 그러나 만일 해변 주민 중 정장丁壯의 대다수를 징용하면 해변의 고기잡이(捕漁), 해조류 채취(採藻) 등 사업을 거의 할 수 없어 어촌은 황폐해지고, 국민의 필수품이 결핍될 우려가 있다는 이유로 그 논의는 종시 실행되지 않고 말았다.

이뿐만 아니라 이조에서 수군에 부과한 고역은 대단히 무거웠다. 병역 기간은 20세부터 60세까지였으며 무사 시에는 각지 세곡을 병선으로 조운하는 것이 통례였으므로 조운 기간으로 매년 대개 반 년 이상을 허비하여 선박의 설비와 병졸의 급양給養이 극히 불완전하여 수병이 병약해지도록 촉성하는 폐해가 적지 않았다.

이상에 열거한 모든 결점들이 강력한 해군을 편성하는 데 결정적인 장애가 되었다.

이순신 장군은 처음에는 협소한 수사의 직권으로, 나중에는 위급한 전시 사정으로, 또는 집정 당국의 무지와 무책임한 태도로 말미암아 근본적인 개선을 실행하지 못하였으나 될 수 있는 한 개선하여 전시 체제에 즉응하였다. 즉 그는 첫째로 해군의 중요성을 일반이 인식하도록 강조하였으며, 둘째로 일반 장병들에게 애국 사상을 고취하였으며, 셋째로 군사기율을 엄숙히 하고 평시 훈련을 힘써 행하여(勵行) 백전백승의 예기를 길러 주었다. 더욱이 장군은 부하를 사랑과 위신으로 통솔하여 관하 제진諸鎭을 자주 검열하였다. 그리하여 첨사, 중군, 우후, 만호 이하 모든 장교들의 비행과 기율위반과 과업태만을 엄격히 제재하는 동시에 그들의 재능과 장점은 조금도 빠짐없이 인정하며 또 상벌을 분명히 하여 그들의 전투적 의기를 배양하였다.

전함戰艦—거북선(龜船)의 창조와 일반 병기兵器 및 전구戰具의 정비

수상의 선함船艦은 육상의 차마車馬와 같이 교통에 뿐만 아니라 전쟁에서 가장 중요한 조건이며 또 왜적이 반드시 올 것을 예상한 장군은 수사 취임 즉시 전선 제조에 경이적인 창발성을 발휘하였다.

우리 조선은 고대부터 서쪽의 중국과 동쪽의 일본, 유구 등 제국과의 해상관계가 빈번하였으므로 조선술造船術이 상당히 발달되었던 것을 추측할 수 있다. 신라 진평왕 5년(584)에 선부서船府署를 특설하고 대감大監, 제감弟監 각 한 명을 두어 선박의 제조와 운영의 사무를 감독하게 하였다.

고려시대에는 태조가 탄 병선이 갑판 위에서 말을 달릴 만큼 선체가 컸다 하였는데 그 후 1123년 고려에 왔던 송나라 사신의 수원隨員이었던 서긍徐兢이 쓴《고려도경高麗圖經》에 고려 선박이 '간략함이 특히 심하다(簡略特甚)'고 지적하였으나 이는 군용 또는 항해용의 대선大船이 아니고 소규모의 순항선巡港船'인 듯하다. 원나라 황제 쿠빌라이가 일본을 원정할 때(1274)에 수군과 조선造船은 오로지 고려에 의뢰하였다. 뿐만 아니라 원나라는 고려 조선술이 우수하다 하여 누차 전선 제조를 주문하여 이것을 전부 합하면 실로 수천 척에 달하였다.

그러나 이조에 들어와서는 명나라의 배외국책排外國策과 자국의 중농정책으로 봉쇄되어 해상관계가 희박하여짐에 따라 조선술은 대체로 크게 발달하지 못하였다. 태종 때 항왜降倭 평도전平道全[2]으로 하여금 왜형倭型 선박을 만들게 한 일이 있었으며, 안성군安城君 이숙번李叔蕃[3]이 전함에 큰 목재를 사용할 것과 배 밑에 방부제로 석회를 바를 것을 조정에 건의하였으며, 또 귀화한 왜인 피고사고皮古沙古[4]의 말을 참작하여 왜선과 같이 일선양미一船兩尾를 만든 일이 있었다. 그리고 세종 12년에는 대호군 이예李藝의 요청으로 중국의 강남, 유구, 남만, 일본 여러 나라의 선제와 같이 나무못(木釘) 대신에 쇠못(鐵釘)을 사용하고[5] 또 병조의 청으로 중국선과 같이 갑판에 견고한 목재를 사용하였으며 세종 15년에는 유구 선공船工이 전부 쇠못을 사용하여 월자호月字號 갑선甲船을 제조하였는데 소요된 철량이 3352근斤이었다.[6]

세조 5년(1460)에는 병조의 발의에 의하여 해적 추격용으로 비거도

1　순항선巡航船의 오자인 듯하다.

2　태종 7년 대마도 수호守護 소 사다시게宗貞茂가 보낸 인물로 이후 투화投化하자 원외 사재 소감員外司宰少監으로 삼았다(《조선왕조실록》 태종 7년 3월 16일, 7월 15일).

3　조선 초기 태종 이방원의 측근. 본관은 안성安城이다.

4　피고사고는 세종 1년에 귀화하였다(《조선왕조실록》 세종 1년 6월 27일). 피고, 사고 두 인물로 보기도 한다.

5　《조선왕조실록》 세종 12년 5월 19일.

6　세종 16년에 있었던 일이었다(《조선왕조실록》 세종 16년 9월 23일. "의정부와 육조에서 전함의 빠르고 둔한 것을 갖추어 아뢰기를, '…금년 봄에 유구국琉球國 선장船匠이 월자갑선月字甲船을 만들었는데, 빠르기는 하이요. 위의 꾸미기와 하체를 모두 쇠못을 써서 모두 쇠가 3352근 1냥이 들었습니다.'"

선鼻艍刀船, 즉 소형 쾌속선을 제조하였다. 성종 때에는 신숙주申叔舟의 의견으로 병선과 조선漕船(운수선)을 절충해 제조하여 전시에는 병선으로 사용하다가 평시에는 선상 장비를 철거하고 세곡 운송선으로 사용하였으며 또 제주선과 일본선과 조선을 만들어 한강에서 쾌속력을 비교해 보았다. 중종 8년(1513)에 전라도에서는 왜병들이 뛰어드는 것을 방지할 목적으로 갑판에 칼창(刀槍)을 총총하게 꽂은 '창선槍船'을 만들었다.

우리나라 전함 제조술의 역사적 발전은 이상으로써 대개 짐작할 수 있다. 그러나 이순신 장군은 종래 선제가 해적을 공격하고 방어하기에 졸렬하며 편이하지 못한 것을 통감하고 자기의 기지奇智를 창발하여 새로 거북선을 제조하였다. 이것을 창조한 그 이듬해, 즉 임진년에 장군의 〈당포파왜병장唐布破倭兵狀〉 중에 "신이 일찍이 섬나라 오랑캐의 침범이 있을 것을 염려하여 특별히 거북선을 만들었습니다. 앞에 용머리(龍頭)를 베풀어 입으로 대포를 발사하고 등에는 쇠꼬챙이를(鐵尖)를 꽂았으며 안에서는 밖을 내다보나 밖에서는 안을 엿볼 수 없으며 수백 적전 속에서라도 돌입 발포할 수 있습니다…"라고 하였다.

그 제조 방법을 상세히 말하면 다음과 같다.

선체의 크기는 큰 판옥만 한데 배 위에 전부 판자를 덮어서 거북등 모양처럼 만들었다. 갑판에는 송곳칼을 빽빽이 꽂아 세우고 십자형으로 좁은 길을 내어 사람이 겨우 통행할 수 있게 하였다. 앞에는 용의 대가리, 뒤에는 거북의 꼬리, 전후좌우에 총과 대포를 내어 쏠 구멍이 많이 있으며 좌우에는 다수한 노들이 있었다. 선내에는 좌우에 포판鋪板이 있고 포판 밑에는 좌우로 각 열두 칸 합계 스물네 칸의 방이 있는데 두 칸은 음식물(食物), 세 칸은 각종 병기를 간직하고 열아홉 칸은 군사의 휴식처였다. 전시에는 군사들이 포판 위에 올라서 앞서 서술한 구멍으로 총포를 발사하며 좌편 포판 위의 한 칸은 선장, 우편 포판 위의 한 칸은 장교가 거처하였다. 거북등 갑판에는 편모編茅, 즉 갈자리[7] 같은 것으로 덮어 두어서 적병이 모르고 뛰어오르면 곧 송곳칼에 찔려 사상하게 하였다. 이와 같이 제조된 거북선은 적선 부근과 적 함대 가운데서 쾌속하여 자유로이 출몰하며 간 곳마다 적을 섬멸, 타격할 수 있었다. 뒷날 7년 해전에 이 거북선은 주로 척후, 돌격, 저격 등 임무를 신속·과감하게 수행하여 전공의 중요 부분을 차지하였다(상세한 것은《충무공전서》귀선도龜船圖 참조).

배 모양은 복구형伏龜形[8]이었으므로 귀선龜船, 거북선이라 명칭하였으며 함기艦旗는 귀龜자를 쓴 기를 높이 달았다. 이 복귀형과 같은 선체는 현대 잠항정潛航艇의 시사示唆였으며[9] 선체를 얇은 철편으로 포장하여 적의 총포와 화전火箭에 견뎌 낼 수 있게 한 것은 근대 철갑선의 선조였다. 이뿐 아니라 전시에는 유황과 염초를 태워서 용의 대가리가 입을 벌리고 독한 연기를 안개와 같이 뭉게뭉게 토해 내어 적병의 시각을 미혹케 하는 동시에 그들의 후각과 호흡을 곤란케 하였으니 이는 현대 연막법과 독가스 전술을 한꺼번에 예시한 것이었다. 과거 당인唐人[10]

---

7   삿자리의 비표준어. 삿자리는 갈대를 여러 가닥으로 줄지어 매거나 묶어서 만든 자리.
8   거북이 물에 들어가는 형이라고 한다.
9   일제강점기 때 거북선은 잠항정의 원조라는 글이 많이 나타났다(이기훈,〈발명왕 이순신과 잠수함이 된 거북선-민족주의 신화의 형성과 확산〉,《역사비평》121, 2017 겨울호). 최익한도 이러한 주장을 믿지는 않았지만, 거북선의 폐쇄형 구조, 갑판 위를 덮은 형상이 잠수함의 밀폐구조와 비슷해서 아이디어를 제공했을 수 있다는 뜻으로 보인다.
10   중국인을 가리키는 통칭.

은 독가스 전술의 초보로써 파두巴豆[11]를 태우는 독연毒煙법을 사용하였으나 그 냄새 피우는 효과는 자유로이 이동하며 산포하는 거북선의 독연에 비교할 수 없을 만큼 졸렬하였다. .

그런데 거북선의 명칭만은 이조 초기에 벌써 나타났었다.《태종실록》에 의하면 태종 15년(1415)에 좌대언左代言 탁신卓慎이 병비의 방책을 건의한 가운데에 "거북선의 방법은 여러 적이 충돌하되 능히 해할 수 없으므로 결승전의 양책이니 다시 명령하여 실물을 장치함으로써 불의不意를 방비하소서"라고 하니 "왕은 병조에 그것을 내려보냈다"라고 하나 이것으로서는 그 제법의 내용을 알 수 없고 다만 위에서 이미 말한바 '창선'을 귀형龜形으로 만든 것이 아니었던가 한다.

그러나 이순신 장군의 거북선은 장군의 독창적인 고안으로서 중국 병서《해방의海防議》(명나라 화옥華鈺의 저서)와 영국 해군기海軍記 등에 모두 기재되었으며 세계 전쟁 기술 사상에 조선 민족의 천재적 창발력을 우수하게 보여 주었다.*

* 일부 전하는 말에 이순신 장군의 거북선은 동시대의 유학자인 구봉龜峯 송익필宋翼弼의 고안이었다고 하나[12] 이는 구봉의 구자와 그가 지모를 가진 사람이었다는 데서 만들어 낸 터무니없는 낭설이다.

일부 사람들은 이순신의 거북선이 철갑선이었다는 것을 굳이 부정하면서 첫째 당시 철공의 기술로는 선체를 쌀 만한 철갑을 만들 수 없었다고 한다. 그러나 수백 년 전에 만들어진 성문들의 철갑 같은 정도의 철판으로 선체를 포장하면 당시의 총환과 화전은 훌륭히 막아 낼 수 있을 것이다. 또 이순신 장군의 거북선이 철갑선이란 것은 이미 오래 전래한 말이다. 예를 들면 옛날부터 민간에 널리 읽히던 국문《임진록》가운데에 "순신의 마음에 왜란이 있을 줄을 알고 도임 후에 전선 40여 척을 짓되 배 위는 거북의 형상이요 전 쇠로 입히고 궁글[13] 두어 무수히 벌의 집 모양으로 만들고…" 라 하였으며 일본인

---

11 파두나무의 씨를 말린 것. 자극성과 독성이 세다고 한다.

12 송익필이 이순신에게 거북선 그림을 보여 주고 가르쳤다는 이야기가 있다.

13 무슨 뜻인지 알 수 없다.

거북선의 승원 수용량은 이제 상고할 수 없으나 이조 병선 규정에 의하면 대맹선大猛船 한 척에 수군 80명, 중맹선 한 척에 60명, 소맹선 한 척에 30명이었으니 거북선도 선장, 장교 노수櫓手 포수, 사수 등 승원 전부를 합하면 적어도 한 척에 30여 명은 필요하였을 것이다.

의 기록에도 "적편의 배가 전 쇠로 포장한 것이 있는데 우리 총포가 능히 이것을 파손시킬 수 없었다(敵船有以全鐵裝者 我砲不能傷", 《정한위략征韓偉略》권2, 《고려선전기高麗船戰記》)[14]라고 하였으니 이런 말들이 결코 근거 없는 것이 아니었다. 다만 종래 통영統營 앞에 떠 있던 모조 거북선[15]이 철갑을 두르지 않고 단순히 목조였으므로 일반은 드디어 철갑을 잊어버리고 거북의 형상에만 흥미를 집중하여 왔던 것이다.

〈난중일기〉《충무공전서》를 보면 왜적이 부산을 침범하기 약 2개월 전인 임진년 2월 8일 기사에 "귀선범포龜船帆布 29필을 받았다"라고 하였으니 장군의 수사 임명일, 즉 지난해 2월 13일부터 만 1주년 이내에 거북선 조성이 완료되었으므로 공사 진행이 민속하였던 것을 알 수 있다. 또 '귀선범포'를 보아서는 거북선은 노를 사용하였을 뿐만 아니라 때로는 돛으로 바람을 이용하였던 것도 알 수 있다.

그리고 거북선뿐 아니라 일반 전함도 장군은 종래 제법을 개량하여 다량으로 제조하였다. 〈난중일기亂中日記〉 임진년 2월 20일에 "각종 방비선을 점검하니 모두 새로 만든 것이라"라고 하였으며 임진년 5월 초에 장군은 경상우도에 출전하기 위하여 본영의 앞바다에서 관내 병선을 집합하니 판옥선이 스물네 척, 협挾 선이 열다섯 척, 포자선鮑鮓船[16]이 마흔여섯 척이라(〈옥포파왜병장〉, 《충무공전서》) 하였고, 거북선은 따로 들지 않았다. 그러나 이는 당일 출전 병선의 수요, 관내 병선 전부의 수는 아니었다.

그 밖에 일반 전투 자재와 병기, 예를 들면 총포, 궁시부터 장병겸

---

14 일본 학자 가와구치 조주川口長孺가 1831년에 간행한 책.
15 실제 모조 거북선이 있었는지는 기록이 없으며, 증언에서도 전혀 나타나지 않는다.
16 고기잡이 배로 보통 포작선鮑作船으로 쓴다.

長柄鎌,[17] 사조구四爪鉤,[18] 마름쇠(菱鐵)[19]와 철삭鐵索[20] 등에 이르기까지 용의주도하게 준비하였다. 철삭, 즉 쇠줄은 험하고 좁은 항구와 항로 요해처의 물 밑에 가로 부설하여 적선의 통행을 방해하는 것인데 이것이 장군의 해전에 많은 전공을 가져 왔다.

지리와 근거지에 대한 주의

장군은 해군 활동의 기초를 연해 지리에 대한 과학적 지식에 두었다. 자기 관내는 물론이요 관의 일체 연해에까지 도서, 항만의 거리, 굴곡과 깊고 얕음(深淺)과 인구, 물산의 분포 상태와 선박 왕래의 편리 여부와 더욱이 조류, 바람 상태(風候) 등 해리海理 관계를 상세히 조사하며 당해 지방의 지리에 능숙한 사공 및 장교들을 평시에 인정하여 두었다가 필요한 때에는 안내자로 사용하였다. 만일 이러한 조건이 준비되지 못한 지역에는 그는 결코 경솔히 출병하여 싸우지 않았다.

이에 대한 일례로 '임진왜란'이 시작되어 경상우도 수사 원균이 구원을 청하였을 때 장군이 잠깐 숙고하며 주저한 것은 장군과 원균이 동등한 지위에 있으므로 작전상 통제가 곤란한 것과 또 원균의 성격이 시기가 많고 국사에 충실치 못한 것을 우려한 까닭이었다. 그러나 그 밖에 한 가지 중요한 이유는 경상도 연해의 지리에 능통한 사람을 얻지 못하여 진격에 자신이 적은 까닭이었는데, 때마침 광양 현감 어영담魚

---

17 긴 자루가 달린 낫 모양의 무기.
18 네 방향으로 갈라진 쇠갈퀴로서 적선을 잡아당기는 데 필요한 무기.
19 도둑이나 적을 막기 위해 땅에 흩어 두던, 날카로운 가시가 네다섯 개 달린 쇠못.
20 여러 가닥의 철사를 꼬아서 만든 줄.

泳潭이 자기가 그곳 지리에 익숙한 것을 말하고 향도관嚮導官이 되기를 자원하므로 장군은 그제야 기뻐하고 진군하였다.

장군은 연해 각처의 조수 진퇴와 완급에 특별히 주의하고 지리에 생소한 적의 약점을 최대한 이용하려 하였다. 대표적 실례로는 진도, 명량대해전에서 장군은 주로 이 조수의 형색을 이용하여 극소수의 수군으로 절대 우세한 대적을 격파하였다.

그리고 장군은 군항, 즉 해군 근거지에 대하여 투철한 전략을 세웠다. 이는 무엇 때문이었던가?

병선을 배치하는 데는 어떠한 풍파에도 배가 항상 안전하고 항내의 수면과 수심이 다수한 선박을 떠 있게 할 수 있어야 한다. 또 적병의 진로에 대한 목시²¹를 잘 잡고 있어서 저격과 유격이 편리한 반면에 항만의 형세가 깊숙하고 아늑하여 자기 함대가 적에게 용이하게 발견되지 않아야 한다. 이 몇 가지는 해군 근거지로서 갖추어야 할 절대적 조건들이다. 그러나 당시 연해 진영들의 위치는 태반이 지리적 조건에 적합하지 못하였다. 다시 말하면 이조 해군은 연해 160여 개소에 인원과 선척을 다만 산포·나열하여 배치해 놓아 세력이 분산되고 기동성을 잃어버린 것이 보통이었다. 이 결점의 특심한 예로서 황해도 이서 중에 조석潮汐 진퇴의 차가 심한 장소에서는 퇴조 때면 군항 내의 병선이 진흙과 모래 바닥에 우뚝 서 있고 만조 때에야 비로소 바다에 떠 있게 되며 또 조류와 풍랑이 격심한 군항에서는 병선을 육상에 끌어올려 두기로 한 것이다.

---

21 길목을 가리키는 듯하다.

이러므로 장군은 무엇보다도 해군 근거지를 선택함에 특별히 착안하였다. 작전할 때에는 비록 일시 정박을 하더라도 심심한 주의를 하였다. 후일 장군은 전라 좌수영이 호남의 벽지에 위치하여 관하 속진들을 연락·통제하기가 곤란하고 또 적의 진로의 목시를 잡을 수 없으므로 조정에 건의하여 한산도에 이진移陣하였다. 당시 왜적이 습래하는 해로는 대개 일정했으므로 해안의 요처에 세력을 집중하면 반드시 승리할 수 있었다. 후일 장군이 연차 대승리를 얻은 이유는 해군의 군사적 배치 요령을 잘 파악한 까닭이었다.

해군 통제의 필요에 대한 주장

장군은 수사에 취임한 뒤로 해군의 중요성을 고조하고 육군 편중주의를 반대하며 동시에 해군의 독자적 체제를 수립하기에 노력하였다.

당시 해군 조직을 일별하면 극히 불완전하였다. 수륙 양군 체제가 말초에서는 각립하여 있으나 근본적으로는 양자가 분화되지 못하고 혼동된 상태였으므로 반도인 조선, 더구나 왜적을 상대로 한 전쟁 국면에서는 이것이 패배를 전제하는 일대 결함이었다.

종래 이조 해군 배치는 일본 해적이 가장 먼저 침범하는 지역인 경상, 전라 양도에는 도마다 좌우 각 1개소의 수영(수사주영水使主營)을 두어 제1진지로 규정하고 그 다음 충청, 경기, 황해 제도에는 도마다 1개소의 수영을 두었으되 강원, 평안, 함경 제도에는 왜적의 침범이 적은 지역이므로 수사를 별설하지 않고 수군 속진屬鎭을 그 도의 관찰사 혹은 육군 병사가 지휘·감독하며 속진의 장령들을 소재 지방관들이 겸임하여 수륙군의 구별이 모호하였다.

또 육해군은 물론이고 군사의 추기樞機를 맡은 수뇌자와 실전통수 직을 맡은 사령관의 책임 소속이 분명치 못하였다. 더욱이 해상 지식과 실전 경험이 전연 없는 국왕과 대신이 합의하여 주먹구구식으로 해군에게 지휘하고 명령을 내렸는데 일정한 군사 방침이 없었을뿐더러 사소한 군기軍機까지 전지戰地사령관이 조정에 일일이 보고하고 그 명령을 기다려서 행동하므로 기동작전은 거의 불가능하였다. 이는 육군보다도 해군에 폐해가 우심하였다.

장군은 이 점에 대한 개선을 주장하였으나 결코 용이하게 실현되지 않았다. 그러나 그는 전쟁이 개시된 후에 실전 경험을 열거하여 조정의 의견을 전환하려 하였다. 예를 들면 육해군 사이에 병원의 상호 통용과 병기의 상호 전용轉用과 소관 지구의 상호 침범 등을 국왕의 명령으로 금지하도록 여러 번 요청하여 부분적 개선은 없지 않았다.

그리고 장군이 해군을 통제하는 데 최대로 성공한 것은 왜적을 상대로 한 중요 해전 지대인 경상, 전라, 충청 각 도 수사들을 통제하는 주장主將으로 삼남수군통제사를 창설하여 자기가 초대 통제사로 취임하였던 것이다. 이는 조선 해군 역사상 획기적 조치이며 그 후 이조 말기까지 그 기구는 계속 존재하였다. 그러나 이것도 전쟁 제2년 4월, 즉 장군이 전라 좌수사로서 옥포, 당항포, 한산도, 부산 등지에서 고군분투하여 연차 대승리를 이룬 후의 일이었다. 만일 개전 이전에 장군이 통제사와 같은 수군총사령관의 임명을 받았다면 조국의 육상에 왜적은 한 걸음도 들여놓지 못하였을 것이며 설사 들여놓았더라도 그처럼 발호하지는 못하였을 것이다.

05

임진조국전쟁의 개시,
침략자의 구실 및 침략군의
육상에서의 일시적 우세

소위 '임진왜란'의 횡포한 침략은 요컨대 이순신 장군의 예견을 실증함과 동시에 당시 정권 당국의 무능을 아낌없이 폭로했다. 그러면 종래 조선과 일본의 국제적 관계는 어떠하였으며 횡포 무도한 일본의 침략은 어떠한 전통적 과정을 밟아 왔던가?

조선은 원래 일본과 지리적으로 한 폭의 바다를 사이에 두고 있으므로 상고시대부터 조선 종족의 활발한 여세는 계속해서 바다를 건너가 골상骨相, 언어, 생산 기술과 문화 등 각 방면에 일본족의 우수한 주체를 구성하여 왔으며, 따라서 우리 조선반도와 그들의 교통, 무역, 전쟁 등 관계는 삼국시대 이래로 상당히 복잡다단하였다. 일본 해적이 연해 지방에 때때로 침략했기 때문에 동시에 우리의 공방攻防 태세도 일찍부터 강화하지 않을 수 없었다. 백제 말기와 신라 통일시대에는 일본의 사절, 유학생, 구법승 들이 중국의 수, 당보다도 오히려 백제, 신라 양국에 더 많이 내왕하였으며 동시에 우리나라 문화의 대일 수출도 자못 왕성하였다.

그러나 그 후 저들과 우리의 정세는 변화되었다. 신라 말기 이후로 중농적 봉건경제가 점차 조직화함에 따라 조선 민족의 대외 발전, 특히 해상 활동은 퇴보되어 왔고 동시에 거란, 여진, 몽고 등 북륙 만족들의 침해가 끊일 날이 없었으므로 고려의 대일 국방 정책은 허약성을 보이지 않을 수 없었다. 반면에 고도孤島에 봉쇄된 왜인, 더구나 농산물이 빈약한 서남 근해 지방의 왜인들은 선박을 집으로 삼고 해변을 진로로 알고, 표한慓悍과 부랑을 습성으로 하여 조선반도 연해 각지에 자주 침범하여 주로 식량과 물자를 약탈하여 갔었다. 고려 원종(1274)은 몽고(원元)군과 합력하여 대마, 일기壹岐[1]제도를 점령하고 축전, 박다를 습격하였는데 이는 일본인의 말과 같이 단순히 몽고 침략군의 향도로서만 한 것이 아니다. 당시 고려는 종래 왜구의 소굴을 소탕하여 그들의 침략성을 근본적으로 응징하려는 희망도 있었다.[2] 이 여원麗元 연합군의 두 차례 출정은 풍후 등 자연적 방해로 소기의 성과를 이루지 못하였고 고려 말경에 와서는 연해 지방의 왜환이 더욱 심하였다. 그러나 이태조 일파는 운봉, 남원 등지에서 왜구의 주력부대를 섬멸하였으며(1380), 또 고려군은 대마도를 거쳐 분탕까지 하였으므로 이 뒤부터 왜구의 대세가 드디어 좌절되었다.

이조에 들어와서는 소규모의 왜구 침범이 단절되지 않으므로 세종 원년(1419)에 삼군도체찰사 이종무가 전라, 충청, 경상 3도의 병선 227척을 거제도 앞바다에 집합하여 아홉 절도사를 거느리고 대마도를 소

---

1 이키섬, 나가사키현에 있음.
2 고려에서 왜구가 문제되는 것은 1350년 이후다. 따라서 몽골이 일본을 침략할 때 고려가 특별한 목적을 가지고 있었다는 주장은 근거가 없으므로 최익한의 주장인 듯하다.

탕하였으며,[3] 또 그때 대마도가 역사적으로 본래 조선의 소유인 것을 언명하였다.[4] 그러나 이조는 대체로 왜인을 무마하고 회유하는 방침을 국책으로 삼았다.*

> * 대마도주對馬島主 소宗씨는 일설에 조선 송宋씨라 하며[5] 친부親附의 뜻을 표하므로 이조는 매년 미두米豆 100석石을 하사하고 사절인도使節引導의 임무를 맡아 보게 하였다.

신숙주는 세종 때 서장관書狀官으로 일본에 갔다 와서 《해동제국기海東諸國記》를 지어 올렸으며 그가 임종할 때 성종의 자문에 응하여 일본과 화친을 잃지 말라고 하였다. 성종은 그의 의견을 옳게 여겨 1479년(성종 10. 기해)에 이형원李亨元 등을 통신사로 보냈는데, 그들이 대마도에 이르러서 풍랑으로 병을 얻자 국서國書와 폐물幣物의 전달을 도주島主에게 의뢰하고 귀국하였다.

이 뒤부터 선조 때까지 조선의 사절은 한 번도 바다를 건너간 일이 없었고 일본 사신이 오면 조정에서는 접대할 뿐이었다. 이러하기를 100여 년이나 지났으니 조선의 사정은 일본 사절과 상인들이 적에게 줄곧 전달하였던 반면에 적의 사정은 우리에게 전연 알려지지 않았다.

고려 말엽부터 막부를 세우고(1358) 우리나라와 수호통상하는 데에 힘쓰던 아시카가 정권은 200여 년 만에 무너지고 내란, 즉 그들이 말한 바 '전국시대'에 들어와서 오다 노부나가織田信長[6]가 일본을 통일하는

---

3 《조선왕조실록》세종 1년 6월 17일, 29일.
4 《조선왕조실록》세종 1년 6월 9일. 상왕 태종의 교서 가운데 '대마도는 본래 우리나라 땅'이라고 하였다.
5 1740년 동래 부사 박사창朴師昌이 편찬한 《동래부지》에 이런 주장이 실렸는데 최익한은 이를 활용했을 수 있다.
6 아시카가막부를 무너뜨리고 일본 전국의 반 정도를 자신의 지배하에 통일시켜 오랜 전쟁을 종식시킨 인물.

도중에 그의 부하에게 살해당했다. 그의 노복인 도요토미 히데요시는 간교하고 대담한 인물로서 노부나가를 뒤이어 국내 제후를 압복하고 스스로 '관백'이 되어 일본의 정치, 군사, 외교 모든 권리를 한 손에 장악하였으니 사실상 그 나라의 유일무이한 폭군이었다. 히데요시는 수하의 수많은 장령과 강대한 병력을 동원하여 과대망상적 침략을 성공시키려 하였다. 다른 말로 하면 히데요시는 확실히 약탈과 모험과 부담이 전통인 소위 일본 해구의 성격을 대표하였다. 따라서 임진왜란은 종래 그들의 해구적 행동을 대규모로 확대시킨 것에 지나지 않았다.

* * *

적이 조선을 향하여 침략을 개시한 구실은 무엇이었던가?

1587년(선조 20, 정해) 12월에 적괴 히데요시는 대마도주의 가신 다치바나 야스히로橘康光와 사신 다이라 시게노부平調信 등을 보내 조선 조정에 사절 교환을 청하였다. 그는 이 기회를 이용하여 자기 정권을 대외적으로 승인시키는 한편 대륙과의 통상 무역을 실현하려고 하였다. 그러나 당시 조선 조정은 적정을 탐문할 수 있는 이 유리한 기회를 도리어 포기하였다. 그들은 이번 히데요시의 서신과 사신의 말로써 비로소 도요토미 히데요시가 오다 노부나가를 대신하여 일본 '국왕'이 된 것을 알고 히데요시를 찬역자簒逆者로 규정하여 교제할 필요가 없다고 한 동시에 바닷길이 아득하다는 구실로 사신 파송을 사절하였다. 그래서 앞서 서술한 일본 사절은 사명을 이루지 못하고 헛되이 돌아갔다.

히데요시는 크게 노여워하여 다치바나 야스히로를 죽이고 고니시 유키나가小西行長,[7] 가토 기요마사加藤淸正[8] 등과 상의하여 대마도 주 소 요시토시宗義智,[9] 승려 겐소玄蘇, 다이라 시게노부 등을 보내 일본이 장차 명나라에 조공하러 가는 길을 조선에게 빌려 달라고 하며 조선의 사절 파송을 다시 간청하였다. 이는 1589년(선조 22, 기축) 6월의 일이었다.

이에 대한 논의가 다단하였으나 대제학 유성룡이 건의하기를 사신을 보내서 일본의 내정을 엿보고 오는 것이 좋다 하였다. 조정에서도 그 이듬해 경인년 3월에 황윤길黃允吉을 정사로, 김성일金誠一을 부사로, 허성許筬을 서장관으로 하여 일본에 파견하였다. 그들은 오사카大坂城에 가서 도요토미 히데요시를 회견하고 그 이듬해(신묘 즉 임진 전년) 3월에 귀국하였다.

만 1개년의 시일을 허비하면서 그들은 무엇을 하였던가? 김성일은 히데요시의 무례한 대우와 오만무도한 서사書辭를 항의·질정하기에 정력을 집중하였으며 황윤길은 히데요시의 위협에 가끔 비겁한 태도를 취하여 국사國使의 체면을 손상하였다. 그들은 조정에 돌아와서 적국의 정치·군사적인 내정에 관해서는 아무런 구체적 보고를 하지 않고 다만 황윤길은 히데요시의 눈빛이 번쩍번쩍하니 왜적이 반드시 동병動兵할 것이라 하며, 김성일은 이와 반대로 히데요시의 눈이 쥐의 눈 같으니 동병하지 못할 것이라 하여 당파와 개인 감정에 사로잡힌 일종의 관상론觀相論으로 경쟁함으로써 국가 민족의 사활을 해답하

---

7 임진왜란 당시 제1번대 주장.
8 히고국肥後國 다이묘大名. 임진왜란 당시 제2번대 주장.
9 고니시 유키나가의 매부. 쓰시마번의 초대 번주藩主.

려 하였다. 일본 사절의 간흉한 태도와 히데요시의 오만한 서한이 침략 의도를 명백히 보였음에도 조정은 이것을 한갓 공허한 시위적 언동으로만 해석하고 목전의 안일에 도취하여 만일에 대한 군사 준비를 게을리하였다.

당시 적의 괴수 히데요시가 조선 조정에 누차 교섭한 요지는 무엇이었던가? 즉 명나라가 일본의 입공入貢(통상)을 불허하니 조선이 대신 교섭하여 달라는 것, 또는 일본이 명나라에 진군하는 길을 조선에게 빌려 달라는 것이었다(명나라로 한 번 곧바로 뛰어 들어가겠다(欲一超直入大明) - 히데요시의 최후 서한 중 문구)[10] 조선이 이에 동의할 리가 만무하였다. 히데요시는 이것을 조선 침략의 유일한 구실로 삼았다.

* * *

1592년(선조 25, 임진) 4월 13일 고니시 유키나가 등 적의 선봉부대는 부산에 도착하였다. 유사 이래 우리 민족이 처음 겪은 치욕의 날이며 재앙의 날이었다. 이날 부산 앞바다의 새벽안개가 흩어지기 전에 야수 같은 해적 떼가 우리 조국의 신성한 강토를 갑자기 침범하기 시작하였다. 적의 괴수 히데요시는 침략의 최고 지휘자로 본국의 나고야名護屋[11]에 소위 대본영을 차렸으며 제1진 대장 고니시 유키나가, 제2진 대

---

10 학봉김성일신도비(경북 안동시 와룡면 서지리 소재)에 실린 정확한 표현은 "수십 일이 지난 뒤에야 비로소 서계가 왔는데, 서계의 말투가 매우 패만스러워서 심지어는 '전하殿下'를 '각하閣下'라고 하고, '예폐禮幣'를 '방물方物'이라 하였으며, 또 '한 번 뛰어 곧바로 대명국에 들어가겠다. 귀국은 앞장서서 입조하라(一超直入大明國 貴國先驅入朝)'"라고 기록되어 있다.

11 히젠肥前 나고야성은 도요토미 히데요시가 임진왜란 때 조선 침략의 거점으로 삼았음. 현재 사가현佐

장 가토 기요마사를 위시하여 구로다 나가마사黑田長政, 시마즈 요시히로島津義弘,[12] 후쿠시마 마사노리福島正則,[13] 하치스카 이에마사蜂鬚賀家政, 고바야카와 다카카게小早川隆景,[14] 모리 데루모토毛利輝元,[15] 우키타 히데이에浮田秀家[16]에 이르기까지 합계 9진으로 진출하게 하되 모리, 우키타 2인은 각 진의 전투를 지휘하며 구키 요시타카九鬼嘉隆[17] 이하 제장은 별개로 해군을 통솔하였다. 36적장과 25만의 적병(호왈號曰[18] 50만)은 수륙 병진하여 조선을 단기간에 강점하고 압록강을 건너 요동을 거쳐 명나라에 침입하겠다는 왜적의 파천황적 침략상을 드러냈다.

놈들이 과장한 것과 같이 맹장, 한졸悍卒이 조수처럼 밀고 들어오는 적세에 당시 조정은 어떻게 대항하였던가?

우리 조선족은 이조에 들어와서 문약의 길을 걷게 되었다. 고구려, 발해의 대륙 발전은 이성계의 사대 정책으로 영원히 포기되었으며 백제와 신라가 광범히 활약하던 동서 해면은 유생정치의 폐관閉關주의 때문에 전연 봉쇄되었다. 더구나 선조 시대에 이르러서는 국가의 경각성을 환기할 만한 외환 없이 지낸 지 벌써 200년이나 되어 값싼 태평가太平歌 속에서 지배계급은 국방 문제를 꿈같이 생각하였고 농노 생산에 기생하는 양반들은 동인東人, 서인西人이란 붕당의 명목 밑에서 정권

　　　賀県 북부 가라쓰시唐津市, 아이치현愛知県의 나고야名古屋 와는 다름.
12　무장이자 다이묘. 임진왜란 당시 일본군 제4번대 소속이었으며, 정유재란에 5번대로 참가했다.
13　다이묘. 도요토미 히데요시의 휘하 장수.
14　무장이자 다이묘. 임진왜란 당시 일본군 제6번대 소속. 벽제관전투 참여. 1595년 은퇴.
15　임진왜란 당시 제7번대 소속.
16　오카야마岡山 다이묘. 宇喜多秀家라고도 한다.
17　원문에는 '九鬼義隆'으로 잘못 기재되었다.
18　숫자 등을 과장해서 말할 때 쓰는 표현.

쟁탈을 일삼았다. 선조 8년(1575)에 동서당론이 시작되었다.

그러나 임진 전년부터는 조정에서도 왜적 방어 문제를 의정에 올리지 않을 수 없었다. 이순신 장군을 수사로 등용한 것이 이 일례였으며 더욱이 일본에 갔던 사절이 돌아온 후로는 국면이 갑자기 긴장되었다. 그리하여 조정에서는 김수金睟를 경상 감사로, 이광을 전라 감사로, 윤선각尹先覺(일명 국형國馨)을 충청 감사로 삼아 성지城池를 수축하고 병기를 준비하도록 하였으나 그들이 시공한 성첩들은 지세를 옳게 보지 못하여 방어에 적당하지 못하고 도리어 백성의 원책만 일으켰다. 그리고 국방 설비를 검사하였으나 원래 군략에 어두운 그들은 아무런 효과도 거두지 못하였다.

당시 적군이 부산에 상륙하자 부산 수사 첨사 정발鄭撥과 동래 부사 송상현宋象賢은 제일착으로 장렬한 순의殉義를 이루어 적의 간담을 서늘하게 하였으나 적세는 이것으로써 저지되지 않았다. 해상 관문의 중임을 맡은 경상 좌수사 박홍朴泓과 좌병사 이각李珏은 모두 자기 진영을 버리고 도주하였다. 적군이 도래한 것과 부산, 동래가 함락되었다는 급보가 경성에 전달되자 국왕은 전국 군병을 소집하고 죄과로 파직되었던 사대부와 자기 부모상을 당하여 집에 있는 무관들에게 전부 출전할 것을 호소하는 한편 유성룡을 도체찰사(최고 군사 감독관)로 하여 여러 장령들을 감독케 하였다. 그러나 훈련과 준비가 없던 당시 군사 형편으로서는 질풍과 같이 침입하는 적의 대군 앞에 저항하기가 거의 불가능한 일이었다.

4월 27일에 순변사巡邊使 이일이 상주에서 패배하였다는 소식이 조정에 들어오고 29일에 도순변사 신립이 충주에서 전사하였다는 보고가 또 들어왔다.

신립은 말 타고 활쏘기가 불편하다 하여 천험의 관문인 조령鳥嶺을 지키지 않고 충주평야에서 8000여 기병으로 남한강을 등지고 진을 쳐서 싸우다가 적장 고니시 유키나가에게 몰패했으니 이것이 유명한 탄금대(현 충주면 칠금리柒琴里)[19] 패전이었다. 이 패전 보고를 들은 국왕은 어찌할 수 없어서 명나라의 원조를 예상하고 그 이튿날에 창황히 경성을 출발하여 평안도로 향하였다. 국왕과 정부가 도피한 지 제4일, 즉 5월 3일에 적의 선봉장 고니시 유키나가는 아무 저항도 받지 않고 경성을 점령하였으니 부산에 상륙한 지 겨우 20일만이었다. 당시 지배 계급이 조국 수위에 얼마나 무능하고 무책임하였던가를 짐작할 수 있다.

당시 적군의 육상 진로는 다음과 같다.

적은 부산에 상륙하자 곧 세 패로 나누어 삼로로 경성을 향하였다. 한 패(고니시 유키나가)는 중로로 양산, 밀양, 청도, 대구, 인동, 선산을 지나 상주에서 이일 군대를 패퇴시켰으며, 한 패(가토 기요마사)는 좌로로 기장에서 경상좌도 병영을 함락하고 용궁의 하풍진(낙동강)을 건너 문경에서 상주 적군과 합하여 조령을 넘고 충주 탄금대에 들어와서 신립 군대를 패멸한 후 다시 둘로 나누어 유키나가는 여주, 양근으로 쫓아 용진을 건너 경성의 동대문에 이르렀고, 기요마사는 죽산, 용인을 거쳐 한강의 남안에 나타났다. 또 한 패(구로다 나가마사)는 우로로 김해, 초계, 창원, 영산, 창령, 현풍, 성주, 무계, 지례, 김산을 지나고 추풍령을 넘어 영동, 청주로 쫓아 경기도에 진출하였다. 부산, 경성의 1000리 사이에

---

19 현재 충북 충주시 칠금동.

도 적진은 서로 연락을 하며, 놈들은 가는 곳마다 주민을 살육하였다. 소년과 장년을 포로로 잡고 부녀를 능욕하였으며 재산을 약탈하고 촌락과 도시에 방화하고 분탕하여 잔인하고 난포한 상태는 실로 형언할 수 없었다.

한강을 방어하던 도원수 김명원金命元과 경성을 수호하던 수도대장守都大將 이양원李陽元은 모두 퇴각하고 200년의 수도는 공성空城으로 하루아침에 적의 수중으로 들어갔다. 이때 경상 감사 김수, 전라 감사 이광, 방어사 곽영郭嶸, 광주 목사牧使 권율, 충청 감사 윤국형尹國馨, 방어사 이옥李沃, 병사 신익申益 등은 여러 부대들을 합세하여 5만의 근왕군勤王軍을 결성하고 경성을 해방하러 오는 도중에 경기도 용인에 이르러 소수의 적군에게 결국 패산하였으니(동년 6월) 육군은 가위 전멸하였다.

적군의 총대장 우키타 히데이에는 경성에 유재하고 기타 적장들은 모두 임진강을 건넜다. 구로다 나가마사는 황해도 일대를 노략하고 고니시 유키나가는 국왕을 뒤쫓아 가서 평양을 점령하고 가토 기요마사는 나베시마 나오시게鍋島直茂

* 당시 국왕이 평양에 잠시 누재하였을 때 적국이 뒤쫓아 오므로 수종하는 신하들은 국왕에게 평양을 버리고 북쪽으로 도망하라고 권하였는데 성내 주민들은 이 말을 듣고 판관 홍여순洪汝諄 의 등을 치면서 "금관자金貫子, 옥관자玉貫子 도적놈들이 평시에 후한 국록을 먹다가 적군도 막지 못하고 또 국왕을 도주하라고 권하느냐?"라고 그를 난장亂杖 하였다고 한다.

와 함께 함경도 회령에까지 돌진하여 두 왕자인 임해군과 순화군을 포로로 잡았다.*

위와 같은 극악한 군사적 실패의 근인에 대하여 이제 이순신 장군으로 하여금 단적으로 지적하게 하자!

이제 적세가 이처럼 발호하게 된 것은 모두 해상전투를 아니하여 적군이 마음대로 상륙하도록 한 데 원인한 것이외다. 경상 해변의 여러 고을에 험고한 성지가 반드시 많을 터인데 수성하는 장병들이 비겁하여 적의 소리만 듣고도 간담이 떨려서 모두 도망할 생각을 하고 적이 포위하면 반드시 함락되어 하나도 온전한 성이 없사외다. 만일 처음부터 부산, 동해 해안에 주둔하는 여러 장령들로 하여금 전선戰船을 성대히 만들어 바다를 덮도록 진을 배열하여 적을 답새기[20]할 위용을 크게 보이면서 형세를 보고 자기 실력을 헤아려 진퇴를 방법 있게 하여 적군이 도로에 발을 붙이지 못하게 하였다면 국가 치욕의 환난이 반드시 이처럼 극도에 이르지 않았을 것이외다. 이까지 생각하오니 심장이 격분하외다. 저의 소원은 죽음을 각오하고 범의 소굴虎穴로 바로 달려들어 두드려 간악한 분위기를 쓸어서 만분의 일이라도 국치國恥를 씻어 버리려 하외다….

－《충무공전서》〈부원경상도장赴援慶尙道狀〉[21]

---

20 '두드려 패거나 족치다'라는 뜻의 평북·함남 방언 '답새다'를 강조하여 이르는 '답새기다'로 보인다.
21 4월 30일 올린 장계의 마지막 부분이다.

해상에서 장군의
연전연승

06

앞에서 이미 논술한 바와 같이 적이 상륙한 지 2개월이 지나지 않는 동안에 전라도의 전부와 평안도의 평양 이북을 제쳐 놓고는 거의 조선 전 지역에 적군이 횡행하며 우리 육군은 거의 전멸해 버렸다. 그러나 해상 방면에서는 육상과 전연 다른 형세가 전개되었다. 이는 오로지 이순신 장군의 천재적인 제해권이 확립되었기 때문이다.

처음 적군이 부산에 와서 유키나가, 기요마사 등은 육로로 내지에 침입하는 동시에 구키 요시타카, 와키사카 야스하루脇坂安治, 가토 요시아키加藤嘉明, 도도 다카토라藤堂高虎¹ 등이 영솔한 해군은 해로로 서남 연해 지방을 침범하려 하였다. 이때 해상 제1방어선에 있던, 앞서 서술한 경상 좌수사 박홍은 자기 진영을 전부 소각하고 도주하였으며, 제2방어선에 있던 경상 우수사 원균은 거제도의 본영에서 적과 한 번 싸우고 패배하여 황겁한 나머지 병선 100여 척과 화포, 군기 등을 모두

---

1   센고쿠시대戰國時代부터 에도시대 전기에 활약한 다이묘.

바닷속에 집어넣고 육지에 가서 적의 예봉을 피하려 하여 수군 1만여 명을 부질없이 흩어 버렸다. 그러나 원균은 자신의 부하 옥포 만호 이운룡과 비장 이영남李英男의 격렬한 충고로 육상 도피를 중지하고 노량露梁(南海)에 퇴각하여 제3방어선에 있는 전라 좌수사 이순신 장군에게 사람을 보내 구원을 간청하였다.

이때 장군은 4월 16일에 부산이 함락되었다는 급보를 듣고 관하 제장을 급히 소집하여 통분을 이기지 못한 어조로 적병을 격퇴할 방략을 상의하며 대기하고 있었고 4월 20일, 앞서의 원균의 청원이 들어왔다. 장군은 곧 구원하러 갈 것을 선언하고 광양 현감 어영담으로 수로 향도를 삼고 귀선장龜船將 신여량申汝良이 척후를 맡게 하고 순천 부사 권준權俊과 가리포 첨사 구사직具思稷을 중위좌우장으로 삼아 5월 4일에 본영에서 경상 우수영 방면으로 진군하니 판옥선이 스물네 척, 협선이 열다섯 척, 포자선이 마흔여섯 척이었다. 병기는 정예하고 장병은 용맹하고 호령은 엄숙하였다. 이 출발 직전에 전원 검열을 하였는데 도피하려는 수군 한 명을 발견하고 장군이 곧 그의 목을 베어 달아매니 전군이 숙연하여졌다.

이때 장군에게 보고된 바로는 부산, 김해, 양산, 남해 등지에 출몰하는 적의 병선이 500여 척이었으며 경상 좌우도의 해안 각처에서 한 개 부대로 감히 적군에게 저항하는 자가 없었다. 이러한 환경에 장군이 자기의 외로운 병력을 끌고 패퇴한 나머지 당황망조하는 원균을 구원하려 진군하는 것은 커다란 모험이 아닐 수 없었다. 그러나 장군이 감행한 이 모험에는 자신 있는 예견이 이미 있었던 것이다.

그것은 무엇이었던가? 첫째로 적의 해군은 우리 해안의 지리와 천

후天候에 서툴뿐더러 놈들의 병기와 선제船制는 우리 해군에 비하여 전투 성능이 박약하였다. 둘째로 적이 멀리 온 나머지 해안 각처에서 횡행한 지 이미 여러 날이었으므로 놈들은 피로하지 않을 수 없고, 동시에 놈들이 가지고 온 전비는 또한 많이 소모되었으리란 것이었다. 셋째로 적선을 공격하는 것은 상륙한 적군의 배후를 위협하며 보급로와 퇴각로를 차단하는 것이므로 장군은 일거에 해적의 선봉부대를 격파하여 육상에서 도량하는 적군을 견제하고 인퇴시킬 수 있었다. 장군은 이 몇 가지 조건을 예견하여 '중과부적衆寡不敵'한 불리한 현실을 무시하고 승리의 도상에 용감히 올랐다.

옥포승전玉浦勝戰 —옥포해전玉浦海戰 , 적진포해전赤珍浦海戰

장군은 앞서 5월 4일 새벽에 병선 85척을 인솔하고 본영을 출발하여 경상우도의 경내에 들어섰다. 이튿날 당포[2] 앞바다에 이르니 경상 우수사 원균이 자기 부대를 잃어버려 작은 배 한 척을 타고 한산도에서 왔으므로 장군은 그에게 전함 한 척을 주어 협력하기를 약속하였다.

장군이 원균 관하의 제장과 그의 전선 다섯 척을 수습하여 7일에 적선이 있는 곳을 찾아 옥포(현 경상남도 통영군 이운면)[3] 앞바다에 이르니 적선 50여 척이 남쪽 항구 안에서 줄을 지어 정박하고 있었다. 대선의 사면에 화문장畵文帳[4]을 드리웠고 비단(文綃)으로 만든 붉고 흰 작은 깃발들을 대나무장대(竹竿) 끝에 어지럽게 달아매어서 바람에 나부끼는 모

---

2   현재 경남 통영시 산양읍 삼덕리.
3   현재 경남 거제시 옥포동으로 조선시대에는 가배량 도만호와 견내량 만호가 지켰다.
4   본문에 의하면 화채잡문畵綵雜文을 한 휘장이라는 뜻이다.

양이 눈이 부실 만하였다. 장군은 전 함대에 망동하지 말라고 명령하고 진세를 산악처럼 정중히 하면서 일제히 정렬시켜 항구 안으로 들어갔다. 놈들은 갯가의 촌락에 흩어져서 약탈과 분탕을 일삼다가 우리 함대의 위엄 있는 모습을 갑자기 바라보고 황급히 배에 뛰어올라서 노를 재촉하며 언덕을 따라 배질을 하여 항구 밖으로 도주하려 하였다.

장군이 앞으로 7년 동안이나 계속 절대적으로 승리한 해상전투가 여기서 첫 막을 열게 되었다. 장군이 기호旗號를 들어 진격을 명령하니 장병들이 모두 다퉈 가며 앞섰다. 이들이 주로 대포와 장편전長片箭을 발사하면서 동서로 돌격 혹은 포위하니 적은 조총鳥銃과 화살로 응전하다가 힘이 다하여 배 안에 실었던 물품을 바다에 집어던지며 우리 편의 화살과 탄환에 맞아 죽은 자, 물에 뛰어들어 헤엄치는 자, 언덕 위의 석벽에 기어오르는 자 이루 헤아릴 수 없었다. 적군은 일시에 소탕되고 적선 스물여섯 척이 우리 대포에 맞아 부서지며 타 버렸다.

장군은 해안으로 도주한 적병들을 추격하려 하였으나 이곳 거제포는 산세가 험준하고 수목이 무성하여 추격하기가 용이하지 않고 또 적병의 소굴에서 오래 머무를 수 없으므로 저녁때 영등포永登浦(현 통영군 장목면 구영리)⁵ 앞바다에 와서 진을 치고 밤을 새우려 하였다. 때마침 적선 다섯 척이 지나가기에 장군이 여러 장령을 인솔하고 추적하여 웅천 합포 앞바다에 이르니 적들이 배를 버리고 육지로 도망하므로 우리 군사가 적선을 전부 부숴 버렸다.

이에 장군은 창원의 남포⁶ 앞바다에 가서 진을 쳐서 밤을 지내고

---

5   현재 경남 거제시 장목면 구영리.

그 이튿날, 즉 8일 이른 아침에 진해의 고리량에 적선이 정박하고 있다는 정보를 듣자 곧 출발하였다. 내외 도서를 '협공수토挾攻搜討'[7]하면서 저도猪島[8]를 지나 고성의 적진포(현 경남 통영군 광도면 적진동)[9]에 이르니 대소 적선 열세 척이 항구에 줄을 지어 정박하여 있고, 놈들은 갯가 촌락을 분탕하다가 우리 함대를 바라보고 겁이 나서 배에 돌아오지 않고 산으로 도망하므로 장군은 또한 적선 전부를 부숴 버렸다.

이번 적선에서 얻은 물품은 다섯 칸의 창고에 차고도 남을 만큼 막대한 수량이었다. 병기를 제외하고는 양미와 의류를 전사들에게 적당히 나누어 주어 그들의 전투 의욕을 북돋워 주었다.

앞서 서술한 바와 같이 장군은 7일과 8일 양일간에 적선 마흔네 척을 분쇄하고 남해로 진출하는 적군의 전봉前鋒을 좌절시켜 적의 수륙병진의 태세를 저지하고 우리 해군의 위력을 크게 시위하였다.

이것이 장군의 해상전투에 있어서 첫 기록인 옥포승전이었다.

이때는 국왕과 정부 요인 일행이 처량한 행색으로 창황하게 도착하던 때였다. 패전 일색이었던 당시 조선에서 장군의 옥포승전은 전국 인민에게 한 줄기 활기를 선포했다. 이 승리 보도가 해륙 양 전술을 통틀어 제일착의 회보喜報로서 행재소行在所[10]에 달하니(5월 23일) 국왕 이하 백관은 모두 찌푸렸던 얼굴 살을 펴고 서로 축하하며 장군의 관품을

---

6   현재 경남 창원시 마산합포구 구산면 난포리.
7   협공으로 적을 찾아 토벌함.
8   현재 경남 마산합포구 구산면 저도.
9   적진포의 위치는 고성군 동해면 내산리 전도마을이라는 설과 고성군 거류면 당동리 신라마을이라는 설이 있다(이민웅, 앞의 책, 138쪽).
10   왕이 궁궐을 떠나 임시로 머물렀던 곳을 가리키는데 당시 의주에 있었다.

가선대부로 올려 주었다.

* * *

이번 전투를 경험해 보니 적선은 체제가 대개 작고 경첩하여 운행
이 빠르고 우리 판옥선이 자유로 용납하기 어려운 좁고 얕은 항만에 정
박하였다. 놈들이 항내에서 우리 해군을 도피할 때에는 갯가 언덕 기슭
을 따라서 어관魚貫[11]식으로 행선하다가 형세가 궁하면 그만 육상으로
도망하는 것이 통례였다. 이러므로 적선을 분쇄한 숫자보다는 적병을
살상한 비율이 조금 낮았다.

장군은 앞서의 적진포전투를 마치고 곧 천성, 가덕, 부산 등지로
진격하여 해적의 근거지를 소탕하려 하며 수하 장졸들도 모두 결사적
으로 전진하려 하였다. 그러나 장군이 다시 고려하기를 적의 소굴은 심
험하고 우리 함대는 아직 고단하여 깊이 진공하기가 곤란하며, 또 육군
의 협력이 없이는 해적이 육상으로 도피하는 것을 방지할 수 없으니 다
음 기회에 전라 우수사 이억기李億祺 군대가 연합하기를 기다려 다시
작전 방침을 결정하기로 하였다.

장군은 이번 전투로 수륙이 호응하는 전략이 필요한 것을 더욱 느
꼈으며 또 호남의 육군에 전마戰馬가 결핍한 것을 우려하였다. 그래서
장군은 순천의 돌산도 백야곶白也串[12]과 흥양의 도양장道陽場[13]에 있는

---

11 배를 꼬챙이에 꿴 물고기처럼 줄을 이룸.
12 전남 여수시 화양면 안포리에 있는 곶.
13 현재 전남 고흥군 도덕면 도덕리.

목마牧馬 중 전투에 합격한 것을 많이 징발하고 조련시켜 전마 조달 대책을 확립할 것을 국왕에게 긴급히 요청하였다.

동일 고성의 월명포[14]에서 장군은 비로소 국왕이 서쪽으로 피난가고 경성이 함락되었다는 소식을 들었다. 장군은 비분하고 통곡하며 여러 장병들과 함께 더욱 원수들을 쳐 부술 결의를 다지고 잠시 본영으로 회군하였다.*

* 〈옥포파왜병장〉 중에 거북선의 활동은 보이지 않았으니 이번에는 주로 척후에 사용하고 돌격에는 사용치 않았던 듯하다.

** 장군의 전기를 보면 간밤 꿈에 백두옹白頭翁이 장군을 흔들어 일으키며 말하기를 적병이 닥쳐온다 하므로 장군은 놀라 일어나서 곧 군사를 소집하여 출발하였다 하니 《충무공전서》 장군이 자나 깨나 적을 토멸하기에 정신을 집중하였던 것을 이런 일화에서도 엿볼 수 있는 것이었다.

당포승전唐浦勝戰 - 사천선창해전泗川船滄海戰, 당포해전唐浦海戰, 당항포해전唐項浦海戰, 영등포해전永登浦海戰

5월 29일, 즉 앞서의 옥포승전이 있은 지 20일만이었다. 장군은 군관 윤사공尹思恭과 조방장 정걸丁傑에게 본영 수호와 영내 절제의 책임을 맡겨서 뒷 염려가 없게 한 다음에 전선 스물세 척(거북선도 포함)을 친히 영솔하고 본영을 출발하여 경상우도 영내로 진군하였다. 이는 부산을 근거로 한 해적이 최근 거제도 이서에 침범하여 연해 주민들을 약탈하고 분탕하여 적선 10여 척은 이미 사천, 곤양 등지에 침입하였다는 급보를 원균에게 접수한 까닭이었다.**

동일에 장군의 함대는 노량 앞바다에 이르니 원균은 다만 전선 세 척을 가지고 하동선창에서 와서 만났다. 즉시 부근 해양 중에 적선 한

14   현재 경남 통영시 산양읍 풍화리 월명도.

척이 곤양에서 사천으로 도주하는 것을 발견하고 장군의 선봉이 추격하니 적은 배를 버리고 육지에 올라 도피하였다.

그리고 바라본즉 사천선창(현 경남 사천군 읍남면 선진리) 위에 산 하나가 뻗어 있어 형세가 험준한데, 그곳에 400여 명의 적병이 장사진長蛇陣을 치고 있으며 그 밑에는 누선樓船 열두 척이 나란히 정박하여 있었다. 적병은 오만한 태도를 보였다. 우리 함대가 일제히 들어서서 사격을 하려 하니 거리가 조금 멀고 적선을 불 지르려 하니 조수가 이미 물러가 항내가 얕아서 큰 판옥선이 자유로 돌격하기 어려웠다. 또 적은 높고 우리는 낮아서 지세가 불리한 데다가 날도 저물어 가므로 장군은 드디어 호각을 거짓 퇴각하며 적선을 해양으로 유인하여 섬멸하려 하였다. 이때 원균은 전일에 자기가 패전한 데 대한 분한 마음으로 곧바로 들어가서 결전하려 하였으나 장군은 그것은 병법을 모르고 저돌豬突하는 것이라 하여 제지하였다.

그리하여 거짓 퇴각하기 1리가 못 되어 적병이 과연 배에서 내려와 진격하려 하였다. 또 때마침 저녁 조수가 들어오기 시작하여 선창 내에 큰 배를 용납할 수 있으므로 장군은 곧 다시 함대를 돌려 몰고 거북선을 적의 함대 속에 돌진시켜 먼저 천, 지, 현, 황天地玄黃(대포의 번호 글자) 각종 화포를 발사하고 함대가 이어 달려들어서 철환, 장편전, 피령전皮翎箭,[15] 화전, 천, 지자의 화포들을 빗발처럼 발사하니 소리가 천지를 진동하였다. 적의 사상자가 많고 적의 전선도 전부 파멸되었다.

그리고 장군은 다만 적의 작은 배 두어 척을 고의로 남겨 두었다.

---

15   황자총통黃字銃筒에 사용하던 화살. 피령은 가죽날개를 가리킴.

이는 다음 기회에 육지로 도주한 패잔 적병을 해양으로 유인하여 섬멸하고 동시에 배를 잃어버린 해적이 육상에서 방황하며 촌락과 주민과 가축을 약탈, 분탕하는 폐해를 방지하려는 것이었다.

이번 전투 중에 장군은 왼쪽 어깨에 적의 조총을 맞아 탄환 한 개가 등허리에까지 들어갔었다. 그러나 장군은 여전히 활과 칼을 잡고 싸움을 독려하다가 전투가 끝난 뒤에야 비로소 사람을 시켜 칼끝으로 두 치(二寸) 깊이나 살을 어이고 철환을 빼어 내되 조금도 고통하는 기색이 없이 웃으며 말하였다. 이것을 본 전체 장병은 모두 장군의 견인력에 탄복하였다(이날에 군관 나대용羅大用도 적환에 부상하였다).

*   *   *

이날은 사천 모자랑포에서, 그다음 날인 6월 1일은 고성 사량진의 해양 중에서 진을 치고 밤을 지냈다. 이때 경상도 일대 해안과 항만들에 흩어져 있는 적병들이 불의에 침습할 우려가 있으므로 장군은 전투를 휴식하고 밤을 지낼 때면 반드시 항구와 해안을 조금 떠난 앞바다의 지점을 가려서 진세를 단속한 다음에 유숙하였다.

6월 2일 우리 함대는 고성의 당포선창에 이르니 대소 스물한 척의 적선이 언덕 밑에 대오를 나누어 정박하고 있었다. 그중 큰 배 하나는 위에 높이 서너 길이나 되는 층루層樓가 있고 밖으로 홍라장洪羅帳[16]을 드리웠는데 그 장막의 사면에는 '황黃'자가 크게 쓰여 있었다. 층루 중에는 금관을 쓰고 금의錦衣를 입은 적장 일인이 앞에 붉은 일산을 세우고 적의 장수들을 지휘하면서 조금도 겁내는 빛이 없었다. 장군은 거북선으로 먼저 그 층루선의 밑에 바싹 기어들어 서서 용두의 입에서 현자玄字포를 치쏘고 또 천, 지자의 대장군전大將軍箭을 치쏘아 그 배를 깨뜨렸다. 그리고 우리 장병들이 뒤이어 사격하며

* 앞서의 층루선 중에서 나온 쇄금선洒金扇 한 자루가 있는데 선폭의 우변에는 '우시축전수羽柴筑前守',[17] 좌변에는 '귀정유구수전龜井流球守殿',[18] 중앙에는 '6월 초8일 수길서'라 하였으니 이는 그 적장에 대한 침략자의 괴수 도요토미 히데요시의 신표물信標物이었다.

중위장 권준은 편전片箭으로 그 적장을 쏘아 맞혀 거꾸러뜨린 다음에 사도 첨사蛇渡僉使의 군관 진무성陳武晟[19]은 곧 그놈의 목을 베었다. 이것을 본 적병은 그만 경겁하여 도주하며 우리의 탄환과 화살에 맞아 거꾸러진 자가 셀 수 없었다. 적선 스물한 척은 전부 소각되었다.*

우리 군대가 앞에 서술한 스물한 척의 적선을 분쇄한 다음 곧 육지로 도주하는 패잔 적병들을 추격하려는 즈음에 척후선이 급보하기를 적의 대선 20여 척이 소선을 많이 인솔하고 거제도에서 이곳을 향하여 온다고 하였다. 장군은 이곳의 지형이 좁아서 교전하기가 불리하므로 외양外洋에서 맞아 치려고 함대를 재촉하여 빨리 선창 밖으로 나갔다. 그러나 적선이 5리 밖에서 우리 함대를 바라보고는 그만 도주하므로 우리 함대는 추격하다가 날이 이미 저물어서 싸우지 못하고 진주 창신도昌信島[20]에서 밤을 지냈다. 그 이튿날 추도로 향하여 부근 섬들을 '협

16 붉은 비단 휘장.
17 하시바 지쿠젠노카미. 도요토미 히데요시가 출세하기 전 사용하던 이름이라고 한다.
18 가메이 고레노리龜井姟矩의 다른 이름. 일본 측 연구에 따르면 그는 임진왜란 후까지 생존했다고 하므로 이 싸움에서 전사한 것은 아니고 그에게 소속된 휘하 선단이 패한 것으로 해석한다(이민웅, 《이순신평전》, 책문, 2012, 151쪽)
19 원문에는 柴武晟으로 잘못 기재되었다.
20 현재 경남 남해군 창선면 창선도.

공수포'하였으나 적의 종적이 없었다. 고성 고둔포[21]에서 밤을 지냈다.

이날 밤에 부하 장병들이 어떤 허보虛報를 듣고 놀라서 요란하였으나 장군은 선실에 누워서 움직이지 아니하고 조금 있다가 요령으로 신호하니 부대는 그제야 안정하였다.

* * *

동 6월 4일 고성 당포 앞바다에 이르니 전라 우수사 이억기가 장군이 앞서 했던 요청(4월 20일경)에 응하여 비로소 병선 스물다섯 척을 거느리고 와 모였다. 고군분투하던 즈음에 응원병을 맞이하여 장군 부대의 기세는 일층 더하여졌다. 장군은 이억기를 보고 "지금 왜적이 창궐하여 국가의 위급이 시각을 다투는데 영감은 어찌 그렇게 더디 오시오"라고 하니 그의 얼굴에 부끄러워하는 빛이 있었다.

이날 밤은 거제와 고성의 경계인 노량(현 통영군 산양면 당동리)[22]에서 지내고 그다음 날, 즉 5일에 장군은 이억기와 함께 앞서의 당포에서 추적하던 적선을 추격하여 고성 당항포(현 고성군 회화면 당항리) 앞바다에 이르렀다. 당항포에 있는 적군의 형편을 남들에게 묻고 또 전선 수삼 척을 먼저 포구에 들여보내 지리를 자세히 탐사하되 만일 적이 추격하면 거짓 퇴각하면서 적을 유인하도록 엄밀히 부탁하고, 우리 함대 전부는 포구 밖에 숨어 저격을 준비하였다. 파송한 선척은 포구 안에 들어갔다

---

21 현재 경남 통영시 산양읍 풍화리.
22 현재 경남 남해군 설천면 문의리.

가 곧 나오면서 암호를 보내니 장군은 드디어 전선 네 척을 포구에다가 복병하게 하고 대부대는 포구 안으로 빨리 들어섰다. 포구 안에는 양편 산기슭이 강을 20리나 끼고 있고 협착하지 않아서 능히 전투할 수 있으므로 우리 함대는 어관 식으로 나아가서 머리와 꼬리가 서로 연접하였다. 소소강召所江 서안(현 고성군 마암면 두호리)에 이르니 적선이 크기가 판옥만 한 흑선黑船 아홉 척과 중선 네 척과 소선 열세 척이 강변에 대어 있었다. 그중 제일 큰 배 한 척은 뱃머리에 삼중 판각版閣을 만들어 세웠는데, 단청과 분벽이 불각佛閣같으며 앞에 푸른 일산을 세웠고 각하閣下에 드리운 흑자색의 생초장帳에는 백화문白花紋을 그렸으며 그 장막 안에는 왜인이 많이 서 있었다. 또 대선 네 척이 내포에서 나와서 한곳에 모여 있는데, 모두 흑색기를 꽂았고 그 기폭에는 모두 희게 '남무묘법연화경南無妙法蓮華經' 일곱 자를 썼었다.

놈들은 우리 함대의 위용을 보고는 철환을 빗발처럼 발사하였다. 장군은 우리 함대를 벌려 세워 적선을 포위하고 먼저 거북선을 돌입시켜 천, 지자 포를 쏘아 적의 대선을 꿰뚫게 한 다음에 우리 배들이 번갈아 가면서 드나들어 포알과 화살을 퍼부어 한참 접전하니 우리 위력을 더욱 떨쳤다.

이때 장군은 문득 전술을 변경하였다. 놈들이 만약 세궁하여 배를 버리고 육지에 오르면 적을 전부 섬멸할 수 없으므로 장군은 포위를 풀고 거짓 퇴각하여 적선이 이동할 수 있는 간격을 준 다음에 좌우로 미격尾擊하여 적병 전부를 섬멸하려 하였다. 그리하여 장군이 함대에 명령하여 퇴각하면서 한쪽 방면을 개방하니 앞서의 충각선은 과연 그 열린 길로 나오는데, 두 돛대에 흑색 베돛을 달았고 다른 적선들은 그것

을 좌우 날개처럼 끼고 강의 중류에 와서 노를 빨리 저었다. 이에 장군
은 다시 함대를 지휘하여 적선들을 긴장하게 포위하여 협격케 하고 돌
격장 이기남李奇男이 탄 거북선은 다시 층각선 밑에 기어들어 가서 대
포로 치쏘아 그 층각을 격파하였다. 우리 배들은 또 화전火箭으로 그 생
초장과 베돛을 쏘아 태우는 동시에 삼층각 위에 앉았던 적장을 편전으
로 쏘아 맞혀서 떨어뜨렸다.

　이 격렬한 전투의 틈을 타서 적선 네 척이 돛을 달고 북쪽으로 도망
하는 것을 모두 추격하고 또 육지로 도주하는 적병들을 극력 추격하여
적의 머리 마흔세 급을 베어 얻고 적선을 전부 소각하되 한 척만은 고
의로 내버려 두어 패잔 적병이 돌아갈 길을 열어 주었다. 날이 이미 저
물었으므로 육지로 도피한 적병을 다 잡지 못하고 이억기와 함께 포구
에 나와 진을 치고 밤을 지냈다.

　6일 새벽에 방답 첨사防踏僉使 이순신李純信은 장군의 지시에 따라
소속 전선을 인솔하고 당항포의 포구 밖에 가서 대기하던 차에 어저께
육상으로 도주하였던 적병 100여 명이 과연 잔류선 한 척을 타고 포구
로 나오는 것을 보았다. 우리 전선들은[23] 먼저 지, 현자포를 발사하고 또
장편전, 철환, 질려포疾藜砲,[24] 대발화大發火 등을 연발하니 적은 황겁하
게 퇴주하므로 우리는 '요구금要鉤金'[25]으로 적선을 걸어 끌고 중앙中洋
에 나왔다. 적병의 반수는 물에 빠져 죽었고 그 중 24~25세나 되며 용

23　원문에는 '우리 적선들은'으로 표기되어 있다. 오기인 듯하다.
24　마름쇠가 든 탄환을 내쏘는 포. 홍기문은 마름포라고 이름붙였다(홍기문 역, 《리순신장군전집》, 평양국립
　　출판사, 1955, 59쪽).
25　갈고리 쇠.

모가 건장한 적장 한 명은 화려한 복식을 하고 칼을 들어 나머지 적을 지휘하여 싸우며 끝끝내 겁내는 빛이 없었다. 이순신李純信은 그를 쏘아 맞히고 나머지 적병을 다 죽이고 그 배를 소각하였다. 적선 내 작은 궤에서 발견한 3040여 명의 분군기分軍記는 그 명단 아래에 모두 혈적血跡을 표시하였으니 이는 피를 마시고 침략적 범죄를 서로 맹세한 증적證迹인 것이다. 장군은 이를 형언할 수 없는 '흉장凶狀'이라고 지적하였다.

동일에는 고성현 을우장乙于場[26]의 바다 가운데에서 밤을 지내고 7일 오전에는 영등포 앞바다에 이르러 부산으로 도망하여 돌아가는 적의 대선과 중선 일곱 척을 율포[27] 외양에까지 추격하여 박멸하고 다수한 수급을 베어 얻었다.

이에 우리 장병들은 용기백배하여 가덕, 천성을 향하여 경상좌도 몰운대沒雲臺[28]에까지 이르러 '협공수토'하니 적병들은 모두 멀리 도주하고 한 놈의 그림자도 없었다. 이날 밤 초경에 다시 우도 영내 거제 온천량[29]의 송진포에 와서 밤을 지내고 8일과 9일 양일은 마산포, 제포, 웅천, 가덕, 천성 등지에서 적병의 종적을 발견하기에 노력하였으나 아무것도 발견하지 못했다. 9일은 당포에 와서 밤을 지내고 10일은 미조항彌助項[30]의 앞바다에 이르러 이억기, 원균 등과 진을 풀고 각자 본영으로 돌아갔다.

---

26 이민웅은 맛을간장(亇乙于場)으로 읽고 현재 고성군 동해면 전도리의 맛개해안으로 추정하였다(이민웅, 앞의 책, 154쪽). 홍기문은 마루장(馬乙于場)으로 읽었다(홍기문 역, 앞의 책, 60쪽).
27 현재 경남 거제시 장목면 대금리 북방.
28 낙동강 하구에서 부산으로 돌아나가는 지점에 해당(이민웅, 앞의 책, 156쪽).
29 경남 거제시 하청면 칠천량.
30 경남 남해군 미조면 미조리.

이때 장군은 가덕, 천성을 거쳐 부산을 직충直衝[31]하여 적의 소굴을 소탕하려 하였으나 연방 대적들과 싸운 나머지 군량은 다 없어지고 장병들은 피로하여 잠깐 휴양하지 아니할 수 없었다. 또 설혹 부산을 직충한다 치더라도 양산강 일대의 험하고 좁은 지세를 의거하고 있는 적군은 우리의 도전에 정면으로 응하지 않고 적들끼리 서로 호응하여 반드시 우리 배후로 돌아들어서 우리의 귀로를 차단하고 앞뒤로 협격할 위험이 적지 않았다. 뿐만 아니라 경성에 주둔하는 적병이 우리 조운선을 뺏어 타고 한강에서 서남해로 내려온다는 풍문이 때마침 있으므로 장군은 이억기와 상의하고 잠시 본영에 환군하였다.

이번 사천선창, 당포, 당항포 및 영등포 각처의 전투에서 적선 일흔두 척(《당포파왜병장》)과 적병 수천을 섬멸 격퇴하고 가덕진 이서以西, 즉 경상우도 연해 일대의 적세를 거의 소탕하여 장군의 남해 제해권을 확고히 하였다. 왜적의 기록에 있는 적장 구루시마 이즈모노카미來島出雲守[32]가 우리 비탄飛彈에 거꾸러진 것, 도도 다카토라와 와키사카 야스하루가 패전에 격분한 모든 것이 대개 이때의 일이었다. 장군이 이번 4개소의 전승을 〈당포파왜병장〉에 포괄하였으므로 우리는 따라서 당포승전이라고 부른다. 이 승전으로 장군의 천재적 전략전술과 함께 우리 민족의 무용武勇한 전통과 열렬한 애국정신이 세상에 뚜렷이 나타났다. 이 승리의 보고가 의주 행재소에 보고되매 조정은 장군을 자헌대부資憲大夫[33]로 승계昇階시켰다.

---

31 곧바로 공격함.
32 구루시마 미치후사來島通總. '이즈모노카미出雲守'는 관위.
33 조선시대 문신 정2품 하계의 품계명.

이때 장군도 통례에 따라 적의 수급을 베었는데, 왼편 귀를 베어 소금에 절여서 조정에 송달하기는 하였으나 장군은 원래 수급의 다소로 논공하는 방법을 긍정하지 않고 싸울 적마다 장병들에게 "한 적의 수급을 따는 대신에 여러 적의 수족을 사격하여 놈들의 전투 능력을 상실케 하는 것이 진실한 전공이므로 수급을 따는 데에 정력을 쏟지 말고 힘써 싸우는 데만 노력하라"라고 하였다. 우리 병사들이 적의 수급을 베기에 분망하다가 도리어 패잔 적병의 반격을 받아 사상한 자가 있으므로 장군은 교전 중에는 더욱이 수급 참취를 금지하였다.

그리고 장군은 논공에 있어서 우리 장병이 쏘아 죽인 후에 비록 수급을 베어 바치지 않더라도 힘써 싸운 자를 제일 공로로 삼으며 또 포로가 된 동포를 산 채로 탈환하면 한 명씩에 왜놈의 머리 한 개(즉 1급)와 동등한 공로로 간주하였다. "누가 힘써 싸우고 않는가를 내가 잘 알고 있으니 수급 다소는 불구하고 힘써 싸우기만 바란다"라고 장군은 항상 장병들을 격려하였다.

그리하여 장군의 전승 보고에도 그 전과에 비하여 참취한 수급의 수(88급〈당포파왜병장〉)는 매우 적었다. 당시 원균의 부대는 전시에는 뒷전에서 관망하다가 장군의 부대가 쏘아 죽인 적의 시체에 달려들어서 수급 참취를 일삼는 추태를 가끔 연출하였으며, 또 이번 '임진왜란' 중에 비열한 도배는 동포의 머리를 삭발하여 왜인의 수급으로 가장해 공과 상을 탐취하는 기괴한 실례가 없지 않았다. 이런 것을 보면 장군의 역전 力戰주의는 참으로 순결하고 성실한 애국적 정신의 발로였던 것이다.

그리고 이번 전투가 끝난 즉시 장군은 조정의 명령을 기다리지 않고 전공을 세운 병사들에게 지체 없이 공평하고 정직하게 논공행상하여 그들의 용감함을 격려하였다.

또 장군은 이번 전승으로 적의 선박에서 수취한 물자 중에 병기를 제외한 의류와 식량을 병사들뿐 아니라 부근 피난민과 포로로 탈주한 자들에게도 적당히 나누어 주었다. 그리하니 그들은 다투어 가며 장군에게 귀부歸附하여 지리 원근의 정세와 적의 종적 및 상태를 상세히 보고하므로 의외로 유효한 첩보망이 되는 동시에 적의 주구로 화할 기회를 방지하는 데도 유용하였다.

적장敵將 유키나가의 위협에 대조되는 장군의 전술적 선포

이때 적의 육군 제일 선봉장 고니시 유키나가는 조선 국왕을 추적하여 평양에 도착(6월 8일 대동강변 남안 도착)하자 곧 국왕에게 투서하여 위협하기를 "일본의 수군 10만이 또 서해로 쫓아오니 대왕은 이로부터 어디로 갈 것이냐?"라고 하였으니 이는 그저 단순한 위협이 아니다. 수륙양군이 평양 대동강 일대에서 서로 합세하여 수륙병진의 태세를 조직하여 국왕을 추적하고 압록강을 건너 요동으로 명나라를 쳐들어가는 것이 놈들의 본래 계획이었다. 그리하여 유키나가는 평양에서 제 놈들의 해군이 서해로 쫓아오기를 고대하고 있었으나 그것은 경상우도의 해상에서 첫걸음부터 연차 분쇄되어 버렸으므로 유키나가는 평양 이북으로부터 더는 고군심입하지 못하고 7개월 동안이나 평양에 지체하면서 해군이 올 것을 최후까지 기대하다가 결국 뒷날 조중 연합군에게 패퇴하고 말았다.

장군의 옥포, 당포 등 해전에서 쟁취한 일련의 승리는 단순한 해상의 승리가 아니었다. 그것은 첫째로 질풍같이 전진하는 유키나가의 육군을 평양에 정지시키고 국왕이 의주에서 '행재行在'하는 것을 보장하였으며, 둘째로 명나라 이여송李如松 부대의 응원에 대한 준비 기간을 잡아 줌과 동시에 적군이 요동으로 침입할 위험을 방지하였으며, 셋째로 서남 해안 및 양호兩湖(전라. 충청) 지방을 전시의 인적 및 물적 공급의 원천지로 확보하여 조국 부흥의 기초를 만들어 주었다. 종래 평론가들은 흔히 이 객관적인 미묘한 사실들을 바로 보지 못하고 유키나가가 평양에서 장기간 주둔하고 더 진격하지 아니한 것을 일종 정치 상인인 명나라 사람 심유경沈惟敬이 벌인 외교술의 효과로만 이해하였다. 유키나가는 비록 침략자의 충복이었을망정 심유경의 혀끝에 조종되기에는 너무나 간흉한 자였다.

그가 뒷날 유경의 화의운운和議云云에 신뢰하는 태도를 보였던 것도 역시 내심으로는 수륙병진을 기대하고 자기 부대가 단독으로 전진하기를 꺼리는 군사상 약점을 은폐하기 위한 위장적 전술이었다.

* * *

임진년 6월 14일, 즉 장군이 당포승전을 마치고 본영에 환군한 후며칠이 안 되어 해군 승리의 위력을 이용하여 가짜 '상계上啓(국왕에게 올리는 편지)'를 작성하였다.

그 요지는 다음과 같다.

신臣은 이제 전함 수만을 거느리고 비장군飛將軍 아모某를 선봉으로 삼고 일본국을 향해 바로 진격하려고 모월 모일에 출발하다….

－《충무공전서》장군의 조카 이분李芬이 지은〈행록行錄〉

　장군은 이 가짜 상계문 두 통을 작성하여 한 통은 군관에게 주어 왜
적이 쉽게 발견할 수 있는 경성의 가로街路 상에 던져두어 적장들을 위
협하는 동시에 놈들의 전략을 혼란시키려 하였다. 장군이 이와 같이 허
위적, 전술적으로 선포한 것은 유연히도 앞서의 적장 유키나가의 투서
위협에 대한 훌륭한 응수로 볼 수 있다.

　"일본으로 바로 진격하겠다"라는 것은 다만 가상이 아니라 원래 장
군의 염원이었다. 최초 장군의〈부원경상도장〉문중에 "죽음을 자각하
고 범의 소굴로 바로 쳐들어가서 요망한 분위기를 일소하여 국치의 만
분지 일이라도 씻어 버리기를 원한다"라고 한 것은 그와 같은 염원을
암시한 것이었다. 당시 다수한 장령들 중에 장군의 염원과 같은 전략적
코스를 머릿속에 그려 본 사람은 장군 이외에는 오직 해남 현감 변응정
邊應井 한 사람뿐이었다. 변응정은 임진년 가을에 의병장 조헌趙憲이 금
산전투에서 순절한 소식을 듣고 곧 그곳으로 달려가서 또한 전사하였
는데, 그는 전사하기 수일 전에 다음과 같이 국왕에게 글을 올렸다.

　이제 적의 동남 수천 리에 각각 군사를 배치하여 지키고 있으니 그 형세가
30만을 출병하였으면 그 본국은 반드시 공허할 것입니다.
　우리 수군 4, 5만은 얻을 수 있으며 바람을 잡아 돛을 날리면 순식간에 왜
국에 도달할 수 있으니 그 근본을 바로 쳐들어가면 나머지는 스스로 붕
괴될 것입니다. 이는 옛날 손빈孫臏이 한韓나라를 구원할 대신에 바로 위
魏나라 수도로 달려가던 것, 또 진秦나라 임금이 초楚나라를 치려고 군사

100만을 동원하여 남들이 말하기를 연단燕丹이 군사를 거느리고 진나라를 격파할 수 있다고 한 것과 같은 전략입니다. …

이 변응정의 건의를 받아 본 조정에서는 기이한 의견으로 인정하여 실행하려고는 하지 아니하였다. 변응정이 이만큼 기이한 전략을 주장한 동기도 역시 그때 이순신 장군의 해군이 해상에서 연차 적의 함대를 분쇄하여 위력을 올린 것을 힘 믿는 데서 나온 것이었다. 일본으로 바로 쳐들어가지 못한 것은 변응정의 유감이었을 뿐만 아니라 이순신 장군에게도 실로 천추의 여한餘恨이었다. 그러나 그때 형편으로 이 전략을 실행하자면 적어도 전쟁 개시 이전에 장군이 수군통제사와 같은 직권을 장악하여 일정한 준비를 완료한 것을 전제하지 않고서는 또한 불가능한 일일 것이었다.

견내량대승전見乃梁大勝戰 및 한산도대승전閑山島大勝戰 - 한산도대해전閑山島大海戰,

안골포해전安骨浦海戰

이미 논술한바 당포전투 뒤에 조정에서는 장군의 전술전략이 위대한 것을 인정하고 해상에 출몰하는 적세를 전부 소탕하라는 명령을 내렸을 뿐만 아니라 부산을 근거지로 한 적군의 후계부대는 아직 강성하여 적선 수십 척이 금산錦山-전라좌도의 육상 적군과 서로 호응하여 수륙합공의 형세로 호남에 침입하리라는 급보가 또한 들어왔다. 이에 장군은 7월 6일에 본영에서 전라 우수사 이억기와 함께 회합하기를 약속하고 출발하여 곤양과 남해의 경계인 노량에 이르니 경상 우수사 원균은 파선破船 일곱 척을 수선하여 가지고 와서 모였다. 진주의 창신도에서 삼도의 수군이 밤을 지냈으며 7일에는 풍랑으로 전투 행동을 하지 못하고 당포에 이르러 그곳 주민에게 정보를 접수하였는데 그 정보에는 적선 70여 척이 그날 오후에 영등포 앞바다에서 고성 견내량[34]으로 와 있다는 것이었다.

8일 이른 아침에 견내량의 중앙에 이르니 적의 선봉인 대선 한 척과 중선 한 척이 항구 밖으로 나오다가 우리 함대를 바라보고는 곧 항구 안으로 들어갔다. 쫓아가 보니 대선 서른여섯 척과 중선 스물네 척과 소선 열세 척이 진을 치고 해안에 대고 있었다. 견내량은 지형이 좁고 암초가 많아서 우리의 큰 판옥선이 자유롭게 작전할 수 없을뿐더러 만일 싸워서 적이 세궁하면 육지로 도주할 수 있으므로 장군은 드디어 한산도(거제) 해양으로 놈들을 유도하여 전멸할 계획을 세웠다. 이는 한산도가 거제와 고성의 사이에 위치한 외로운 섬이며 그 중앙에는 헤엄쳐 육지로 나갈 수 없을뿐더러 설혹 도주하더라도 외로운 섬의 위라 굶어 죽을 수밖에 없기 때문이다.

그리하여 장군은 먼저 판옥선 대여섯 척으로 적의 선봉선을 쫓아가서 습격할 형세를 보이니 전선 전부가 일제히 돛을 날리며 진출하였다. 우리는 거짓 퇴각하여 예정한 한산도 해양 중에까지 유도한 다음에 장군은 우리 함대를 지휘하여 학익형鶴翼形으로 진을 펴면서 일시에 달려들어 지, 현자 및 승자 대포들을 발사하여 먼저 적선 두세 척을 격파하니 놈들은 기가 꺾여서 퇴각하기 시작하였다. 우리 장병들은 승리의 기세로 다퉈 가며 앞서서 포알과 화살을 빗발처럼 발사하니 소리는 우뢰

---

34 경남 거제시 사등면 덕호리와 통영시 용남면 장평리 사이의 해협.

같고 포연은 공중에 차며 한꺼번에 적의 함대가 거의 깨지고 타 버렸다. 여기서 타 없어진 적선 총수는 쉰아홉 척이었다. 이번 적의 함대에 층각層閣 있는 큰 배가 많은 것을 보아서도 해적의 유력한 정예부대가 패멸한 것을 짐작할 수 있었다.*

적은 무수한 사상자를 내고 400여 명이 어찌할 수 없어서 한산으로 도주하였으며 그 나머지 대선 한 척과 중

* 학익진鶴翼陣 법은 종래부터 있던 진법의 하나이며 장군의 창작은 아니었으니, 한산도와 안골포 양처 전투에서 장군은 이 진법을 잘 사용하여 적군을 교묘히 섬멸하였다. 해전에서는 저쪽의 적함이 종대縱隊로 진공할 때에는 이쪽은 학익형으로 대응하면 적을 협공, 포위할 수 있다. 1905년 러·일의 진해해전에서 일본 함대가 소위 '적전통과'의 희생을 내어 가면서 학익형으로 개진改陣하여 유리하게 싸웠는데 이는 미국 군사가들이 T자형의 진법을 가르쳐 주었던 때문이라고 하나 이것보다도 일본 해군 장령들이 이순신 장군의 학익진법을 이용하였던 까닭이라고 한다.

선 일곱 척과 소선 여섯 척은 접전할 때 뒤에 떨어져 있다가 그 대부대가 패멸하는 현상을 바라보고 그만 빨리 노를 저어 도주하였다.

이날은 종일토록 격전한 다음이라 병사들이 피로하고 또 날도 저물어 적을 추궁할 수 없어서 견내량의 내양內洋에서 진을 치고 밤을 지냈다. 이것이 세상에 유명한 장군의 한산도대승전이었다(장군의 보고문에는 견내량승전이라고 썼었다).

7월 9일에 우리 함대는 가덕을 거쳐 안골포로 향하는 도중에 적선 40여 척이 안골포에 머물고 있다는 탐망선의 급보를 접수하였다. 그러나 날은 이미 저물고 역풍이 일어나서 진격할 수 없으므로 거제 온천도35에서 밤을 지내고 삼도의 수사들이 작전을 토의한 다음에 10일 새벽에 발선하여 이억기의 부대는 안골포 외양, 가덕 부근에 진을 치고

35　경남 거제시 하청면 칠천도.

있다가 장군이 만약 적과 접전하거든 이억기는 그곳에 복병을 남겨 두고 곧 달려오기로 약속하였으며 장군은 소속 함대를 학익형으로 진을 펴 선두에 나아가고 원균의 부대는 이 뒤를 이어 안골포에 이르렀다. 멀리 보니 안골포선창에 적의 대선 스물한 척과 중선 열다섯 척과 소선 여섯 척이 벌려 있는데, 그중에 3층 판옥 대선 한 척과 2층 판옥 대선 두 척이 포구에서 밖으로 향하여 떠 있고 그 나머지 적선들은 인차 麟次로 열을 지어 정박해 있었다. 그러나 안골포의 지세는 좁고 얕으며 조수가 물러가면 육지가 되므로 우리 판옥 대선이 쉽게 출입할 수 없게 되었다. 놈들은 앞서의 한산도 해양 중의 실패를 징계하여 항내에 들어박혀 있다가 만약 형세가 궁하면 육지로 도주할 계획으로 우리의 해양 유도 전술에 전연 응하지 않았다. 장군이 부득이 우리 전선으로 하여금 번갈아 가며 항내에 출입하며 천, 지, 현자포 및 각양 총포와 장편전을 난발하게 하는 즈음에 이억기는 앞서의 약속대로 복병을 외양에 두고 달려와서 합력 공격하여 기세가 배가하였다. 유옥선有屋船과 2층 옥선에 있던 적병들은 거의 다 죽고 부상하였는데 놈들은 사상한 자들을 일일이 소선으로 끌어내고 다른 배에 있는 적들을 소선에 옮겨 다시 층각 대선에 합쳐 실었다. 이러기를 종일토록 하였으며 적선 전부가 또한 거의 다 격파되고 나머지 놈들은 육상으로 도주하였다. 이때 부근 산곡에 피난 잠복하여 있던 동포가 많으므로 만일 나머지 적을 추궁하고 물러갈 길을 차단하면 피난 인민들에게 분탕의 화가 미칠 것을 염려하여 잔존한 선척을 다 파멸하지 않고 1리쯤 퇴군하여 밤을 지냈다.

11일 새벽에 우리 전선이 다시 항내에 들어가서 잔류 전선을 포위하려 하니 놈들은 과연 창황히 닻줄을 끊고 날이 밝기 전에 도주하였다. 작일의 싸움터를 돌아본즉 전사한 놈들의 시체를 무더기 지어 태운 곳이 열두 곳이나 있는데 미처 타지 못한 뼈와 수족이 낭자하며 포성浦城의 내외에 유혈이 땅을 덮고 사상자 수는 이루 헤아릴 수 없었다.

그날 낮에 양산강, 김해 포구를 모두 수색하여 보았으나 도무지 적의 종적이 없었다. 그리하여 가덕도 밖에서부터 동래 몰운대에까지 진출하여 함대를 벌려 세우고 진세를 결속하여 전승한 해군의 위력을 엄장히 시위하고 가덕의 응봉과 김해 금단곶의 연대(봉화대)에 척후병을 보내어서 양산, 김해 양강의 으슥한 곳과 양읍 각처에 나누어 대어 있는 적선의 수를 정찰하여 본 결과 각지의 적선들은 작일 안골포전투에서 난 포성을 듣고는 간밤에 거의 다 도주하고 아직 100여 척이 남아 있을 뿐이었다. 우리 해군의 승리와 위력에 적의 공포는 극도에 달하였던 것이다.

이날은 천성보에 머물러서 우리가 오래 주둔하려는 태세를 적에게 보이고, 밤이 되어 환군하여 그다음 날 한산도에 이르니 전날 섬으로 도주한 적병 400여 명은 연일 굶주렸으며 탈주할 길이 없어서 새장 속(籠中)의 새와 같으므로 장군은 거제의 인민과 병사들에게 무찔러 버리라고 의뢰하고 13일에 본영으로 돌아왔다.

이번에 장군이 부산까지 진공하여 해적의 소굴을 직접 두드려 부수지 못한 것은 군량이 이미 떨어졌으며 또 적의 육군이 금산을 함락하고 이미 전주에 침입하였다는 급보를 받고 적이 호남의 해군을 배후로 위협할까 우려한 때문이었다.

이번 한산도, 즉 견내량의 대승전과 안골포의 승전을 장군은 〈견내
량파왜병장〉 중에 서술하였으므로 이제 우리는 이것을 좇아 '견내량대
승전'을 본장 제목으로 하였다.

이 승전 보고가 의주 '행재소'에 전달되매 조정에서는 장군을 정헌
대부正憲大夫로 올렸다.

당시 포로가 되었다가 살아 돌아온 자의 말에 의하면, 앞서 서술했
던 5만의 근왕병이 용인에서 패배한 후에 경성에 있는 적장들은 조선
육군에는 사람이 없으나 그의 수군에는 어찌할 수 없다 하니 다이라 히
데이에平秀家(우키타 히데이에를 가리킴)라는 적장이 팔을 걷고 나서서 자기
가 수군을 직접 담당하겠노라 하고 남해에 내려왔는데 이번 한산도 적
군의 패멸은 즉 히데이에의 지휘하에 그렇게 된 것이라 하였다.

이뿐만 아니라 웅천 사람 제말증諸末曾[36]이 포로로 일본에 가서 서
기가 되어 대마도 왜적의 보고서를 열람하였는데 그 보고 중에 일본이
조선 수군과 싸워서 죽은 자가 9000여 인이라 한 것이 즉 한산도 패전
을 지적한 것이라 하였다.

근세 조선의 실학자 성호星湖 이익李瀷은 이 승전을 다음과 같이 평
가하였다. "임진의 변에 왕가王駕가 장차 명나라로 가려 하였으나 의주
까지 가서 압록강을 앞에 두고 건너가지 않은 것은 다만 평양의 적군이

---

36   "…其後熊川人諸末曾被擄往日本國爲書記時…."《이충무공전서》 권9, 이분 〈행록〉). 제말증諸末曾
　　또는 제말諸末이 누구인지는 명확하지 않다.

그곳에 둥지를 틀고 앉아서 더 전진치 아니하였던 까닭이며 이것은 왜 적의 수군이 몰패하여 소식이 없었던 까닭이다. 이때 만일 이충무李忠武(장군의 사후 시호)의 한산도 전승이 없었다면 평야의 적군은 반드시 전진했을 것이다. 우리는 마땅히 이 충무로써 원훈元勳을 삼아야 한다"

(《성호사설星湖僿說》).

장군의 이번 전승보고서(《견내량파왜병장》)를 보면 장군의 탁월한 전략과 우수한 무기가 물론 승전의 중요한 조건이었지만 동시에 그의 부하 장병들이 용전 감투하는 애국 정신으로 이러한 대승리를 거두었다. 이번 용전 감투한 장수들의 성명을 열거하면 다음과 같다.*

중위中衛	순천 부사順天府使	권준權俊
중부장中部將	광양 현감光陽縣監	어영담魚泳潭
전부장前部將	방답 첨사防踏僉使	이순신李純信
후부장後部將	흥양 현감興陽縣監	배흥립裵興立
우부장右部將	사도 첨사蛇渡僉使	김완金浣
좌부장左部將	낙안 군수樂安郡守	신호申浩
좌척후장左斥候將	녹도 만호鹿島萬戶	정운鄭運
우척후장右斥候將	여도 권관呂島權管	김인영金仁英
좌별도감左別都監	전前 만호萬戶	윤사공尹思恭

우별도감右別都監	전前 만호萬戶	가안책賈安策
좌돌격장左突擊將	급제及第	이기남李奇男
유격장遊擊將	발포 만호鉢浦萬戶	황정록黃廷錄
한후장捍後將	전前 봉사奉事	김대복金大福
영군장營軍將	보인 保人	이언량李彦良
	급제及第	배응록裵應祿

부산대승전釜山大勝戰

위에서 이미 논술한바 옥포, 당포, 견내량(한산도)의 3차 전승이 있은 뒤
로 경상도 연해의 해적은 가덕진 이서에 그림자를 끊게 되었으며 또 내
지 각처에 충만하던 적의 육군들도 해상의 근거가 박약화한 동시에 각
처 의병의 전투가 격렬해짐에 따라 점차 부산 방면으로 내리밀려 퇴각
하려는 징후를 보였다. 장군은 여러 번 전승한 나머지 장병들이 혹시
교만하여 적을 경시할까 십분 경계하며 기회를 보아 부산에 있는 적군
의 소굴을 수륙 양면으로 합공하기 위하여 전라 좌우수영의 전함 일흔
네 척과 협선 아흔두 척을 엄격히 정비하기에 노력하였다.

　때마침 상륙하였던 적군이 낮에는 숨고 밤에는 걸어 양산, 김해 양
강 지대에 내려와서 물품을 선상에 적재하고 본국으로 도주할 모양이
라는 정보를 경상우도 순찰사 김수에게 접수하였으므로 장군은 놈들
의 귀로를 차단하여 섬멸하려 하였으며, 또 부산이 해적의 근거지이므
로 이것을 한 번 충격하면 적군의 대세가 쉽사리 제압되리라고 생각하
였다. 그리하여 장군은 양산, 김해를 거쳐 부산으로 진격하기를 계획하
였다.

8월 24일에 장군은 수군 조방장 정걸, 전라 우수사 이억기와 더불어 본영을 출발하여 남해 관음포에서 밤을 지내고 25일 사량진에서 경상 우수사 원균을 만나 함께 당포에 가서 밤을 지내고 26일은 풍우로 저물녘 거제도에 이르러 밤을 타서 잠행하고 27일 웅천 제포[37]의 뒷바다(後洋)인 원포에서 밤을 지냈다. 28일 고성, 진해, 창원 병영 등지에 유둔하던 적병은 우리 함대가 오는 것을 탐지하고 2~3일 전 밤에 모두 도주하였다는 정보를 듣고 우리 함대는 일찍이 발선하여 바로 양산, 김해 양강의 앞바다로 향하였다.

도중에 양강에 유박하던 적선들이 수삼일 동안에 다수히 몰운대의 외양으로 도주한다는 정보를 듣자 장군은 곧 가덕도 북변 서안에 함대를 숨겨 두고 전부장 이순신李純信과 중부장 어영담을 시켜 가덕도의 외양에 가서 숨어서 종일토록 탐망한즉 다만 적의 소선 네 척이 양강의 앞바다에서 몰운대로 향하여 우리 함대의 앞바다에 이르렀다. 여기서 도망하는 적선 여섯 척을 태워 버리고 함대를 좌우로 나누어 양강으로 들어가려 하니 강구江口의 형세가 협착하여 큰 판옥선이 전투를 할 수 없으므로 저물녘 가덕도 북변에 돌아와서 밤을 지내면서 원균, 이억기와 함께 작전을 협의하였다.

9월 1일 첫새벽에 발선하여 몰운대를 지나 풍파를 무릅쓰고 진행하는 도중에 화준, 구미포 앞바다에서 대선 아홉 척, 절영도絶影島[38]에서 대선 두 척이 모두 갯가에 대어 있는 것을 삼도 수사 여러 장병들과

---

37 현재 경남 진해시 제덕동.
38 현재 부산 영도구 영도.

조방장 정걸 등이 차례로 하나도 남기지 않고 배에 가득히 실은 화물, 전투자재, 무기 들을 한꺼번에 태워 버렸다. 적병은 감히 응전하지 못하고 대개 배를 버리고 산으로 도주하였다. 절영도의 내외를 전부 수색하여 보았으나 적의 종적은 없었다.

이에 소선을 부산 앞바다에 급히 보내어 탐망한즉 적선 약 500여 척이 부산선창의 동쪽 산기슭 밑에 쭉 대어 있고 선봉대선 네 척이 초량항으로 우리를 맞아 치려 나오고 있었다. 장군은 원균과 이억기에게 주장하기를 우리 해군의 위력으로써 이것을 토멸하지 않고 '중과부적'을 염려하여 그냥 환군하면 적은 반드시 우리를 업수이 여기어[39] 더욱 발호하리라 하고 이에 깃발을 휘둘러 진격을 명령하니 우부장 정운鄭運과 귀선 돌격장 권준과 좌부장 신호申浩 등이 먼저 앞서서 돌진하여 앞서의 적의 선봉대선 네 척을 격파 소각하였다.

뒤이어 우리 배들이 승리의 기세로 기를 날리고 북을 치며 장사진형으로 돌진하니 앞에서 서술한 선창의 갯가 세 곳에 죽 대어 있던 대·중·소 적선 470여 척이 우리 함대의 위세를 바라보고 겁이 나서 나오지 못하였다. 우리 전선들이 그 앞에 바로 진격하니 선중, 성내, 산상에 숨었던 적병들은 총과 활을 쥐고 모두 산마루에 올라가서 여섯 곳으로 나누어 둔쳐[40] 총알과 화살을 우박처럼 내리퍼부었다. 놈들이 발사한 편전은 우리 것과 꼭 같으며 혹은 모과만 한 큰 철환과 혹은 사발만 한 수마석水磨石[41]을 던져서 우리 배를 많이 맞혔다. 우리 장병들은 더욱

---

39 업신여기다의 방언. 원문에는 '없수이 여기어'라고 기재되었다.
40 많은 군대가 한데 모여 진을 치다.
41 물살에 썻겨 닳아서 반들반들하게 된 돌.

분격하여 죽음을 무릅쓰고 다퉈 가며 돌진하여 천, 지자포, 장군전, 피령전, 장편전, 철환을 일제히 발사하며 종일토록 교전하여 적선 100여 척을 격파하니 적의 기세는 크게 좌절되며 적은 적의 전사자를 수없이 토굴 속으로 끌어들였다.

장군은 용사들을 선발하여 육지에 올라가서 적을 섬멸하려 하였으나 성의 내외 예닐곱 척에 진을 치고 서 있는 적병들이 말을 타고 용기를 자랑한 자가 많았다. 기마대가 없는 우리 해군이 경솔히 상륙하여 적의 기마대와 교전하는 것은 만전의 전술이 아니며 또 날이 저물어 가는데 적의 소굴에 머무르면 앞뒤로 적의 공격을 받을 위험이 있으므로 장군은 함대에 퇴출을 명령하여 삼경에 가덕도에 돌아와서 밤을 지냈다.

이때 양산, 김해의 양강에 와 있던 적선들은 우리 해군에게 위협을 느끼고 수월 동안에 모두 부산에 모여 와서 부산 성내의 우리 관사를 모조리 헐어 버리고 다시 왜식으로 100여 호를 구축하였으며 성외 동서 산기슭에 300여 호를 새로 즐비하게 지어 놓았는데, 그중 큰 집은 층계와 분벽이 불교 사원과 같았다. 장군은 이 광경을 바라보고 크게 분개하여 접전한 다음 날 적의 선박과 소굴을 일거에 소탕하려 하였으나 상륙한 적병들이 각처에 둔취하니 해군의 혼자 힘으로써는 놈들을 섬멸할 수 없었다. 또 풍랑으로 우리 전선들이 파상된 부분이 적지 않으므로 후일에 전비를 다시 충실히 하며 경상도 감사의 육군과 서로 호응하여 수륙 협동할 것을 기대하고

* 이번 전투 중에 우후 이몽귀李夢龜가 얻은 왜인의 대가리 하나는 본래 왼편 귀가 없으므로 귀뿌리(耳根)만을 베었는데 포로되었다가 귀환한 사람의 말에 의하면 유표한 그놈은 사람을 죽이기를 좋아하는 적의 추장이라 하였다.

2일에 본영으로 회군하였다.*

장군이 이번 전승 보고(《부산파왜병장》)에 "전후 4회나 적을 공격하고 10회나 접전하여 모두 승전하였으나 만일 장병들의 공로를 말한다면 이번 부산승전이 제일 클 것입니다. 이전 전투들에는 적선의 수가 많아도 70여 척에 지나지 않았으되 이번에 400여 척이 집결한 큰 적의 소굴에서 우리 군대의 위력을 성대하게 보이면서 용감히 돌진하여 조금도 겁내지 않고 종일토록 분투하여 적선 100여 척을 격파하여 적으로 하여금 간담이 떨어지고 머리가 움츠러지게 하였습니다…"라고 하였다.

이번 대전투에 우리 전사자가 230명에 불과한 것은 또한 놀랄 만한 전투공적이었다. 그리고 순천 감목관 조정趙玎은 국치를 통분히 여겨 전선을 스스로 준비하여 노자奴子와 목자牧子를 영솔하고 종군하기를 자원하여 적을 많이 쏘아 죽이고 적의 물자를 많이 수색하여 얻었으므로 장군은 그의 공로를 조정에 보고하였다.

그러나 이번 부산전투에서 우리가 받은 손실은 좌척후장 녹도 만호 정운의 순국이었다. 그는 용맹과 지혜와 군략이 있는 사람이었다. 전투 개시 이래로 그는 평소보다 갑절이나 자기 직무에 부지런하였으며 이번 부산대전투에서도 용감하게 돌격하다가 싸움이 거의 끝나고 회군할 무렵 적의 탄환이 머리를 관통하여 그는 넘어졌다. 장군은 크게 애도하여 부하 장수들로 하여금 호상하게 하고 그를 녹도에 있는 이대원李大源*의 사당에 배향할 것을 국왕에게 청원하였다.

* 이대원은 녹도 만호로서 5년 전 손죽도에서 왜적과 싸워서 23세의 소년으로 순국하였다.

장군의 조국 사수책과
死守策
각지 의병부대의
구국전쟁

07

장군은 개전한 지 불과 4개월간의 옥포, 당포, 한산도, 부산 4대 전투에서 계속 절대적인 승리를 이루어서 적군이 해로로 전진할 계획을 분쇄하고 적의 육군 선봉을 평양에서 고립부동하게 만들었다. 그러나 우리 육군이 전면적으로 패배했기 때문에 조국의 지진두地盡頭[1]인 의주 용만에서 국왕과 정부가 장기 체류하는 것은 극히 위험한 일이었다. 더구나 명나라 응원군의 선봉대인 조승훈祖承訓, 사유史儒 등의 패주(동년 7월 경)와 명나라 사람 심유경의 강화 교섭(9월 경)은 적장 유키나가의 흉모를 도리어 조장할 우려가 많았다.*

당초에 신립의 충주 패배를 듣고 국왕이 피난 갈 방향을 신하들에

> * 명나라 급사중給事中 위효중魏孝曾은 자기 황제 신종神宗에게 상소하기를 "조선이 능히 왜적을 방어하지 못하여 중국의 걱정을 끼쳤으니 마땅히 그 나라를 두셋으로 나누어서 능히 왜병을 방어할 자에게 분배하고 그들을 교차적으로 배치하여 중국의 울타리가 되도록 해야 할 것이다"라고 하였는데 병부상서兵部尙書 석성石星이 이를 반대하였다(《신종실록神宗實錄》).

---

1 중앙에서 멀리 떨어져 바다와 접한 변두리의 땅.

게 문의하니 이항복李恒福은 "의주로 가서 팔도가 적에게 점령되는 경우에는 명나라에 건너가지 않으면 안 될 것이다"라고 하였으나, 유성룡은 놀라며 이를 반대하여 말하기를 "국왕이 우리나라 강토를 일보라도 떠나면 조선은 우리나라 소유가 아닐 것이다. 이때 국왕이 국토를 떠난다는 말이 한 번 전파되면 민심이 와해될 것이니 누가 이것을 수습하겠는가?"《징비록懲毖錄》라고 하였다. 이는 유성룡의 정당한 견해였다. 만일 당시에 사대의존주의에 지나쳐서 국왕과 정부가 경솔하게 압록강을 건너 명나라 국경 내로 들어갔다면 인민의 애국심에 큰 타격을 줄 것은 물론이요, 명나라 정부는 응원군의 주둔이란 명목 밑에 옛날 한나라 사군이나 당나라의 백제에 대한 전례에 따라 조선을 명나라 직속 영지로 변경시킬 가능성도 없지 아니하였던 것이다.

　　이 유성룡의 주장과 같은 원려를 이순신 장군은 '불모이동'으로 가졌던 것이다. 장군은 국왕이 의주에 체재한다는 소식을 듣고 정미 500석을 특별히 저장하여 두었는데, 누가 그 용도를 물은즉 장군은 다음과 같이 말하였다. "국왕이 용만에 지금 계시는데 만일 평양의 적군이 다시 서쪽으로 돌진하면 국왕은 장차 요동으로 건너가실 것이니 나의 직책은 마땅히 용주龍舟(임금이 타는 배)로 바다에 떠서 맞아 들여 천운이 좋으면 국가를 회복할 것이요, 비록 불행하더라도 군신이 우리 국토에서 함께 죽어야 할 것이다. 또 내가 죽지 않으면 적이 감히 와서 침범하지 못할 것이다"《충무공전서》 조카 이분이 지은 〈행록〉.

　　이 글 뜻은 국왕이 국외로 망명하는 것을 반대하고 최악의 경우에는 해군의 위력을 기초로 하여 자기의 본영을 국왕의 행재소로 만들고 군신 상하가 조국을 사수하겠다는 원려와 자신을 가진 동시에 이에 대한 만일의 준비를 진행하였던 것이다.

* * *

　이미 논술한바 장군의 4차 전승은 적군의 해륙병진책을 분쇄하며 적의 단기 작전을 성공하지 못하게 하는 반면에 호남 일대의 풍부한 전시 공급의 원천을 확보하였고 육상 각처에서 점차 궐기하는 민간 의병부대들은 장렬한 태세를 전개하였다. 우리가 높이 평가하여야 할 당시 인민의 역량에 따른 의병전투의 실지 상태는 과연 어떠하였던가?

　당시 국방 중책을 맡았던 육상 관군들의 부패 무력한 정체는 5만의 삼도 근왕병이 용인에서 패전하여 여지없이 폭로되었다. 통솔자들은 대부분 비겁하고 훈련하지 않은 무리로서 적을 보면 먼저 도주하며 한갓 병원과 식량만을 징발하므로 인민은 그들을 도리어 원수로 알고 그들의 지휘 밑에서 전투하기를 싫어하였다. 그리하여 육상에서는 구국운동의 주력이 새로 발흥하는 인민 의병부대로 옮겨 가게 되었다. 동시에 의병대장으로서 유명한 곽재우, 고경명高敬命, 김천일金千鎰, 조헌 등은 모두 당해 지방장관인 김수, 이광, 윤선각 등의 비겁한 행동을 통절히 증오하고 비판하며 투쟁을 시작하였다. 물론 그들의 부대는 장비와 훈련이 관군에 비하여 손색이 있었지마는 조국을 사랑하고 원수를 미워하는 열렬한 의식은 무장 이상의 무장이었다.

　당시 저명한 의병부대들을 들면 대개 다음과 같다.

　적군에게 '천강홍의天降紅衣 장군'의 별명을 들은 유생 곽재우는 동년 4월경에 경상우도 의령에서 기병하여 의령, 삼가, 합천, 현풍, 창녕 등 일대의 적병을 기습 전술로써 소탕하여 인민들이 평일과 같이 농작하였다.

그리고 김면金沔, 정인홍鄭仁弘 등은 역시 경상우도에서 기병하여 많은 활동을 하였다. 고경명, 유팽로柳彭老 등은 동년 6월경에 전라우도 담양에서 기병하고 각도에 격문을 선포하여 인민의 애국심을 환기하였으며 최경회崔慶會는 광주에서, 김천일은 전라우도 의병장으로 일어났었다. 그들은 비록 적의 대부대를 격멸하고 중요지대를 탈환한 현저한 공로는 없었으나 모두 조국애로 불타는 영웅적 희생으로써 적의 간담을 서늘케 하고 적의 세력을 방해 혹은 약화시켰다.

조헌은 동년 4월경에 충청도에서 기병하여 의승 영규靈圭와 함께 청주의 적을 습격하여 부근 일대의 적병으로 하여금 도피케 하고 8월경에 금산에 가서 역사상에 빛나는 700 용사의 '일군순의비一軍殉義碑'[2]를 영원히 남겼다.

적장 기요마사가 강점하고 있던 함경도에서는 의병투쟁의 성과가 어디보다도 컸다. 전 북평사前北評事 정문부鄭文孚는 경성鏡城 이붕수李鵬壽, 최배천崔配天 등의 추대를 받아 함경 일도의 의병장이 되어 임해, 순화 양 왕자를 적장 청정에게 잡아 준 국경인鞠景仁 일당을 처단하고 가파, 쌍포진雙浦鎭, 단천 등지에서 적을 연거푸 타격하여 관북 해방의 기초를 확립하였으며 함흥 사람 유석수柳石秀는 수천의 병사를 인솔

---

2 금산전투 이후 조헌의 문인 박정량 등이 이곳에 유골을 모아 큰 무덤을 만들고 '칠백의총'이라 하였다. 1603년(선조 36) '중봉조헌선생일군순의비重峰趙憲先生一軍殉義碑'가 세워졌고, 1647년(인조 25) 종용사從容祠를 건립하여 700의사의 신위神位를 모셨다. 일제강점기 때 일본인들이 종용사를 헐고 순의비를 파괴하였다. 1968년 종용사를 다시 지어 묘역을 조경造景하였으며, 1976년 기념관·칠백의사 순의탑, 한글의 '일군순의비' 등을 건립하였다.

하고 적장 나라토미 시게야스成富茂安[3]를 함관령에서 격파하였다.

평안도의 조호익曹好益(강동), 김진수金進壽(중화), 양덕록楊德祿(평양) 등과 황해도의 조광정趙光庭(해주), 김만수金萬壽, 김천수金千壽(봉산) 형제와 경기도의 홍언수洪彦秀, 홍계남洪季男(수원) 부자, 우성전禹性傳(강화), 이기로李起魯(고양), 이산휘李山輝(경성 부근) 등과 충청도의 조웅趙雄(충주), 신담申湛(한산), 이산겸李山謙, 심수경沈守慶 등은 비록 규모와 공적은 크지 못하지만 그들은 능히 인민에게 영향을 주고 적을 곤란하게 만드는 데 유격전의 효과를 상당히 발휘하였다. 이 밖에 각 군 각지에 경쟁적으로 일어난 의병부대들은 인민 총궐기의 태세를 완전히 이루었다.

그리고 승려도 서산대사西山大師 이하 강원도의 사명당四溟堂 유정惟政과 충청도의 영규와 권율 진중의 처영處英과 이순신 장군 진중의 삼혜三惠, 의능義能 등은 수처의 승군을 동원하여 전투, 경비, 운수, 첩보, 위생 사업, 축성 사업으로 많은 공적을 나타내었다. 가정과 사회를 떠나 입산수도하던 승려들로서 조국전쟁에 이와 같이 적극적으로 참가하였던 것은 역사상에 가장 드문 실례였다.

이때 육전에 있어서 특별히 자랑할 것은 진주와 연안의 양대 수성전守城戰의 빛난 승리였다. 그러나 이도 상부 관군에 의하여 지휘 원조된 것이 아니었고 현지 인민과 장병들의 자발적이며 자주적인 능력으로 되었던 것이다.

당초 경성이 함락된 뒤에 황해 일도가 구로다 나가마사 등의 발굽 밑에 유린되고 있을 때 초토사 이정암李廷馣은 연안성에 퇴거하여 무사

---

3   원문에는 '成富茂安部'로 잘못 기재되었다.

400명과 성중 인민 수천을 결속하여 동년 9월경에 조수같이 밀고 들어온 1만여 명의 적군을 능히 격퇴하고 '모일적지某日賊至, 모일해귀某日解歸'라는 간단하기로 유명한 승전 보고문을 국왕에게 보냈다. 이렇게 한성을 확보함으로써 강화도를 건너 남으로 양호를 연결하고 서쪽으로 의주 행재소에 통할 수 있었다.

서쪽의 연안 수성에 대조하여 남의 진주 수성은 일층 더 장엄하였다.

개전 직후 경상, 충청, 경기 지방에 적군이 가는 곳에는 한 개의 완전한 성도 없던 그때부터 진주 판관 김시민金時敏은 민간에서 약간의 병졸을 모집하여 기적적으로 작전해서 진주 고성孤城을 남방의 일대 보장으로 삼았던 것이다. 동년 11월 초에 호소카와 다다오키細川忠興 등 적장 일곱과 수만 대군은 삼로로 진주성을 진공하여 일거에 압살하려 하였다. 그러나 김시민은 4000 미만의 군사를 독려하여 반 개월 동안이나 기절장절奇節壯絶한 수성전을 계속하여 대적을 섬멸하였다. 이는 고구려 양만춘楊萬春의 안시성전투와 고려 박서朴犀의 귀주전투 이후 처음 보는 영웅적 수성전의 전통을 발휘한 것이다.

지방의 관군 중에서는 밀양 부사 박진朴晉이 수백의 약졸을 거느리고 영천에서 적군의 첫 서슬에 용감히 저항하고 그다음 경상 좌병사로서 무기 제조공 이장손李長孫이 발명한 비격진천뢰飛擊震天雷(시한폭발탄)를 경주 성중에 투하하여 적군이 놀라 달아나게 하여 경주를 해방하였다. 또 광주 목사 권율은 이현梨峴(금산)에서 남하하는 적병의 큰 부대를 격퇴하여 호남으로 침입하려는 것을 방지하였으니 이들은 당시 지방 관군으로서 특수한 전공을 세운 것이다.

상술한 정세는 이여송을 사령관으로 한 명나라 응원부대가 직접 조선 전선에 참가하기 전, 즉 전쟁 제1년 이내의 일이었다. 만일 당시 조정에서 명나라에 응원을 요청하는 데만 관심을 경주하지 말고 자주적으로 장기전의 태세를 전개하며 인민 의병부대들을 조직적으로 지도, 격려하는 동시에 사방에 분산한 적의 연락을 차단하고 적의 배후와 양도糧道를 위협 또는 봉쇄하는 한편 대륙의 한기가 닥쳐오는 동절을 이용하여 해륙 양면으로 적세를 압박하고 곤궁하게 하였다면, 인방의 원조를 의뢰치 않고도 독자적으로 적의 침략을 능히 극복할 수 있었을 것이다. 이것이 이순신 장군이 내심 염원한 전략의 윤곽이었다.

조중 연합군의 평양 탈환,
적군의 총퇴각
이에 따라 장군의
부산에의 재차 진격

08

당초 국왕이 서편으로 피난가는 도중에 명나라에 응원을 청원하는가 아니하는가에 대한 논의가 벌어졌다. 이 문제에 대하여 이항복은 청원하기를 강조하였으나 윤두수尹斗壽는 반대하기를 "삼남과 북도의 병사들이 얼마 지나면 집합하여 스스로 적군을 막을 수 있으며 가령 명나라에 청원하여 성공한다 하더라도 필시 요, 광(요동遼東과 광녕廣寧)의 군대를 보낼 것이다. 그들은 달자㺚子(달단韃靼 즉 야만의 종자)와 다름없어서 반드시 발호하고 횡포할 것이니 응원은 절대로 청구할 것이 아니다"(《오음집梧陰集》)라고 하였다. 두수가 이 말을 할 때에는 경성이 비록 적에게 강점되었으나 임진강 방어의 패보와 삼도 근왕병의 용인 패보가 오기 전이었으므로 두수는 아직 우리 병력에 대한 희망이 많았던 때였다. 또 그의 반대가 결국 통과되지 않았으나 어쨌든 응원 제일주의는 국방 문제를 자립적으로 해결하는 데 중대한 방해가 되었다.

당시 심유경과 고니시 유키나가 사이의 강화 교섭은 피차의 제스처에 불과했으며 명나라는 결국 조선을 응원하기로 결정하였다. 그리하여 동년 12월에 경략도독經略都督(총지휘관) 송응창宋應昌과 군무제독軍務提督(사령관) 이여송은 남북 관병 4만 3000여 명을 영솔하고 그 이듬해, 즉 전쟁 제2년(계사) 1월 초8일에 평양에 도착하였다. 우리 도원수 김명원은 부하 김경서金景瑞, 고언백高彦伯, 서산대사 등과 관군, 승군 1만여 명을 인솔하고 이여송의 응원부대와 연합하여 대공격을 결행하였다. 이때 유키나가는 명나라 군대를 경시하였으며, 또 준비가 주도하지 못한 고군孤軍이었을 뿐만 아니라 그 수도 명나라 부대의 반수밖에 안 되었다. 싸운 결과 유키나가는 패배하여 경성으로 도주하고 연합군은 일단 성공하였다. 당시 사대주의자들의 눈에는 명나라가 거대한 국력을 허비해 가면서 순전히 조선을 위하여 출병한 것으로 보였으며, 또 명나라 지배계급도 그렇게 선전하였지마는 실제는 주로 명나라 자체 국방을 위하여 조선을 원조한 것이었다.*

* 명나라 행인行人(관명) 설번薛藩이 조선 출병이 결정되기 전에 의주에 와서 실정을 보고 돌아가서 명나라 황제에게 올린 보고서에 그는 다음과 같이 노골적으로 주장하였다.

"신臣이 깊이 우려하는 바는 조선에 있지 않고 우리 국경에 있으며 국경뿐만 아니라 내지가 진동할 것을 걱정합니다. 200년 내로 복절(복주福州와 절강浙江)은 항상 일본의 병환을 받았으나 요양과 천진에 왜환이 없었던 것은 조선이 울타리가 되었던 까닭이 아닙니까?…왜적이 압록강에서 관병觀兵하겠다고 말하므로 조선의 신민臣民이 방황하던 즈음에 다행히 심유경이 그의 침입을 늦추었으나(심유경은 자기가 북경 조정에 가서 강화와 일본의 입공 등 조건을 작정하여 가지고 올 것이니 평양에서 50일만 행병하지 말고 기다려 달라고 유키나가에게 약속한 것-필자) 우리가 이런 술책으로 왜적을 속인다면 왜적도 어찌 또한 이런 술책으로 우리를 속이지 않을 것입니까? 또 10년 1공貢이 정기로 규정되어 있고 입공의 길은 예전에는 영파부寧波府나 복주로 왔었는데 이제 조선을 사이에 개입하여 우리에게 맹약을 요청하니(당시 심유경의 허위 보고에 일본이 명나라에 입공하려고 조선에 공로貢路를 빌려 달라고 하였으나 조선이 거절하므로 출병하였다는 것-필자) 신은 이것이 조공자의 원하는 태도가 아니라고 생각합니다. 속히 출정하면 우리가 조선의 힘을 빌려서 일본을 사로잡을 것이요 늦게 출정하면 일본이 조선 사람을 데리고 우리를 적대할 것이니 신의 생각에는 군대를 정돈하여 정벌할 것은 조금이라도 늦출 수 없다고 생각합니다"(《신종실록》).

＊　＊　＊

　　이순신 장군은 평양 해방의 소식을 듣자 곧 적은 전면적으로 퇴각
할 것과 명나라 군대는 이를 추격하여 남으로 내려 올 것을 기대하고
해군을 강력히 동원하여 적이 도주할 해로를 봉쇄하여 수륙 협공의 숙
제를 이제야 성공적으로 해답하려 하였다. 그러나 복잡 미묘한 객관적
정세는 장군의 애국적 희망을 전적으로 부인하였다.

　　이여송은 평양을 탈환한 뒤에 퇴각하는 적군을 뒤쫓아 임진강을 건
너 벽제관碧蹄館(파주坡州)에 와서(1월 28일) 적장 고바야카와 다카카게, 다
치바나 무네시게立花宗茂 등 부대와 만나게 되었다. 놈들은 개성에 주
둔하고 있다가 유키나가의 패보를 듣고 황겁히 경성으로 퇴각하는 도
중이었는데, 이여송은 적을 경시한 나머지 무모하게도 적의 기습을 받
아 참패하고 그만 의기가 저상하여 좌의정 유성룡과 도원수 김명원 등
이 추격을 힘써 권함에도 불구하고 이런 구실 저런 구실로 개성에 퇴각
하였다가 다시 평양으로 돌아갔다. 이때 전라도 감사 권율은 2만의 군
사를 거느리고 북상하는 도중에 평양이 해방되었고 명나라 응원부대가
적군을 추격하여 남진한다는 소식을 들었다. 그래서 그는 곧 경성에 있
는 적군을 견제하기 위하여 한강을 건너 고양의 행주산성에 들어가서(2
월 12일) 대기하다가 서울에 주둔하던 적이 수만의 우세로 와서 포위 공
격하는 것을 압도적으로 타격하여 조선 육군의 명성을 크게 떨쳤다. 이
여송은 평양으로 돌아가는 도중에 평산을 지나 보산寶山 역¹에서 이 행
주승전의 보도를 듣고 자기의 퇴각을 내심 후회하였다.

　　이여송이 평양으로 회군한 뒤에 조선군 각 부대는 경성에 집합하

는 대적을 목표로 하여 다음과 같은 포위 태세를 취하였다. 도원수 김명원은 파주산성을 지켰으며, 방어사 고언백과 이시언은 유격장이 되어 해령蟹嶺을 지켰으며, 의병장 박유인朴惟仁, 이산휘李山輝 등은 위로부터 경릉敬陵, 창릉昌陵 사이에 복병하여 각각 자기 소속 군사를 시켜 정찰하여 적병이 많으면 회피하고 싸우지 않으며 적으면 뒤따라 습격하니 적군의 마필은 마량馬糧의 결핍으로 대부분 죽었다. 또 양근군수 이여양李汝讓은 용진龍津을 지켜 적의 횡출橫出을 방어하였으며, 창의사倡義使 김천일, 경기 수사 이빈李頻, 충청 수사 정걸 등은 강화에서 배를 타고 용산龍山 서강西江에 나와서 혹진 혹퇴하여 적세를 분할하였으며, 충청도 순찰사 허수許須는 앞서의 권율과 함께 양성陽城에 왔다가 다시 돌아가서 자기 본도를 수호하고 적의 남침에 대비하였다. 또 경기, 충청, 경상 제도의 관문 및 의병들은 각기 소재지에서 좌우에서 적군의 통로를 차단하기로 하였다. 그리고 각처 부대들이 벤 적병의 대가리는 모두 개성의 남문 밖에 달아매었다. 이여송의 참장參將 여응종呂應鍾은 이것을 보고 "조선 사람은 지금 적의 머리 베기를 공瓠 베듯이 쉽게 한다"라고 하며 감탄해 마지아니하였다.

당시 조선은 관군과 의병은 물론이고 이때 와서는 유격 전술이 상당히 발전 강화되어 있는 반면에 서북에 산재하였던 적군들은 평양 패전 후에 모두 경성에 집중하여 고립 피폐하게 되었다. 또 부산 방면에서 경상, 충청, 경성에까지 연락선을 수비하는 적군은 대개 노약한 부대로서 주로 식량 보급의 임무를 맡고 있었으니 이때 명나라 응원부대

I   황해도 평산부에 속한 역.

가 강력한 진격전을 실행하였더라면 적군이 경성에서 부산까지 퇴각하는 선로에서 적의 주력을 파괴할 기회가 얼마든지 있었을 것이다. 또 놈들이 경상 해안에 돌아가서 장기 주둔하기 위한 설비를 고정하기 전에 연합군이 수륙 협공을 즉시 강행하였다면 적군을 성공적으로 구축 섬멸하였을 것이다.

그러나 평양 승리에 도취하였던 이여송은 적을 경시하다가 벽제관에서 실패를 한 뒤로 그만 적군 추격을 중지하고 평양에 돌아와서 예의 유세객遊說客인 심유경을 파견하여 경성의 용산에서 적장 유키나가, 기요마사 등과 화의를 재개하여 전투 대신에 일장 회담으로써 대적을 퇴각시키는 요행을 바랐다. 소위 그 회담 내용은 원래 기괴하고 정체 불명한 것이었는데 이것이 나중에는 문제를 일으켰다. 명나라 측에서는 단순히 침략의 괴수 도요토미 히데요시를 일본 국왕으로 책봉冊封하고 일본의 입공은 일본 군대가 조선에서 철퇴한 후에 허락하겠다는 것이었다. 그러나 일본 측에서는 명나라 황제가 조선의 국토(혹은 한강 이남 5도라고 하였으며 혹은 2도라고 하였다)를 할양할 것, 명나라 황제의 딸이 일본에 강가降嫁[2]할 것, 조선의 두 왕자를 포로에서 석방한 데 대하여 조선 국왕이 친히 일본에 와서 사례할 것 등등을 요구했다. 요컨대 이와 같이 기괴흉악한 일본의 요구에 심유경은 일단 자기 조정에 교섭하여 되도록 알선하여 보겠다고 허위로 언질을 주었는데, 이는 첫째로 명나라 장령들의 전투 회피와 둘째로 심유경의 자모자기自謨自欺에서 나온 무책임하고 일종 중간상매中間商賣적인 흉패한 언사에 불과한 것이었다. 이

---

2   왕족이나 지체가 높은 집안의 여자가 낮은 집안에 시집감.

와 같은 기괴망측한 회담 내용을 조선 정부는 전연 알 수 없었으니 명나라 조정도 나중에 심유경이 매국노로 판정되기 전까지는 역시 도요토미 히데요시가 장차 명나라 황제의 봉책을 받고 조선에서 철병하리라고 기대하였던 것이다.

그러나 이때 왜적은 주관적 및 객관적으로 부득이 경성을 퇴거하지 아니할 수 없게 되었는데 기왕 퇴거하는 이상 심유경에게 이러한 화의의 교섭을 받아 퇴각의 구실로 하는 것이 경성 패퇴의 약점을 음폐하고 후래 해안 지대를 점거할 이유를 준비할 수도 있는 것이었다. 요컨대 심유경이 적장 유키나가의 간계에 농락된 것이며 동시에 이는 조선에 대한 중대한 모욕이었다. 그래서 이 화의가 교섭된 뒤에 4월 19일 왜적들은 약속을 지킨다는 미명 밑에서 거의 1개년이나 주둔하던 경성을 일제히 떠났다.

이때 이여송은 미리 개성에 다시 와 있다가 20일, 즉 왜적이 퇴거한 그 이튿날에 경성에 진입하였다. 그는 유성룡의 진격 권고를 묵살하고 또 권율의 추격 계획을 저지하고 한강 각 나루의 선박들을 억류하여 조선군의 도강 추격을 전연 불가능케 하였다. 이여송의 무책임한 이적利敵 행위에 조선 정부는 대체로 불만을 가졌으며 또 호상 기만적인 소위 화의 내용도 조선 정부가 이미 간파하였으므로 국왕 선조와 대신 윤두수, 이항복, 이호민李好閔 등은 명나라 장령들의 태도를 심히 우려하였고, 더욱이 의병과 인민들은 극히 통분하였다.*

우키타 히데이에 이하 간흉극악한 적장들은 경성을 철퇴할 때 포로, 사역, 상매 관계였던 성중 남녀를 전부 학살하였다. 놈들은 이여송에게는 추격하지 않을 것을 보증받고 심유경과는 동행하여 무사히 조령을 넘은 다음에는 조선의 인민과 군대의 습격과 공격을 제지하기 위하여 강화성립설講和成立說을 선포하고 포로로 있는 두 왕자 및 그 수종원들(앞서 함경도에서 기요마사가 포로로 잡아 둔 임해, 순화 두 왕자와 황정욱黃廷彧, 김귀영 등)을 말에 태워 앞에서 인도하게 하고 미녀, 재인才人, 가아歌兒, 악공樂工으로 하여금 풍악을 잡히게 하고 서서히 경상도 해안까지 도달하였다. 이는 명나라 장령들의 왜적에 대한 최대의 굴복이었으며 우리 민족에게는 최대 모욕이었다.

* 적군이 경성을 퇴각한 지 10여 일을 지나 이여송은 형식적으로 '추격'한다 하고 조령을 넘어 문경까지 갔다가 곧 돌아왔는데 경략 송응창은 "적을 놓아 보냈다"는 책임을 벗기 위하여 역시 적이 퇴각한 지 수십 일 후에야 이여송에게 추격하라는 명령을 보냈다.

* * *

이순신 장군은 갑옷을 입고 총칼을 베개 삼은 채로 다난한 임진년을 지내고 새해 계사년을 맞이하였다. 평양 해방의 희보를 듣고 명나라 응원군의 남하와 적군의 퇴각을 기대한 이순신 장군은 적군의 귀로를 차단하기 위하여 해로 봉쇄를 계획하던 차에 조정에서도 장군에게 장차 남하하는 연합군에 호응하여 해로로 도주하는 적군을 막아 치라는 지령을 내렸다.

1593년[3] 2월 6일에 장군은 본영을 출발하여 8일 한산도 해양 중에서 전라 우수사 이억기와 경상 우수사 원균을 만나서 거제의 칠천량漆川梁[4]과 웅천의 가덕도 앞바다에 왕래하면서 형세를 탐찰하였다. 웅천

---

3   원문에는 1592년으로 잘못 표기되었다.

에 유둔하는 적군은 험하고 좁은 항내에 숨어서 부산 통로를 방해할뿐더러 우리가 부산을 진격하는 경우에는 놈들이 양산, 김해 양강 등처에 출몰하면서 우리의 배후를 위협할 우려가 있으므로 장군은 부득이 이놈들을 먼저 제거한 다음에 12일에 부산에 나아가서 18일부터 20일까지 복병을 하고 적을 유인하며 혹은 적진에 출입하면서 도전하였으나 놈들은 우리 해군을 두려워하여 전연 항구 밖으로 나오지 않았다.

놈들은 매양 쾌속선으로 항구를 출입하다가 우리가 추격하면 문득 숨어 버리며 다만 동남편 산기슭에 진루陣壘를 쌓고 대오를 나누어 둔치고 기치를 많이 세웠으며 총환을 난발하면서 기세를 자랑하였다. 이에 우리 함대는 좌우로 나누어 일제히 진입하여 포환과 화살을 빗발처럼 퍼붓기를 매일 두세 번씩 하니 맞아 거꾸러진 자가 무수하고 적세는 크게 좌절되었다. 군관 주부主簿 이설李渫과 좌돌격 귀선장 이언량李彦良은 적선 세 척을 추궁하여 선원 100여 명과 금투구에 붉은 갑옷을 입은 적장 한 명을 쏘아 죽였다.

그러나 장군은 적의 복병을 염려하여 내항內港에 깊이 들어가서 공격할 수는 없고, 또 수륙 합공이 아니면 도저히 섬멸할 수가 없으므로 경상우도 순찰사 김성일에게 두 번이나 육군이 와서 협력하기를 요청하였다. 성일의 회답에 장차 명나라 병사를 접대하기 위하여 대기하는 부대 이외에 여유 군인이 없고 의병장 곽재우를 시켜 먼저 창원을 공격한 다음에 웅천을 진격하도록 하였으나 이도 '중과부적'한 관계로 토벌하기가 사실상 어려운 형편이라 하였다. 그래서 22일에 이억기와 여러

---

4   현재 경남 거제시 하청면.

장병들과 더불어 상의하고 포구에 적의 복병이 없으며 지세가 오히려 전선 일고여덟 척을 용납할 수 있음을 자세히 탐찰한 다음에 삼도 수군이 각각 경완선輕完船 다섯 척, 합계 열다섯 척을 내어 적선이 줄을 지어 정박하고 있는 항내를 번갈아 가며 돌격하여 지, 현자포로 적선의 반수가량을 격파하고 적병을 많이 사살하였다. 동시에 장군은 자기가 인솔한 의승병과 삼도 수군 중 용감한 사수들을 시켜서 배 10여 척을 타고 동쪽으로 안골포, 서쪽으로 제포에 나누어 상륙하여 진을 치고 수륙 협공의 태세를 보여 적세를 분산시키니 적병들은 동서로 분주하며 응전하였다. 이에 의승병들은 창을 들고 칼을 휘두르며 혹은 활로 혹은 대포로 종일토록 돌격하여 수많은 적의 사상자를 내었다. 그러나 이 반면에 우리 군사는 별반 사상자를 내지 않았다.*

* 이날 전라좌도 발포 통선장統船將이며 군관인 이응개李應漑와 우도 가리포 통선장 이경집李慶集 등이 다투어 가며 적선을 돌격하고 돌아올 무렵에 두 배가 서로 부딪쳐서 방패防牌가 산락하니 선원들이 적의 탄환을 피하려고 한쪽 편에 몰려섰다가 배가 기울어져 엎어졌다. 선원들은 천천히 헤엄쳐서 대개 구명되었다. 장군이 직접 지휘하는 전함으로서 전투 중에 손상된 것은 이것이 처음이었다. 장군은 이 원인이 전승에 도취하여 적을 가벼이 여기고 심중하지 못한 데 있다 하여 국왕에게 보고하고 책임을 지며 책벌을 기다렸다.

동년 2월 28일, 3월 6일 양일에 다시 전선으로 나아가 도전하여 포환과 화살이 전보다 격렬하고 또 산언덕에 둔취하고 있는 적병에게 진천뢰震天雷(대포의 일종)를 발사하니 놈들은 시체를 끌고 바삐 달아나는 자가 이루 헤아릴 수 없이 많았다. 그러나 소굴에 들어박혀 나오지 않는 무리를 도저히 섬멸할 수 없으므로 바람을 이용하여 불을 놓기로 하고 10일에 사량 앞바다에 퇴진하여 화선火船을 준비하였다.

그러나 장군은 다시 생각하기를 명나라 군대는 적을 추격하여 내려오지 않고 수륙 협공의 형세가 전개되지 않고 있는데, 이제 적군의 소굴 속에서 적선을 소각하는 것은 극히 모험적이며 또 소수의 적선을 소각함으로써 궁구窮寇의 화가 육상 인민에게 혹심할 것이라 하여 드디어 화공을 중지하였다. 그리고 이때 전라 좌우수사 소속 병졸은 4만여 명으로 모두 전투에 동원되었는데, 이들은 대개 둔전에 종사하여 전국 군량을 공급하는 호남의 농민이었다. 이들이 춘경기가 지나려는 이때에 해상에 오랫동안 헛되이 머물러 있는 것은 무익한 일이므로 장군은 그들을 속히 체번제替番制로 농사에 돌려보내며 또 병졸病卒 간호와 군량 준비와 선박 정돈 등 제반 급무에 착수하기 위하여 4월 3일에 이억기와 후기를 약속하고 약 2개월 만에 본영으로 환군하였다.

장군의 〈난중일기〉《충무공전서》를 보면 동년 5월 16일 기사 중에 "…명장明將(이여송을 가리킴)이 중로에 지류遲留하는 것은 간교한 계책이 없지 않다는 것이다. 나라를 위하여 걱정이 많은데 매사가 모두 이러하니 더욱이 탄식하고 눈물이 난다"라고 하였다. 또 그다음 날 기사에서는 "이 제독(이여송)은 지금 충주에 있으며 적병은 사방에 흩어져서 분탕하고 약탈한다 하니 통분하다"라고 하였으니, 이는 모두 명나라 부대가 추격을 회피하고 적과 강화한다 하며 도리어 적세를 도와주는 동안에 수륙 협공 전략이 수포가 되는 것을 통탄한 것이었다.

적구의 호남 침입을
방지하기 위한 장군의
한산도 이진
移陣

09

장군은 해군만으로는 부산, 웅천 등지에 있는 적군의 소굴을 소탕하기 어려움을 알고 항상 육군의 협력을 요청하였으며, 또 명나라 군대의 남하를 고대하였으나 모두 실현되지 않을뿐더러 경상 연해 육상의 정세는 보다 악화되었다.

위에서 이미 언급한 바와 같이 이여송은 조령을 넘어 문경에 왔다가 중도에 경성으로 돌아가서 경략 송응창에게 일본군의 강성과 강화의 필요를 역설하였으며 또 적군은 모두 부산 등 해안에 집중하여 바다를 건너가지 않고 도리어 새 국면을 타개하려고 하였다. 즉 놈들은 과거 1년 동안 단기 작전 계획이 실패로 돌아간 동시에 실제로 경험한 결과, 첫째로 조선 내지에 고군심입하면 할수록 자신들의 해상 근거지가 멀어져서 조선 사람의 청야淸野 전술이 더욱 효과를 발휘할뿐더러 조선군의 유격 전술이 점차 강화되어 연락은 파괴되고 양도糧道[1]가 곤란

---

[1]   군량을 운반하는 길.

하여지고 병원 보급이 불가능하다는 것을 잘 깨달았다. 둘째로 조선 전 국을 점령하고 명나라에 침입한다는 과대망상을 근본적으로 포기하고 유랑과 약탈을 직업으로 하던 종래 왜구의 전통을 보다 더 강하게 조직 화하여 경상, 전라 근해 지역에 장기간 할거하려는 것이었다. 이것을 실현하기 위하여 일면으로는 심유경, 이여송 등의 화의를 이용하여 소 위 할지割地 조건을 얼마간이라도 전취하려 하며, 타면으로는 우선 경 상 해안을 확보한 뒤에 최후의 사력死力을 다하여 이순신 장군의 제해 권을 격파하고 무진장한 곡창지대인 호남 지방을 탈취하려 하였다. 놈 들의 후손들이 단적으로 표시한 바와 같이 당시 "일본군의 고통스러운 적(놈들이 말하는 니가테苦手[2])은 이순신과 기근"(도쿠토미 소호德富蘇峰[3]의 〈조선 역朝鮮役〉 하권)이었으므로 만일 호남 일대를 점령 혹은 약탈하면 놈들의 양兩 대적大敵은 동시에 제거되리라는 것이었다.

　이와 같은 견지에서 놈들은 경성에서 부산에 도착하자 곧 호남의 육상 장벽인 진주성을 먼저 불의에 격파하기로 결정한 다음에 총대장 우키타 히데이에, 모리 데루모토의 지휘하에 고니시 유키나가, 가토 기 요마사는 선봉이 되고 고바야카와 다카카게, 구로다 나가마사, 아사노 요시나가淺野幸長,[4] 다테 마사무네伊達政宗,[5] 시마즈 요시히로, 조소카베 모토치카長宗我部元親,[6] 하치스카 이에마사, 다치바나 무네시게 등 저명 한 적장 전부가 10만의 대군을 인솔하고 6월 15일 부산을 출발해서 해

2　다루기 어렵거나 대하기 싫은 상대.
3　본명 도쿠토미 이이치로德富猪一郎(1863~1957). 일본의 대표적인 언론인이자 역사저술가. 한국 침략 사상 형성의 주역. 100권으로 이루어진 《근세일본국민사近世日本國民史》(1918~1946)를 남겼다. 이 가운데 '도요토미씨 시대'에 〈조선역〉 상·중·하 세 권이 들어있다. 일본 가나가와현 나노미야정二宮 町에 도쿠토미 소호 기념관이 있다.

류 병진하여 21일에 진주성을 일제히 공격하였다.

작년 10월 우리 영용무비한 선조의 한 사람인 김시민 장군이 대승리하여 진주성을 확보한 이후에는 서예원徐禮元[7]이 시민의 뒤를 이어 목사가 되었다. 또 이때 김천일, 황진黃進, 최경회, 고종후高從厚, 이종인李宗仁 등 다수한 장령들과 1만여 명의 군사가 성중에 있어 7일 동안 수성전을 용감히 계속하였으나 명장 황진, 장윤張潤 등은 적탄에 넘어지고 서예원과 김천일 사이에는 명령이 통일되지 못하였다. 반면에 적세는 너무나도 압도적이었으니 권율, 고언백, 이빈, 이복남李福男, 최강崔堈 등 각처 장령들은 구원 오는 도중에 적군에게 위압되어 목적을 달성하지 못하였고, 명나라 응원부대들 중 낙상지駱尙志는 호남에서, 송대빈宋大斌, 유정劉綎, 오유충吳惟忠은 대구에서 나아가서 구원하려다가 공포를 느껴 방황하는 동안에 시기가 늦었으므로 성은 전쟁 제2년 6월 29일에 함락되어 6만의 인민과 병사들이 적병의 잔악무도한 총칼 밑에서 장렬하고 비참하게 희생되고 말았다.*

명나라 장령들과 적장 사이에 화의가 오락가락하는 한편에 적군은 전격적으로 진주성을 공략하였다. 이는 놈들이 화전和戰 양면적 간

---

4   무장이자 다이묘. 기노쿠니紀伊國 와카야마번和歌山藩의 초대 번주. 1593년 임진왜란 당시 조선에 도해하여 서생포를 근거지로 전쟁에 참여했다. 정유재란 때 다시 도해하여 마찬가지로 서생포를 근거지로 움직였으며, 그후 울산성에서 명나라 장수 이여매李如梅 군대와 전투를 벌였다. 1598년 도요토미 히데요시의 죽음과 함께 조선에서 철수했다.

5   데와국出羽國과 무쓰국陸奧國의 다이묘.. 다테씨伊達氏 17대 당주. 센다이번仙台藩 초대 번주. 임진왜란 때 나고야 소속 부대의 무장으로 참전했다.

6   무장이자 다이묘. 별칭은 하시바 도사지주羽柴土佐侍從. 도사국土佐國 나가오카군長岡郡 오코성岡豊城의 성주 조소카베 구니치카長宗我部國親의 장남. 원문에 '長曾我部元親'으로 잘못 기재되었다.

7   원문에는 '서원례徐元禮'라고 잘못 기재되었다.

책을 씀을 여실히 폭로한 것이다. 소위 '일본 사무라이'의 수치를 씻기 위하여 작년의 대패배에 대한 복수전으로 진주를 공략하였다는 것은 히데요시와 유키나가의 간교한 표면적 구실에 불과하였다. 놈들의 진주 공격의 본래 의도를 지적하기 위하여 우리는 다음과 같은 안방준安邦俊[10]의 〈진주서사晋州敍事〉를 인용할 수 있다.

* 이 뒤 8년 만에 조정에서는 김천일, 최경회, 황진을 기념하는 삼충사三忠祠를 세웠으며 전쟁 직후 그곳 인민들은 의기義妓 논개論介(본래 노운개盧雲介[8]라고 함)를 위하여 의기사義妓祠를 지었다. 의기 논개는 성이 함락한 뒤에 적장을 유인하여 촉석루矗石樓 밑 강변의 중암 위에서 서로 손을 잡고 춤을 추다가 적장의 허리를 안고 강물에 떨어져 죽었다.

성이 함락된 후 김덕령金德齡은 의병총대장으로서 진주에 와서 전사한 장병과 인민을 추억하는 제문祭文 가운데에 "한 조각 싸움터는 만고의 정의의 구역이다(一片戰場, 萬古義城)", "그들의 뼈는 회게 할 수 있으나 그들의 정신은 없어지 못할 것이다(可白其骨, 難泯其靈)" 등 문구로써 그들의 장렬한 애국정신을 찬양하였다.

또 진주 전설에 의하면 매년 6월 29일에는 반드시 원한의 비가 내리는데 이것을 '함성우陷城雨'[9]라 한다.

… 임진년 여름에 적은 수륙으로 길을 나누어 호남에 침입할 것을 계획하여 일로는 한산도에 이르러 수사 이순신에게 격파되었고 일로는 진주성에 이르러 판관 김시민이 항전하여 모두 뜻대로 되지 않았으므로 항상 분한忿恨하였다. 이때(이듬해 계사년[11])에는 명나라 장령들이 적과 연화連和하였고 경성 및 지방에 있던 적들은 모두 영남(경상도)에 모이니 병세가 크게

---

8 노운개와 관련된 이야기는 조선 후기 이래로 덧붙여진 이야기인 듯하다. 논개가 최경회의 소실이었거나 장수가 고향이라거나 하는 것과 마찬가지로 신빙성이 없는 것으로 보인다.

9 《동아일보》1936년 8월 19일 〈아삼속사雅三俗四. 함성우陷城雨〉.

10 조선 중기의 문신·학자. 성혼의 문인으로 임진왜란 때 의병을 일으켰으며, 정묘호란·병자호란에도 의병을 일으켰다.《은봉전서隱峰全書》를 남겼는데, 여기에는 〈진주서사〉를 비롯하여 〈항의신편抗義新編〉, 〈이대원전李大源傳〉, 〈호남의록湖南義錄〉, 〈삼원기사三寃記事〉, 〈사우감계록 師友鑑戒錄〉, 〈혼정편록混定編錄〉, 〈매환문답買還問答〉, 〈기묘유적己卯遺蹟〉, 〈노랄수사老辣瀡辭〉 등 임진왜란에 관한 저술이 많다.

11 원문에는 계축년으로 잘못 기재되었다.

왕성하므로 적장 기요마사는 히데요시에게 다시 진주를 공격하고 이어서 호남을 치기를 청하매 히데요시가 허락하였다.

이 〈진주서사〉와 같이 진주 공격의 발론자가 반드시 기요마사였던 가는 알 수 없으나 어쨌든지 그 동기와 필요는 이 서사가 정당히 지적하였다. 진주 재공격이 화의에 위반된 것이라 하여 명나라 장령 유정, 심유경 등이 문책問責한 것도 아무런 효과가 없었으며 자기는 관계하지 않았고 기요마사가 주장한 것이니 전투하기 전에 이 성을 미리 비워서 복수적인 도륙을 면하라고 유키나가가 심유경에게 권고한 것은 더욱 간흉 막심한 모략적 언사였던 것이다.

이 진주 공략에 대하여 우리가 구태여 긴 설명을 붙인 것은 종래 사론史論의 모호한 점을 바로잡는 동시에 당시 왜적의 최후 총공격의 목표가 이순신 장군과 호남에 집중하였다는 것을 투철히 지적하려는 것이다.

* * *

그러나 진주성이 함락된 반면에 장병과 인민들의 결사적 투쟁은 적에게 적지 않은 타격을 주었으므로 적군은 진주 침공에 많은 사상자를 내고 대부대는 근거지인 경상 해안으로 돌아갔으며 일부는 육로로 호남의 구례求禮, 곡성谷城 등지에 침입하였으나 역시 고군심입할 수 없었다. 동시에 권율, 이빈, 선거이, 송대빈과 명나라 장령 낙상지, 사대수查大受 등은 운봉, 남원 등지에서 방어 태세를 펴고 있었으며 영남

각지에 있는 곽재우, 최강, 이달李達 등 의병 제장은 적의 세력을 견제하였으므로 육로 적군의 호남 침입 계획은 실현되지 못하고 문제는 다만 적의 해륙병진의 준비 공작이 남아 있었다.

이때 이순신 장군은 진주성의 공방전에 중대한 관심을 갖고 있었다. 처음 연일 비가 와서 적의 공세가 활발치 못한 것을 듣고 "하늘이 호남을 도와준다"(《난중일기》 1593년 6월 25일)라고 하였으나 나중에 성은 함락되고 우리 장병들이 순의殉義하였다는 소식을 듣고 "놀램과 통분을 이기지 못한다"(1593년 7월 2일)[12]라고 하였다.

이 진주 함락을 전후하여 경상 해안에 집결한 적군은 북으로 울산 서생포蔚山 西生浦부터 부산, 김해를 거쳐 남으로 웅천, 거제에 이르기까지 16개소의 둔영을 수미상련首尾相連하게 설치하였는데, 모두 산을 의지하고 항만을 굽어보며 성을 쌓고 참호를 파서 오래 유진할 계획을 세웠다.

그래서 창원에 있던 적군은 함안에 돌진하여 (6월 15일) 우리 육군을 의령으로 후퇴케 한 뒤에 800여 척의 적선은 부산, 김해에서 웅천, 제포, 안골포 등처에 옮기고 (6월 16일) 하청, 가리포 등처에까지 나왔으며 (6월 23일) 기타 왕래하는 선박들은 부지기수였다. 놈들은 이 진주성의 함락과 함께 수륙병진의 태세로 호남을 넘보고 있었다.

장군은 호남을 확보하기 위하여 육상에서는 작년, 즉 전쟁 제1년 말부터 전라도와 경상도의 접계인 구례의 석주관石柱關 도탄陶灘과 광양의 두치강탄豆耻江灘과 운봉의 팔양치八陽峙 등 요해처에 의승과 의

---

12   원문에는 7월 1일로 잘못 기재되었다.

병들을 보내어 파수하여 적의 육로 침입을 방비케 하였다. 또 수로 침입에 대하여는 동년, 즉 전쟁 제2년 5월 7일에 이억기, 원균과 합력하여 거제의 뇌도腦島 해양 중에 진을 쳐 대기하고 6월 16일에 다시 적의 길목시인 견내량, 한산도 앞바다에 열진하였다. 6월 26일에 견내량으로 직항하여 오는 선봉 적선 10여 척을 장군은 복병으로써 구축하여 다시는 나타나지 못하게 하였다.

이에 장군은 강고한 방어전을 설치하지 않으면 안 될 필요를 일층 더 통감하였다. 이는 무엇보다도 해로의 요충 지대를 점거하여 '이일대로以逸待勞'[13]의 방법으로 적이 침범하면 능히 맞아 치고 도주하면 형세를 보아 추격할 수 있어야만 될 것이었다.

그러나 장군의 본영, 즉 전라좌도 수영인 여수항은 호남의 한 모퉁이에 치우쳐 있어서 적군의 해로를 제압하기에 매우 곤란하므로 장군은 조정에 요청하여 1593년 7월 14일에 한산도 두을포豆乙浦에 진영을 옮겼다. 이 섬은 거제의 남쪽 30리쯤 되는 곳에 있는데 산이 바다 굽이를 둘러싸서 항내에는 많은 선박을 정박할 수 있고 밖에서는 그 안을 엿볼 수 없으며 왜적이 호남을 침범하자면 반드시 이곳을 경유하지 않으면 안 되었다. 한산도에 이진한 그 이듬해 가을에 명나라 장령 장홍유와 도체찰사 이원익李元翼[14]은 이곳에 와서 돌아보고 한산도가 절호한 진지라 하며 장군의 장재와 전술이 우수한 것을 모두 격찬하였다.

---

13 '쉬면서 힘을 쌓았다가 피곤한 적과 맞서 싸운다'는 뜻으로 《손자병법》〈삼십육계三十六計〉 가운데 나온다.
14 하삼도 체찰사. 이순신에게 영향을 많이 준 인물.

장군의 삼남 수군통제사 三南 水軍統制使
취임과 이에 따르는
장군의 제반 시책

10

●

한산도에 이진한 것은 지리상으로 중요한 조치인 것에 상응하여 인사
상人事上에서도 중대한 결정이 있었다. 즉 삼남수군통제사의 창설과 장
군의 통제사 취임이었다. 장군은 개전 이래로 전라좌도 수사로서 전라
우도 수사 이억기와 경상우도 수사 원균으로 더불어 항상 협의하여 적
을 쳐서 대공을 세우고 우리 해군의 위력을 높였다. 이는 장군이 첫째
로 인민의 애국적 역량을 잘 조직하는 수완과 둘째로 장군이 많은 사람
의 지혜를 종합하며 동료를 영도하는 아량에 주로 기인하였다.

그러나 이 삼도의 수사는 그들의 직권과 관구管區가 각자적이며 동
등하므로 매사를 협의하여 공동 실행하였는데, 이는 실로 곤란한 일일
뿐더러 더욱이 철두철미로 통일 체제가 필요한 전시에 사령부의 다두
제多頭制는 많은 결함과 모순을 가져 오고, 동시에 전략의 운용이 기민
치 못하여 강력한 집행력을 발휘할 수 없었다.

그러므로 장군은 이 결점을 통절히 느껴서 기회 있을 때마다 최고
군사 당국의 고려를 촉진하였다. 그리하여 동년, 즉 전쟁 제2년 8월에

국왕은 삼도 수사가 서로 통섭統攝되지 못하니 반드시 주장主將이 있어야 될 것이라 하고 장군을 경상, 전라, 충청 삼도(삼남) 지역의 수군통제사로 임명하고 장군의 본직인 전라좌도 수사는 겸임케 하였다. 이 수군통제사는 장군에서 비롯하여 그 후 300년 동안 계속 존재하였다.

장군의 통제사 임명은 해적을 소탕하고 조국을 보위하는 데 중대한 의의가 있었다. 만일 이러한 임명이 적어도 이번 전쟁 전, 즉 장군이 전라좌도 수사로 취임할 때 있었다면 조선 해군의 체제는 확호부동한 기초 위에서 장군이 일찍이 이상하던 바와 같이 "해적은 해상에서 맞아 쳐서" 신성한 조국의 강토에 왜적의 피비린내 나는 발자국을 올려놓지 못하게 하였을 것이다. 때는 이미 늦었던 것이다.

수군통제사는 삼남 전역의 일체 해군을 관할하며 5개 수사 이하 일체 장병들을 지휘하는 직임이므로 전선 해군의 총사령관인 동시에 당시 해군계의 최고 장령이었다. 그리고 통제사의 본영은, 즉 얼마 전부터 장군이 주둔하고 있는 한산도에 개설되었다. 장군은 통제사가 된 후로 먼저 수군 행정에 대하여 많은 포부를 실현하였다.

수군 관구管區 사용권의 확보

당시 수군과 육군이 관구를 사용하면서 양자의 한계가 확보되지 못하고 서로 침범하는 폐해가 적지 않았으며, 또 '중륙경수重陸輕水'의 폐습으로 해군 관구를 육군이 침해하는 일이 항상 많았다. 이제 실례를 든다면 사도, 방답, 회령포, 여도, 녹도, 발포, 고돌산 등 항만, 도서 지대의 영진營鎭에서 순천, 낙안, 보성, 광양, 흥양 등 부, 군, 현까지가 모두 전라 좌수사의 소속 관구였음에도 당시 도원수, 삼도 순찰사, 각도 감사 등이 해상방위의 중요성을 경시하고 '복병파수伏兵把守'니 '의병군義兵軍'이니 '명병이습군明兵肄習軍(명병에게 학습받는 군)'이니 또는 '명병지지明兵支持(명병을 공급 접대)'니 하는 잡단한 육상군의 명목하에 수군 소속 구역에 들어와서 병원을 징발하고 군량과 군기 일체를 천동遷動하므로 수군이 인적 물적 자원을 일정하게 준비하고 유지하는 사업이 대단히 곤란하게 되며 훈련과 능률에도 중대한 결함을 초래하였다.

장군은 통제사로 임명되기 전부터 이러한 곤란과 결함을 시정하려 하였으며 그 후부터는 더욱이 수군 관내의 병원, 식량, 자재 등을 수군에게 전속시키고 서로 침범하지 않을 것을 주장하여 많은 효과를 얻었다.

수군 절제권節制權의 강화

당시 '귀륙천수貴陸賤水'의 폐해로 수군 장수의 지방관에 대한 위력은 육군보다는 대단히 가벼웠다. 예를 들면 전라좌도 수사는 전라좌도 수군의 대장임에도 불구하고 전라좌도 내의 각군 수령守令들은 평시 행정적 지휘를 받지 아니한 이유로 군사상 필요한 수사의 명령을 전연 봉행하지 아니하여 수군 운행에 많은 손실을 보게 되었다. 더욱이 이러한 대변란의 시기에는 수사도 감사와 병사의 예에 의하여 각 군 수령들을 절제할 수 있는 직권을 부여하기를 장군은 상부에 여러 번 주장하였다.

그 일례로 장군은 수군 '궐방闕防(즉 군인이 입영하지 않는 것)'에 대하여 소재 지방 수령의 독송태만죄督送怠慢罪를 군령에 의하여 직접 징치懲治할 것을 주장하였다.

군량 증산과 수군 군량의 자급자족에 관한 계획

이때 적병의 분탕 약탈 및 도륙屠戮으로 전국이 거의 황폐화하였으나 종래부터 산물이 풍성한 호남 일도만은 다행히 장군의 해군이 확보하여 준 혜택을 입어 백성이 여전히 안도하고 농사는 때를 놓치지 않았으니 완연히 한 개 낙원이었다. 그러나 전란 이래로 근왕勤王, 의병 및 각종 육해 병원과 이에 수반하는 각종 양곡 및 자재를 대개 호남에서 공급하였는데 그 수량이 실로 막대하였다. 더구나 수많은 명나라 군대가 입국한 뒤로는 호남에 식량 공출을 가일층으로 독촉하였으나 정장丁壯 대다수는 전선에 동원되어 전사하고 혹은 전상하여 경작자가 크게 감소하였고 군량은 더욱 부족하게 되었다.

그리하여 장군은 부득이 둔전屯田을 계획하였다(이때 수상 유성룡의 지시도 있었음). 즉 남해의 모든 섬에 산재한 넓은 목장牧場과 진황陳荒한 국둔토國屯土들을 경작지로 이용하고, 각처 유방군留防軍으로 하여금 경작하게 하여 그들에게는 '출전입작出戰入作(農作)'의 체제를 세우고 노잔군老殘軍과 각도 유리민들을 그곳에 소집하여 합력 경작하게 하였다. 그래도 부족한 경우에는 일반 주민에게 개방하여 그 수확의 절반을 거두어 일변으로는 인민의 생계를 도와주고 타변으로는 군사의 식량을 충족하였다. 그리고 마필도 적당한 도서를 가려 방목放牧하여 육군의 마정馬政을 원조하였다. 이와 같은 장군의 군량 증산 계획은 전국 또는 타도의 수용에 응하였을 뿐만 아니라 첫째로 자기 통제하에 있는 해군의 식량 문제를 자급자족적으로 해결하려는 가장 중요한 경제 대책이었다.*

장군은 둔전 이외에도 군량을 충족케 하고 사업을 발전시키기 위하여 일련의 계획을 실행하였다. 즉 해변의 수많은 어장漁場들을 확장하여 고기 잡고 해초 캐는 사업을 경영하며 제렴과 요업과 수공예手工藝까지 경영하며 생산품을 선박에 싣고 각지에 왕래하면서 판매하였다.

전함 증조

장군은 전함 증조 계획을 세웠다. 그의 〈조진수륙전사장條陳水陸戰事狀〉(《충무공전서》)에 의하면 전라좌도의 5관官 5포浦에 60척, 우도의 15관 12포에 90척, 경상우도에(전란을 경과하여 곤란하나) 40척, 충청도에 60척, 합계 250척을 새로 제조하려 하였으니 신구 전선을 합하여 500척이었다.

전함 한 척에 승원을 100명으로 한다면 500척의 전 병원은 5만 명이며 이 5만 명 매인每人에 매일 다섯 홉(合)의 양미를 주면 1개월 전 병원의 양미는 750석이었을 것이다(장군의 계산에 의함). 그러므로 장군은 이 전함 증조 계획에 따라서 병원 정비와 군량 보급에 관한 문제를 동시에 충분히 고려하였다.**

* 호남에서는 지금까지도 농부를 농군이라고 부르며 농촌의 농기農旗는 군기처럼 '영令'자를 쓴 기를 사용하고 있다. 일제 강점하에까지도 들에 나가서 농사하는 농부들이 이 '영'자 기간旗竿 두 본을 큰길 한복판에 교차해서 세워 두면 비록 봉건시대의 호화스러운 관장官長 양반들도 이 깃대를 철거하거나 또는 그 밑으로 통행하지 못하고 반드시 차나 말을 멈추고 주식대酒食代의 금액을 그곳에 있는 농부들에게 내주어서 노동을 위로한 다음에야 농부들이 그 기를 철거하고 관장, 양반들도 비로소 통과할 수 있었다. 이는 이순신 장군의 둔전제가 남겨 준 풍속이라고 한다.

** 이때 국선國船(조선의 배)과 왜선倭船 장점과 단점을 비교하면 거북선은 예외로 하고 보통 선제船制는 전자는 덩치가 크고 둔중하나 적의 포격을 능히 견뎌 내며 방어용에 유리하였으며 후자는 대개 덩치가 작고 경쾌하나 구조가 박약하여 우리 화포와 화전과 우리 배와의 충돌에 견뎌 내는 힘이 심히 적었다. 이번 장군이 새로이 제조하는 배는 그 체제를 언급하지 않았으므로 자세히 알 수 없으나 양자의 장처를 취택하였음은 틀림없었을 것이다.

총포 개량

장군의 천재적 기술은 그가 창조한 거북선에서 우수하게 발휘되었거니와 이 밖에 일반 병기를 개량함에도 극히 유의하였다. 이때 포술에서 왜적의 장기는 조총(소장총, 일찍이 포르투갈인에게 받은 것)에 불과하였고 우리와 같이 대포(대형총)를 사용하지 못하였으므로(왜인도 화포를 전연 사용치 아니한 것은 아니었다) 장군의 7년 해전에 적선은 무수히 파멸된 반면에 적에게 격파된 우리 전선은 거의 하나도 없었다. 더욱이 박진이 경주성에 투하한 비격진천뢰 같은 것은 적군은 상상도 못 했던 것이다. 그리고 이 조총도 임진왜란 이전에 조선 사람이 전연 보지 못한 것은 아니고 다만 제조하거나 사용치 아니하였을 뿐이다.

그러나 조총과 유사한 것은 조선에서도 종래부터 제조, 사용하였으므로 장군은 이것을 개량하고 조총을 모조하여 훌륭한 성과를 내었다. 장군의 〈봉진화포장封進火砲狀〉(통제사 임명 직후인 듯함)에 다음과 같이 말하였다.

우리나라 승자쌍혈勝字雙穴 등 총통銃筒은 몸이 짧고 구멍이 얕아서 맹렬하기가 왜통倭筒(조총)만 못하고 소리가 웅장하지 못하므로 조총을 매양 제조하려 하였더니 신의 군관 훈련訓練 주부主簿 정사준鄭思竣[1]이 그 묘법을 고안하여 야장冶匠인 낙안樂安 수군 이필종李必從, 순천 사람의 가노家奴 안성安成, 피난영避亂營에 있는 김해 사노寺奴[2] 동지同志, 거제 사노 언복彦福 등으로 더불어 정철正鐵(참쇠)을 두드려 만들었으니 체제가 심히

---

1   원문에는 '정은준鄭恩竣'이라고 잘못 기재되었다.
2   원문에는 시노侍奴라고 잘못 기재되었다.

공교하고 포환이 꼭 조총의 것과 같고 선혈線穴과 삽화구揷火具[3]는 조금 다른 듯하나 불과 수일에 제조를 마쳐서 공사가 심히 어렵지 않습니다. 주사舟師 각 관포官浦로 하여금 먼저 이와 같이 제조케 하며 한 자루는 전前 순찰사 권율에게 보내서 각관으로 하여금 이와 같이 제조하도록 하였습니다. … 정철 조총 다섯 자루를 봉하여 올리오니 조정에서 각도 각관으로 하여금 제조케 하시고 감조監造 군관 정사준과 야장 이필종 등에게 각별히 상을 주시와 다른 사람들도 분발하여 경쟁적으로 서로 모조하도록 하심이 마땅하외다.

−《충무공전서》

또 장군의 〈난중일기〉(계사년 9월 14일)에 다음과 같이 썼다.

정철 조총이 전투용에 가장 관계가 있으나 우리나라 사람이 그 제조의 묘법에 정통하지 못하였는데 지금 백방으로 고안하여 조총을 만들었으니 왜총보다 훨씬 정묘하며 당인唐人(명나라 사람)이 진중에 와서 이것을 시험적으로 발사하여 보고 모두 칭찬하였다.

이때 장군은 이 총의 재료를 얻기 위하여 민간에 널리 강철을 모집하여 8만여 근을 얻어 가지고 총을 제조하여 관하 여러 병영에 분배하여 주었다.*

3　약실화약에 불을 댕기기 위해 포신 바깥까지 뚫은 구멍과 불을 재는 도구.

인재人材 **장려**

장군은 수사로 취임한 후부터 장교의 질적 향상에 이미 노력하여 왔다. 당시 조선의 귀문천무사상은 군인 장교의 양성과

* 당시 지자총통은 한 자루의 중량이 150여 근, 현자 총은 50여 근인데 장군은 승려를 시켜 화주化主란 명칭으로 권시문勸施文을 만들어 철물을 수집하되 철의 중량에 따라 면역免役, 면천免賤의 공문公文을 주고 직위를 주었다. 화약 염초는 개전 이래로 진중에서 직접 구워서 다량을 얻었다.

훈련에 너무나 소홀하였으며 특히 무반武班에서 귀륙천수사상은 수군 발전에 막대한 장애였다. 장군은 상무尚武사상을 고취하기 위하여 비록 전쟁 중에서라도 무사 시험을 실행하여 인재를 선발하고 경쟁을 장려하기를 주장하였다.

전쟁 제2년 11월 27일 전주에서 왕세자王世子의 내림來臨을 기회로 하여 충청, 전라, 경상 삼도 무관 시험이 있었는데, 장군은 전선에 있는 무사가 진지를 떠나 멀리 가서 수험할 수 없으므로 통제사의 본영에서 따로 무관 시험을 행할 것을 조정에 청하여 그 이듬해, 즉 전쟁 제3년 4월 6일에 별시과別試科를 열고 장군은 전라 우수사 이억기, 충청 수사 구사직과 함께 고시관考試官이 되어 100명의 입격자를 선출하였다.

첩보諜報 **활동의 여행勵行**

적을 치자면 먼저 적의 내정內情과 형세를 탐지하는 것이 선결 문제이므로 장군은 통제사가 된 후에 첩보활동을 더욱 중시하여 해륙 양면에 정보망을 광범히 조직하였다. 적군을 생포하든지 혹은 포로가 된 동포를 탈환하든지 하면 통역, 필담, 구두로 그의 경력과 견문을 세밀히 청취하여 적국 및 적진의 내용을 참지하고 긴요한 것이 있으면 곧 별본別

本을 작성하여 조정에 보내서 참고하도록 하였다. 장군이 적의 복잡한 정세와 간교한 성격을 잘 조사하여 한 번도 그릇되게 판단하지 않고 작전에 한 번도 실패하지 않은 것은 실로 이 첩보 활동을 치밀하게 조직하고 지도한 까닭이었다.

일반 과업의 여행

장군은 원래 정력이 남보다 우승하여 아무리 분망한 때일지라도 자기의 소정 과업을 항상 민속히 실행하고 뒤로 미는 일이 없었다. 갑오년, 즉 통제사가 된 그 이듬해 봄에 장군은 전염병에 걸려서 중태重態에 이르렀으되 오히려 하루도 누워 있지 않고 평시와 같이 집무하였다. 자제들이 휴양을 청하나 장군이 말하기를 이제 대적과 상대하여 승패가 순식간에 결정되는 이즈음에 장수된 사람으로서 죽지 아니한 이상 누워 있을 수 없다 하고 12일 동안을 꼬박 그대로 지냈다.

　동년 8월에 이원익이 도체찰사로 호남에 내려오니 수군의 각 부대에서 들어온 정장呈狀(신소)이 수없이 많았다. 그는 즉결하지 않고 휴대하고 진주에 와서 장군을 초청하여 군사상 상의한 다음에 그 정장 문건들을 장군 앞에 내어 놓고 판결하여 주기를 청하니, 장군은 바른손으로 붓을 잡고 왼손으로 종이를 펴며 나는 듯이 결정을 내려 잠깐 동안에 마쳐 버렸으나 모두 조리條理에 적당하였다. 이것을 본 이원익은 자신의 일행과 함께 장군의 재능과 판단력에 탄복하였다. 장군은 평시에 내빈들과 밤늦도록 서로 대화하고 취침하였다가 닭이 울면 반드시 일어나 앉아서 서적을 보든지 그렇지 않으면 당면한 전략과 대책들을 연구 토론하였다.

장군은 여가가 있으면 손수 화살을 만들어 전공箭工을 도와주며 전시에 사격이 필요할 때가 아니면 화살과 탄환을 군인들에게 나누어 주지 아니하고 난발로써 전구戰具를 소모하는 것을 경계하였다.

장군은 통제사가 된 후 한산도 본영 중에 '운주당運籌堂'이라고 명칭한 별당 하나를 구성하고 항상 부하 제장과 이 당중堂中에서 회의하여 전투에 관한 방법과 사업을 집체적으로 결정하였으며 비록 병졸이라도 이곳에 와서 기탄없이 군사에 대한 자기 의견을 진술하게 하였다. 장군의 신묘한 전략과 주밀한 전술도 요컨대 이와 같이 여러 사람의 지혜를 잘 종합하고 하부의 의사를 자유로 상부에 반영한 데서 힘을 입었다.

장군은 부하 장병들에게 항상 친애와 위엄을 병행하였다. 비록 그들이 적은 공로를 세웠더라도 그는 반드시 위에 보고하고 또 지체 없이 표창하였다. 그리고 규율은 항상 자신이 모범적으로 실행하여 전진戰陳에서 여색女色과 이취泥醉[4]는 절대로 범하지 아니하니 군중軍中은

* 이때 도체찰사 이원익이 부체찰사와 종사관들을 인솔하고 한산도 진중에 들어와서 진형을 시찰하고 유숙한 다음에 돌아가려 하니 장군은 원익에게 조용히 말하기를 "군중에서는 상공相公이 반드시 호군犒軍(군사를 연향宴饗하는 것)과 행상行賞을 하실 줄로 생각하고 있는데 그냥 돌아가시면 일반 장병들은 실망할 것이다"라고 하였다. 원익은 깨닫고 대답하기를 "대단히 좋은 일이나 준비해 가지고 오지 않았으니 어찌할까?"라고 하였다. 장군은 또 말하기를 "내가 이미 마련하였으니 상공이 허락만 하면 곧 상공의 명령으로 행사하겠다"라고 하니 원익은 크게 기뻐하여 승락하고 30여 마리의 소를 잡아서 대연회를 베풀고 한편에 시예試藝와 시상施賞을 행한 결과 군중은 환희를 느끼며 용기가 배가 하였다.

그 후 원익은 인조仁祖 왕에게 추억담으로 이 일을 말하는 동시에 장군의 위대한 제국才局과 주밀한 전술을 칭찬하니 인조 또한 이순신은 참으로 장군이며 그의 심지心志가 탄복할 만하다고 하였다(《충무공전서》).

---

4   술에 몹시 취해 진흙처럼 흐느적거림.

저절로 숙연肅然하여졌었다.

이 밖에도 장군에 대한 미담 일화가 많으나 그만한다.[*]

和議
화의에 대한
장군의 절대 반대

11

장군이 통제사에 취임(전쟁 제2년 계사 8월)한 뒤로부터 한동안 해륙 양면의 전국戰局에 특별한 변화와 사건이 없고 다만 명나라 장병들의 왕래와 명·일 간의 화의운운으로 시일을 끌게 되었다.

필자는 이제 편의상 먼저 소위 화의운운부터 논술하려 한다. 가령 당시 평양에서 제1차로 심유경의 사기적인 화의가 없었더라도 적의 해군은 이순신 장군에게 제압되어 놈들의 수륙병진이 불가능한 이상에 적군이 평양 이북으로 고군전진하지 않을 것은 기정적 사세였다. 제2차로 그의 위협적인 화의가 경성(용산)¹에서 없었더라도 적군은 단기 작전 계획을 실패하여 기아와 기습을 면하기 위하여 놈들 자신이 경성에서 철퇴하지 아니하면 안 될 것을 먼저 통감하였을 것이다. 또 제3차로 그의 회유적인 화의가 부산에서 없었더라도 적군은 경상 해

1 　용산에 있는 심원정에서 명나라 사신 심유경과 일본의 장수 가토 기요마사가 강화회담을 벌였다. 현재 심원정은 없어지고 '왜명강화지처비'(원효로 4가87)가 세워져 있다.

안에 무사히 도착하여 근거진지를 이미 구축한 이상 병력이 허락하는 한도까지 최후로 경상, 전라의 연해 지방을 점령 약탈하여 해적의 전통적 야욕을 충족하려 할 것은 다시 의심할 여지도 없는 것이었다. 적군이 경성을 철퇴하고 부산에 도착한 뒤에 침략의 괴수 도요토미 히데요시는 화의를 신뢰치 못할 것과 경상 일도를 확보하는 것이 필요하다는 것을 적장들에게 직접 지시하였으며 또 적장 고니시 유키나가의 중군中軍인 고니시 히다노카미小西飛彈守[2]는 전쟁 제2년 6월에 명나라 경략 송응창에게 "전라 일도를 할여割與하고 금은 2만 냥을 받은 다음에야 포로 된 두 왕자와 세 배신陪臣(김귀영, 황정욱, 황혁黃赫)을 돌려보내겠다"《선조실록》라고 하였으니 이는 모두 그때 놈들의 음흉한 욕망을 노골적으로 표명한 것이었다.

당시에 명나라 조정이 심유경의 화의 교섭을 기대한 한계는 도요토미 히데요시에게 책봉 형식을 주고 그로 하여금 침략 군대를 철회케 하려는 것이었다. 다시 말하면 명나라 초기 영락 황제가 아시카가 요시미쓰族利義滿[3]를 일본 국왕으로 책봉하였던 그 전례처럼 히데요시를 책봉하여 주고 이 '은전恩典'의 대가로 왜적이 조선에서 철퇴케 하려는 것이었고, 이도 철퇴한 뒤에야 책봉하겠다는 것이었다. 반면에 히데요시가 강화講和에 건 희망은 일본 국왕의 책봉을 받을 뿐만 아니라 중국에 입공, 즉 통상을 약정하는 것이었고, 또 조선 국토를 할봉割封 받은 다음

2　고니시 히다小西飛, 나이토 조안内藤如安, 나이토 다다토시内藤忠俊, 고니시 조안小西如庵 이라고도 불렸다. 무장으로 천주교 신자인 고니시 유키나가에게 등용되었고 임진왜란이 발발하자 고니시 유키나가와 함께 출진했다.
3　무로막치막부의 3대 쇼군.

에 철병하겠다는 것이었으니 이처럼 모순되고 기괴한 화의는 본래 문제가 될 수밖에 없었다. 그러나 서로 속이고 이용하려는 의도로 심유경과 고니시 유키나가(내지는 가토 기요마사) 등이 중간에서 엎치락뒤치락하면서 허다한 시일만을 허비하였다. 이와 같은 일련의 경과를 총결산하여 보면 왜적은 일면 화의와 일면 침략을 간교하고 집요하게 실행하였지마는, 그 반면에 명나라 측은 화의 교섭에 자기도취하며 자기 태만하여 적의 간계에 놀아나게 되었으니 손실을 본 것은 전자가 아니고 후자였다. 그러나 이보다도 속담에 고래 싸움에 새우가 등 터진다는 격으로 이 화의운운하는 판에 정말 손실을 본 자는 조선 인민이었던 것이다.

당시 우리나라에서는 이 화의의 내막에 크게 위구와 증오를 느꼈으므로 국왕 이하 문무 조신文武朝臣이 명·일 양국 간의 강화 교섭을 대체로 반대하였다. 주전자主戰者의 의견은 오랑캐와 원수는 절대로 타협할 수 없으니 명나라 군대를 움직여서 조중 연합군이 하루 바삐 적과 결전하여 놈들을 국내에서 섬멸하든지 그렇지 않으면 국외로 구축하자는 것이었다.

그런데 이순신 장군의 심경은 왜적은 극히 간흉하고 명나라 장병들은 이미 신뢰할 수 없다는 것이다. 그는 도체찰사 이원익에게 올린 편지에 "나는 생각건대 섬 오랑캐가 화평을 요청하는 것이 이른바 이유 없는 화평이다"라고 하여 놈들의 간사한 의도를 지적하였다. 그래서 장군은 명나라 군대에 대한 기대는 거의 단념하고 우리 육군이 육상에서 협력만 해 주면 해군의 힘으로써 적의 배를 한 척도 돌려보내지 않고 전부 섬멸하여 만대의 원수를 유감없이 갚아 보려고 결심하였던 것이다. 즉 장군은 당시 강화를 반대하고 싸움을 주장하는 편의 최대

선봉이었다.

그러나 조선에 와 있는 명나라 장령들은 적과 싸우자니 피를 흘리기가 싫으며 아니 싸우자니 구실이 없으므로 소위 강화라는 명목 밑에 적과 교섭하고 시일을 연장하여 문제를 미봉하고 싸우지 않은 책임을 적에게 전가하려 하였다. 동년, 즉 전쟁 제2년 9월경에 송응창과 이여송은 문제 해결을 심유경의 강화 교섭에 밀어 맡기고 군대의 대부분과 함께 귀국하였으며 다만 총병總兵 유정 이하 수명의 장령이 보병 1만여 명을 데리고 조선에 남아 있었다.

그리하여 유정은 성주星州 팔거八莒에, 낙상지와 왕필적王必迪은 경주에, 오유충은 선산 봉계鳳溪에, 이녕李寧, 조승훈, 갈봉하葛逢夏는 거창에 각각 유둔하여 경상 연해의 적진들을 멀리 상대하면서 진격하지 않고 있었다. 이들의 식량은 모두 전라, 충청 양도에서 운반하였으므로 인민은 크게 피곤하여 농사를 제때에 하지 못하고 유리遊離하는 자가 많았다. 장군은 그의 〈진왜정장陳倭情狀〉에서 지적하기를 "명병이 남하하여 촌락과 민가에 출입하며 인민의 재산을 겁탈하고 들판의 곡물들을 손상하므로 그들이 지나간 곳은 황폐가 심합니다. 인민은 그들이 오는 소리만 들으면 도피하여 다른 곳으로 옮겨 갑니다"라고 하였다.

* * *

전쟁 정세가 이처럼 긴장하지 못하고 지리멸렬하는 동안에 인민 생활은 더욱 도탄에 빠져 감을 장군은 심히 통탄하였으나 어찌할 수 없었고 자기 직권에 속한 해상 소탕도 육군의 협력을 얻지 못하여 항상 중도반단이 되었다. "명나라 장병들은 유유히 시일을 보내고 적을 향해 진격한다는 소식이 전연 없으며 적세는 전보다 갑절이나 발호하여 도망해 돌아갈 생각이 조금도 보이지 않는데 군량은 계속할 길이 없으니 이 굶주리고 파리한 해상의 병졸로써 저 소굴에 깊이 배겨 있는 적을 치기에 아무 계책이 없어서 한갓 분한[4]만이 한이 없소이다"(동상)라고 한 것은 이때 전쟁의 교착 상태와 장군의 자기의 고충을 여실히 표명한 것이었다.

그러나 위에서 이미 서술한 바와 같이 장군은 통제사에 취임한 후에도 전쟁 정세가 교착되어 있는 동안을 이용하여 관내 제반 시책, 즉 부대 정비, 전함 증조, 군량 준비 및 병기 수리 등 사업에 정력을 기울였던바 그중 곤란한 공사의 하나인 전함 증조는 동년, 즉 전쟁 제2년 이내로 준공하여 예정 계획을 민속히 실현하였다. 동시에 경상 연해 일대에 퇴거하여 둔취하던 여러 적군 부대는 장군의 한산도 주둔과 통제사 임명에 상응하여 방비 태세가 강화된 것을 잘 알고 크게 경계하였다. 또 겨울을 날 준비와 화의 교섭에 분망하여 호남을 침입하려는 형세가 당분간 약화되었으므로 장군도 이에 대응하여 전비戰備를 더욱 충실히 하는 한편, 병력을 휴양하고 척후 활동을 엄중히 하여 그 이듬해, 즉 전쟁 제3년의 이른 봄까지 대체로 특별한 공세를 취하지 않고 있었다.

---

4   憤恨인 듯하다. 장계의 원문에는 憤惋이라고 표기되었다.

장군의 당항포승전과 담 도사의 〈금토패문〉에 대한 답장

唐項浦

譚　都司

禁討牌文

12

●

개전 제3년(갑오) 봄에 거제, 웅천의 적병이 진해, 고성 등 연해에 다수히 떼를 지어 촌락을 분탕하고 인민을 살해하며 물자를 약탈하므로 장군은 관내 제장에게 전선과 전구들을 정비하여 형세를 보아 토멸할 것을 명령한 다음에 척후를 보내 정찰한 결과 적의 대, 중, 소선 40척이 영등포에서 나와 당항포, 오리량吾里梁, 저도로 나누어 갔다는 것이었다. 3월 3일에 장군은 다시 순변사 이빈에게 전자의 약속대로 육군 병마를 거느리고 급히 내려와서 육상으로 도주하는 적병들을 토포할 것을 의뢰하는 한편 이억기, 원균 양 수사에게 전령傳令하여 삼도(전라좌우도 및 경상우도) 장병들을 각각 영솔하고 한산도 본영의 앞바다에 밤을 타서 출발하여 밤중에 거제 내면지도內面紙島 바다에서 밤을 새웠다.*

4일 새벽에 전선 20여 척을 견내량에 남겨 두어 불의의 변을 방비하게 하고 또 삼도의 경예선輕銳船과 31명 장교를 선택하여 조방

* 원균은 앞서의 적선 서른한 척을 자기 부하가 독력으로 태워 버린 것처럼 공문을 작성하여 발송하니 영내 제장이 모두 놀라고 이상하게 생각하였다. 이것을 보더라도 시기가 많고 공정하지 못한 그의 성격을 알 수 있다.

장 어영담의 인솔하에 당항포, 오리량, 장문포¹ 및 적진의 앞바다인 증도甑島² 해양 중에 가서 학익형으로 진세를 펴서 부근 일대 해면을 가로 차단하면서 앞으로 우리 함대의 위력을 보이고 뒤로 적의 출로를 봉쇄하였다. 이에 적선 열 척이 진해선창에서 나와서 바닷가를 따라 행진하니 어영담이 인솔한 여러 부대가 일시에 돌진하면서 좌우로 협공하여 적선 여섯 척은 진해읍의 앞개에서, 두 척은 고성의 어선포於善浦에서, 두 척은 진해의 시굿포(柴仇叱浦)에서 각각 배를 버리고 육지로 도망가는 것을 추격하여 빈 배를 전부 소각하는 동시에 포로가 되었던 동포 수명을 탈환하였다.

당항포에 정박하고 있던 대, 중, 소 적선 스물한 척은 앞에 서술한 적선이 타오르는 연기와 화염을 바라보고 모두 낙담하여 할 수 없이 육지에 올라 진을 쳤다. 그래서 장군은 이빈에게 통첩하여 급히 오기를 재촉하고 또 어영담으로 하여금 그가 인솔한 여러 장령과 함께 당항포로 직항하도록 하였다. 그러나 때마침 저녁 조수가 물러가며 날도 저물어 진격을 중지하고 다만 그 포구를 가로막고 밤을 지냈다.

5일 새벽에 장군은 이억기와 함께 포구 밖에서 진을 쳐서 임기응변의 태세를 취하고 어영담이 여러 장령과 포구 안으로 곧 들어가니 적병은 이미 밤에 육지로 도주하였고, 다만 기와(蓋瓦)와 왕대(王竹)를 가득실은 스물한 척이 정박하고 있으므로 모두 격파하고 태워 버렸다.

이때 이빈의 육군이 오지 않아서 둥지 안에 있던 적을 그만 띄워 버

---

1   현재 경남 거제시 장목면 장목리. 장목 일대(이민웅, 앞의 책, 156쪽).
2   현재 창원시 진해구 장도로 추정(위의 책, 154쪽).

렸으니 장군의 수륙 협공의 염원은 의연히 실현되지 못하였다.

　이날 전투가 끝난 다음에 장군은 여러 함대를 전부 합세하여 대양에 충만하게 진을 펴고 포성으로 천지를 진동케 하면서 동서로 변환하여 적에게 엄격한 형세를 보였더니 영등포, 장문포, 제포, 웅천, 안골포, 가덕, 천성 등지에 웅거하던 적들은 공포를 느껴 복병의 가막假幕을 제 손으로 전부 태워 버리고 소굴에 깊이 들어 배겨서 문득 그림자를 감추었으며 고성, 진해에 횡행하던 적들도 다시는 마음 놓고 출입하지 못하였다.

　이번 출전에 적선 30여 척을 파멸하고 우리 장병들은 용기백배하여 영등, 장문, 각 포에 깊이 배겨 있는 적들을 차례로 토멸하려 하였으나 장군의 관내 각 영(전라좌도를 제하고는)의 전함이 예정대로 오지 않았고 또 충청도 수사 구사직이 아직 진중에 도착하지 않아서 병력이 조금 약하므로 장군은 기회를 보아 제거하기로 하고 6일에 고성의 아자음포阿自音浦에서 밤을 새우고 7일에 한산도 본영으로 돌아왔었다.

　이때 충청 수사 구사직 이하 각 관포 전선들이 약속한 시일에 도착하지 않은 일로 당해 지구 장령들에 대하여 장군은 군령으로써 엄중히 처단할 것을 조정에 요청하였다.

＊　＊　＊

　앞서 서술한 3월 5일에 당항포전투를 마치고 다음 날 6일에 장군의 함대가 고성의 아자음포에서 출발하여 거제읍 앞 뇌도腦島 양중으로 오는 도중에 명나라 사람 두 명과 일본 사람 여덟 명이 적선 한 척을 타고 와서 명나라 선유도사宣諭都司 담종인譚宗仁의 왜적 토벌을 금지하는 패문牌文 한 통을 전달하였다.

이 담종인은 어떤 사람이냐 하면 작년, 즉 전쟁 제2년 겨울 명나라 경략 송응창이 귀국하고 그 대신으로 병부시랑兵部侍郎 고양겸顧養謙이 요동에 와서 담종인을 왜적의 진영(부산에 있는)에 보내어 화의 진행을 탐찰하게 하였다. 이에 적장 고니시 유키나가는 적의 사절 고니시 히다노카미 등이 명나라 조정(북경)에 가서 돌아오지 않는다는 이유로 담종인을 볼모로 잡아 두어 그가 작년 11월 웅천에 와서 적의 진중에 머물러 있었다. 그리고 그 패문은 웅천 등지의 왜적이 우리 해군의 위력에 낙담하여 담종인에게 애소하므로 그는 토벌을 중지하라는 명령 비슷한 문서를 만들어 장군에게 전달하였다.

이 패문을 본 장군은 적의 간악과 담종인의 불의不義와 또는 주화론主和論의 무책임함에 크게 분개하여 곧 이억기, 원균과 함께 연명하여 다음과 같은 답서를 담종인에게 보냈다.

… 왜인이 스스로 전단戰端을 열고 적군이 계속해서 바다를 건너 와서 무죄한 우리 인민을 죽이고 또 왕도王都를 침범하여 흉악한 만행을 한 것이 말할 수 없으니 일국 인민의 통분은 뼈에 사무쳐서 이놈들과는 같이 살지 않기를 맹세하였다. 우리는 각도 전함을 무수히 정비하고 곳곳에 주둔하여 동서로 호응하며 육지 신장神將들과 함께 수륙 합공하여 남아 있는 놈들이 한 척의 배도 타고 돌아가지 못하게 하여 국가의 원수를 갚으려 한다.

그리하여 본월(3월) 초3일에 선봉선 200여 척을 거느리고 거제에 바로 들어와서 적의 소굴을 소탕하고 놈들을 차례로 섬멸하려 하였다. 이즈음에 왜선 30여 척이 고성과 진해 지경에 침입하여 촌락을 불사르고 인민을 살육하고 또 많이 잡아 가며 기와(瓦)를 나르고 대(竹)를 베어서 놈들의 배에 가득 실었으니 그 정상을 생각함에 극도로 통분하여 놈들의 배를 부수고 불태우며 놈들의 흉악한 무리를 추격하는 동시에 수군도수水軍都帥(統帥) 부에 급히 보고하여 대군을 거느리고 와서 합세하여 곧 진격할 즈음에 당신의 선유패문이 뜻밖에 우리 진중에 왔다….

다만 당신이 패문에서 말하기를 일본 제장이 모두 마음을 기울여 귀화歸化하여 전투를 정지하고 모두 본국으로 철귀하려 한즉 조선의 함대는 속히 본처本處 지방地方으로 돌아가고 일본 영채營寨에 가까이 와서 전단을 일으키지 말라고 하였으나 지금 왜인이 둥지를 틀고 있는 거제, 웅천, 김해, 동래 등지는 모두 우리 국토인데 우리가 일본 영채에 가까이 왔다는 것은 무슨 말인가? 우리더러 본처 지방으로 돌아가라 하니 본처 지방은 어데 있는가? 전쟁의 불 뚜껑을 먼저 열어젖힌 자는 우리가 아니고 왜적이다. 일본인은 변사만단變詐萬端이여서 옛날부터 신의를 지켰다는 말을 듣지도 못했다. 간흉한 무리가 오히려 죄악을 개전[3]하지 않고 연해 지방을 근거하여 해가 지나도 물러가지 않고 각처에 덤벼들어서 인민과 물자를 겁탈하기가 전보다 곱절이나 심하니 군대를 걷어 바다를 건너가려는 의사가 과연 어데 표시되었는가? 지금 강화한다는 것은 사실에 있어서 사기와 허위에 불과하다….

ㅡ《충무공전서》

---

3   원문에는 '개준'으로 되어 있다.

이 답서에 당시 왜적의 간흉한 정체와 명나라 장령들의 강화 교섭의 성격과 전국의 교착 상태와 장군의 적개 사상이 전적으로 표현되어 있다.

이와 같이 명나라 응원부대의 공작은 어느덧 적과의 타협 공작으로 변질되어 강화라는 간판 밑에서 조선의 장병과 인민의 원수 격멸의 투쟁을 견제하고 구속하여 왜적의 막다른 골목을 도리어 타개해 주는 동시에 전쟁판을 무책임하게 연장시키고 있었다. 이는 담종인 개인의 독단적 의사가 아니라 당시 명나라 장령들의 전반적 경향이었다.

동년(갑오) 9월 3일에 국왕이 비밀 서한을 장군에게 내려 보냈는데 그 대의는 육군과 수군의 여러 장병이 모두 팔짱을 끼고 서로 바라만 보며 한 계책이라도 내서 적을 향해 진격하지 않음을 비난한 다음에 장군에게 화의 여하를 불관하고 곧 진격하여 적군의 소굴을 두드려 엎으라는 지시였다. 장군은 이것을 보고 〈난중일기〉에 쓰기를 "3년 해상에 이러했을 리가 만무하다. 세상과 더불어 맹세하고 결사 복수할 뜻은 날이 갈수록 더 하지마는 지금 험조險阻한 지형을 근거로 하여 소굴에 깊이 들어 배긴 적군에게 경솔히 진격할 수 없을 뿐더러 '지피지기知彼知己하고야 백전백승할 것이 아닌가"라고 하며 소감과 고충을 표시하였다.

그러나 도원수 권율은 역시 국왕의 의사를 받아서 의병장 곽재우, 김덕령과 충청 병사 선거이 등으로 하여금 거의 빈손으로 와서 장군의 수군과 합세하여 적을 진공하라고 하였으므로 전쟁 제3년 9월 26일에 그들은 한산도 본영에 도착하였다. 그리하여 장군은 선봉 제장과 함께 29일 장문포場門浦에 돌진하였다. 그러나 적병은 고지와 봉우리 위에 누각樓閣과 진루陳壘를 구축하고 조금도 나와서 접전하지 않고 위급하면 육지로 도주하므로 우리 선봉선은 적의 빈 배 두 척을 소각하고 칠천량에서 밤을 지냈다.

10월 3일에 장군은 제장을 거느리고 장문포에 가서 종일토록 도전挑戰하였으나 적은 겁이 나서 응전하지 않았다. 4일에 곽재우, 김덕령 등과 약속하고 수군 수백 명을 선발하여 상륙, 등산하게 하고 선봉부대는 먼저 일찍이 장문포에 드나들면서 도전하게 한 다음에 장군은 늦게 중군中軍을 인솔하고 진공하여 수륙 양면에서 서로 호응하니 적병은 황겁히 기세를 잃고 동서에 분주하였다. 그러나 육지에 올라간 우리 병사들도 자기 고약孤弱을 느껴 적을 추궁하지 않고 배를 타고 칠천漆川으로 돌아 왔다.

6일에 우리 선봉선이 장문포에 가 보니 적은 "일본이 대명大明과 지금 화친하니 서로 싸울 수 없다"라는 패문을 써서 땅에 꽂아 두었다.

7일에 곽재우, 김덕령, 선거이 등은 이와 같이 이미 완강하여졌고 또 전투를 회피하는 적의 소굴을 갑자기 전복하지 못할 것을 간파하고 모두 자기 본영으로 돌아갔다(〈곽재우 장군전〉을 참조하라).

8일에 장군은 다시 장문포에 가서 도전하였으나 적은 종시 응전치 않으므로 할 수 없이 한산도 본영에 돌아왔다.

戰局

전국의 장기화에 따르는
내란의 발생과 이에 대한
장군의 관계

13

이조의 양반제도는 중엽에 들어와서 농민을 착취하는 봉건정부의 중앙집권적 형태를 더욱 강화하면서 농민을 수탈하고 공工 · 상商 · 기예技藝를 천대하고 일반 서민을 노예로 사역시키고 반상 차별, 적서嫡庶 차별, 지방 차별을 엄격히 하는 등등을 일층 촉진하였다. 최악의 예로서 인족추징법鱗族追徵法(조세를 못 내거나 본인이 도망한 경우에는 이웃 사람과 동족들에게 징수하는 악법)은 농민을 수탈하는 데만 그치지 않고 평민과 천민의 병역 강제에까지 적용하였다. 그리하여 양반 관료의 통치제도를 미워하는 인민의 감정은 가끔 반항적 봉화로 나타났었다. 당시 국왕 선조가 즉위하기 5년 전까지(1562, 명종 17) 농민 봉기의 집단인 임격정林巨正 일당은 황해, 경기 일대에 출몰하면서 수년 동안 '거적巨賊'의 행동을 취하였다. 이번 임진왜란의 초두에 신립의 충주 패보를 듣고 국왕 이하 귀족 일당이 황겁하게 경성을 떠나 무학재 고개(경성 서부)를 넘어가자마자 성중의 천민들은 즉시로 형조刑曹 장예원掌隸院'을 불 질러 관사官私 노예의 문부를 재빠르게 소각하여 버렸으며, 또 당시 인민의 최대 원부

怨府인 궁전까지 불 질러 버렸다.[2]

더구나 이때 전국이 이처럼 장기화함을 따라 일반 사기는 저하되었으며 전란의 폐허 속에서 인민은 기근, 부역 및 병역의 쓰라린 고통을 견디지 못하여 조국을 외우外憂와 함께 내란의 와중渦中으로 휩쓸어 넣게 되었다. 당시 통치계급, 특히 문관 양반 관리를 중심하여 격성된 당파적 분쟁은(토지 점유권-정권 쟁탈을 본질로 한 것) 조국이 침략자의 총칼 앞에 부서지려는 중대한 위기에 직면하면서도 의연히 지속되어 내란의 위기를 더 빨리 촉발하였다.

이른바 이조 당론은 1575년(선조 8)에 외척 심의겸沈義謙과 유사儒士 김효원金孝元의 관직 쟁점을 단서로 하여 서인, 동인의 두 당파가 생겨서 그 폐해는 동왕 22년에 벌써 정여립鄭汝立의 '모반謀叛' 사건을 격기시켰으며, 그 후 동왕 24년 즉 임진의 전년에 동인당은 다시 분파되어 유성룡을 영수로 한 남인南人과 이산해李山海를 영수로 한 북인北人이 (이산해의 아들 이경전李慶全의 배관拜官을 계기로 하여) 서로 대립하게 되었다. 그리고 전쟁이 시작되어 조정 일행이 서쪽으로 피난 가는 도중 개성에서 대간臺諫들이 변란의 책임이 당시 영의정領議政(수상) 이산해에게 있다 하므로 선조는 그를 면직시켜 평해平海(강원도)로 귀양 보내고 좌의정 유성룡을 영의정으로 삼았으니, 그때 인재 본위로 보아서는 이 임면이 적당하였으나 동서당과 함께 남북당의 대립이 첨예화하여 드디어 동서

---

1   장예원은 형조刑曹 속아문인데 본문에는 '공조工曹 장예원掌隸院'으로 잘못 표기되었다.

2   최근 연구는 당시 일본인의 참전기나 종군기에서 왜군이 들어왔던 시점에 궁궐이 제 모습을 유지하고 있었음을 서술한 자료를 활용하여 이를 난민보다 왜군의 소행으로 보고 있다(홍순민,《궁궐의 역사》, 청년사, 1999, 67~72쪽).

남북 4당 혹은 4색色의 명칭이 있게 되었다.*

더욱이 외적은 얼른 퇴치되지 않아서 통치계급의 위신과 무능력이 점차 폭로된 이때에 도탄에 빠진 인민들은 외적에 대한 적개심과 함께 현재 통치계급에 대한 불평불만이 격심하여 '반항'의 형태로 각처에서 일어나게 되었다. 이는 한편으로는 기아와 고통으로 신음하는 피압박 민중의 자연 발생적 행동인 동시에 다른 편으로는 당쟁에 실패하고 정권에서 탈락된 자들의 선동적 지반이 되었다.

* 선조가 의주에 체재하였을 때
慟哭關山月 국경의 달 아래에는 울음을 놓으며
傷心鴨水風 압록강 바람에는 마음 상하도다
朝臣今日後 조신들은 이 같은 곤경을 당하고도
尙可更西東 오히려 서인이니 동인이니 할 것인가?

이러한 시까지 지어서 신하들을 풍자하였다. 초계급적이며 초당쟁적인 존재로 자처한 국왕은 당쟁의 책임을 신하들에게 돌리고 국왕 자신이 당쟁의 최고 책임자인 것을 반성하지 못하였으며 또 금후 300년의 수명을 타고 나온 사색 당쟁은 국왕의 감상적인 풍자시 몇 구로써 쉽사리 청산될 수는 없었던 것이다.

이때 인민 생활의 곤란을 단적으로 예증하면 임진 이듬해(계사년)에는 산중의 풀잎과 송피松皮, 유피楡皮 등이 모두 기민飢民에게 채취되었고 그 이듬해(갑오년)에는 큰 소 한 마리의 값이 쌀 서 말에 불과하였으며, 또 국가 재정을 보충하기 위하여 관작官爵을 팔았는데 임진년에는 삼품品은 100석, 오품은 30석이었던 것이 계사, 갑오년에 와서는 10~20석에 가선대부嘉善大夫 당상관堂上官이 될 수 있으되 한 사람도 응납하지 않았다. 이것으로써 일반 인민의 기아 상태가 어떠하였던가를 알 수 있다.

그리고 전쟁 제3년(갑오) 봄에 홍산鴻山(충청도) '반민叛民'의 두목인 송유진宋儒眞은 자신의 격문에 이렇게 썼었다.

국왕은 악을 개전하지 않고 붕당은 풀리지 않으며 부역은 중하여 생민生民이 불안하니 목야牧野에 매鷹처럼 나는 것은(강태공姜太公이 은殷나라를 치는 것을 가리킴[3]) 비록 백이伯夷, 숙제叔齊에게 부끄러움이 있으나 인민을 위로하고 죄 있는 자를 치는 것은 실로 탕무湯武를 빛내게 한다.

이와 같이 왕조변역王朝變易을 목적하는 선전은 당시 인민들의 통치계급에 대한 반항 사상을 표시한 것이며 경성의 인심에까지 적지 않은 충동을 주었다.

이때 경기에서는 양주의 이능수李能水와 이천梨川의 현몽玄夢이 있었고 호남에서는 남원의 김희金希, 고파高波와 지리산의 임걸년林傑年[4] 등의 부대는 상당히 강성하여 관군을 여러 번 격파한 다음에 마침내 멸망하였다.

그러나 당시 이들 중 가장 큰 부대는 이몽학李夢鶴*이었다. 몽학은 경기도 사람의 서자로서 일찍이 충청, 전라에서 방랑하였으나 전국이 장기화함을 보고 한현韓絢과 함께 전쟁 제4년(을미)에 정산定山(충청도) 쌍방축雙防築에서 기병하여 홍산, 정산, 청양, 대흥 등 제읍을 차례로 함락하고 수령들을 체포 혹은 구축

* 수년 전 어느 희곡 작가에 의하여 만들어진 〈이순신 장군〉[5]이란 연극을 연출하는데 이순신과 이몽학을 한 감옥 한 방에 넣어서 마치 동지 간의 심정과 불행을 서로 위로하는 장면을 보이었으니 이는 역사적 사실을 왜곡하였을 뿐만 아니라 당시 조국의 환경과 장군의 애국적인 사상을 이해치 못하고 도리어 계급투쟁과 조국보위전쟁을 기계적으로 혼동시키는 망발에 지나지 아니하였다.

---

3 부연한다면 주나라 무왕이 은나라 주왕을 치기 위해 은나라 목야에까지 진출하였다. 강태공은 주나라를 건국한 공신.
4 명종 때의 초적 두목. 임걸령이라는 고개의 이름이 여기서 나왔다고 한다.

했으며 1만여 명의 군중으로 홍주를 진공하다가 목사 홍가신洪可臣과 수사 최호崔湖 등에게 피살되어 반란은 드디어 평정되었다.

이 '반민'들은 지방의 인민과 산병들을 획득하기 위하여(혹은 의병부 대에 참가하였던 것으로) 저명한 대신, 병사, 수사와 인민의 신망을 받고 있 는 의병장들이 자기 봉기에 관계하였다고 선전하였으므로 대신 이덕 형李德馨과 영남 의병대장 곽재우와 호남 의병대장 김덕령 같은 사람 들이 모두 그들의 구초口招에 올라서 이덕형은 40일이나 석고대명席藁 待命6하였고 곽재우는 수개월 동안이나 구금拘禁을 당하였고 김덕령은 결국 형장 끝에 죽었다.

이때 전국이 지리해 가는 것을 한탄하며 정권 당국의 무능력과 나 라 일을 그릇되게 하는 당파의 행동을 통탄하며 또 전란으로 인민이 도 탄에 빠져 가는 것을 항상 불쌍히 여기는 이순신 장군이 '반란민'의 구 초에 오르지 않았던 것은 다행한 일이었다. 만일 조국과 인민을 집어 삼키려는 외적이 국내에 들어와 있지 않았다면 또 강대한 침략자에게 연속으로 타격을 주던 이때의 장군이 아니었다면 장군의 평민적 성격 으로서는 착취와 억압을 반대하는 '반란민'에 대한 관심과 시각이 전연 달라졌을 것은 틀림없었을 것이다.

장군의 각종 유문遺文 중에 당시 '반란'과 '토비土匪'에 관한 지적이

---

5 이 연극은 해방 후 좌익 연극운동의 주축이었던 김태진金兒鎭(1903~1949)이 월북 후 1948년 창작하 여 같은 해 나웅의 연출로 평양시립극장에서 공연된 〈이순신 장군〉일 가능성이 높다(신고송, 〈연극동맹: 연극동맹 4년간의 회고와 전망〉, 《문학예술》 1949년 제8호: 전지니, 〈우상에 갇힌 민족연극의 구상: 김태진의 리 순신 장군(1948)에 대한 소고〉, 《한국문학과 비평》 58, 2013: 문경연, 〈월북 예술인 김태진과 발굴 희곡 〈임진왜 란〉(1946) 고찰〉, 《한국극예술연구》, 49, 2013 참조).

6 거적을 깔고 엎드려서 임금의 처분이나 명령을 기다리던 일.

가끔 있었으나 지배계급의 입버릇과 같이 민중을 모욕, 타매唾罵하는 언사는 한 번도 없고 다만 그들의 고난한 경우를 통탄하며 불쌍히 여겼다. 또 반면에 이와 같이 위급한 국란 중에 내란을 일으켜 강포무비한 외적의 침략에 대한 인민의 투쟁 역량과 단결심을 분산시켜서 적을 유리케 하고 조국을 파멸로 인도하는 것은 대체로 허용할 수 없는 무자각하고 무사려한 난민亂民적 행동으로서 배척하였다.

장군의 장재와 전공에 대한
원균의 시기, 당파의 중상,
적의 이간책 및 재침략의
준비와 화의의 파열

將才

戰功

14

장군은 앞서 서술한 '반민'들의 말밥에는 오르지 않았으나 불행하게도 장군의 명성과 전투공훈이 커짐에 따라 원균의 시기, 당파의 중상 또는 적장들의 이간 등 이들의 집중적인 대상이 되었다.

첫째, 원균의 소인小人적 죄악이 중대하게 작용하였다.

원균은 경상도 우수사로서 개전 즉시 패배 도주하여 단신單身 단선單船으로 장군의 구원부대에 참가하여 그 뒤 계속해서 전승의 명예를 나누어 왔었다.

합작의 일원인 전라 우수사 이억기는 항상 장군의 인격과 전략에 대하여 충심으로 감복하였으나 원균은 장군의 전공을 시기하여 이유 없는 불평과 중상을 일삼았다. 그는 일체 언어와 행동도 애국 군인에게 있을 수 없는 태도를 취하였다. 장군의 〈난중일기〉에 의하면 "그의 흉험, 시기는 말할 수 없다"라고 하였으며 그가 술을 과도히 마시며 미녀를 전선에 싣고 다니는 것을 보고 "국가 위급한 때를 당하여… 대장 원 수사가 또한 그러하니 어찌할 것인가?"라고 하였다. 또 "원 수사의 말하는 것이 극히 흉사凶詐하기 이를 데 없으니 이러고 나랏일을 같이하는 것은 후려後慮가 없을 것인가?"라고 하였는데, 이러한 논평은 모두 장군이 전라 좌수사로 있을 때의 기록이었다. 장군은 통제사가 된 뒤에도 그를 탄하지 않고 더욱 아량으로서 포용하였으나 그는 선배로 자처하고 장군의 지위가 자기 위에 오른 것을 크게 싫어하여 불평과 중상을 마지않을뿐더러 군중軍中에서 통제사의 절제를 받기를 부끄러워하여 탈선적 행동을 기탄없이 하였다.

그래서 장군은 군령이 통제력을 갖지 못하면 국사를 크게 그르칠 것이라 하고 을미년, 즉 통제사로 임명된 지 제3년 2월에 인책사직引責辭職하니 조정에서는 장군을 그냥 유임시키고 원균을 충청도 병사兵使로 전임시켜서 그의 난관을 해결하였다. 그러나 원균은 쌓았던 소인적 감정을 풀지 않고 일부 요인들(서인과 북인)과 결탁하여 장군을 백방으로 무함誣陷하고 자기가 통제사로 되기를 책동하였다.

그의 무함 중상의 요지는, 즉 제1차 해전에서 이순신이 응원하러 오기를 싫어하는 것을 자기가 몇 번이나 간청해서 왔으며 그 뒤 여러 번 합작할 때에도 자기 공로가 더 많았으며 또 자기는 용감하게 진군하여 왜적의 소굴을 철저히 박멸하려 하나 순신이 비겁하여 듣지 않으므로 적의 세력이 이같이 지속되고 있다는 것이었다. 이뿐 아니라 그는 이순신이 자기 해군을 근거로 '해상왕海上王'이 되려 한다고 하여 국왕에 대한 역신逆臣으로 무함하였다. 이러한 악선전이 날로 조정에 반영되는 것을 장군은 잘 알면서도 일향 변명하지 않고 방임하여 그 내용을 모르

* 원균의 이 무함과 전후하여 이일의 중상이 또한 적지 않은 영향을 주었다. 이는 일찍이 이일이 북병사로 있을 때 장군의 녹둔도 전공을 시기하여 죽이려 하던 그 악감을 가지고 있었던 까닭이다.

는 사람들은 흔히 원균을 옳다 하고 장군을 오해하게 되었다.*

* * *

둘째, 당파의 죄악이 정치적으로 중대한 작용을 한 것이었다.

처음부터 장군을 장재로 특천한 사람은 당시 동인의 중진重鎭이며 나중 남인의 영수로 지목받은 유성룡이었으므로 그를 미워하는 당파는 따라서 장군까지 미워하였다. 그리하여 조신朝臣들 중에 남인 당파는 장군을 지지하고 서인과 북인 당파는 대개 원균을 지지하여 이 상태가 장차 장군에게 큰 화를 미치게 되었다.

그러나 원래 장군은 불우한 무인이므로 당시 귀족과 사대부들의 정권 쟁탈을 중심한 당파 싸움과는 아무런 관계가 없었을뿐더러 도리어 그것을 증오하고 걱정하였다. 자기를 특천한 유성룡과 깊은 정실 관계가 없었음은 물론이며 그와 동일한 당파라고 해서 특천한 것도 아니고 또 장군이 스스로 요구한 것도 아니었다. 이는 단순히 두 사람이 일시 동리同里 관계로서 군사 예술을 서로 토론하는 기회에 장군의 탁월한 포부가 유성룡의 인정을 받았던 때문이었다. 유성룡의 사람 알아보는 감식鑑識은 높이 평가될지언정 남인 영수가 유성룡이라고 해서 장군도 남인화할 리는 만무하였던 것이다.

장군의 〈난중일기〉를 보면 전쟁 시작의 전후에 수차 통신하였는데 임진왜란이 나던 그 전달, 즉 3월 5일 기사에 "저녁때 상경했던 진무鎭撫(군관)가 들어와서 좌태左台(좌의정. 당시 유성룡)가 보낸 서한과《증손전수방략增損戰守方略》일책을 본즉 수전, 육전, 화공火攻 등 사항을 일일이 논술하였으니 참으로 만고의 기론奇論이다"라고 하였으며, 임진 다음해(계사) 8월 1일 기사에는 "새벽꿈에 거대한 궁궐이 있고 모양이 경성과 같은데 영상領相(영의정. 수상. 당시 유성룡)과 함께 국왕이 서쪽으로 피난간 일을 언급하며 눈물을 뿌리고 탄식하였다…"라고 하였으며 또 전쟁제3년(갑오) 8월 30일 기사에는 "김양간金良幹이 경성으로부터 가지고 온 영태令台(영상. 당시 유성룡) 및 심충겸沈忠謙의 편지에 분의憤意가 많다. 원 수사(원균) 일은 극히 놀랄 만하다. 내가 머물거리고' 나아가 왜적과 싸우지 않는다(逗留不前)하니 이는 천추에 탄식할 일이다"라고 하였다.

이런 것을 보더라도 장군과 유성룡 사이에 서로 알아주고 믿어 준 것은 사실이나 어디까지나 국사를 중심한 공정한 태도였으며, 나중 '분의'운운은 어림컨대 원균(수사로 있을 때)이 자신은 용감히 나가 싸우려 하나 통제사 이순신이 머물거리고 싸우지 않는다고 조정에 무고誣告한 것을 유柳, 심沈 등은 분개한 것인 듯하나 이도 유성룡의 국사를 위한 감정이었고 장군을 자기 당파로 옹호하는 감정은 아니었다.

* * *

셋째, 적장의 장군에 대한 이간책이 결정적 효과를 발생할 수 있는 기회가 도래하였다.

이때 좌상 윤두수가 국왕에게 올린 글(계사 3월 8일)에 "유키나가와 기요마사는 모두 일본의 맹장들로 공을 시기하고 재능을 다뤄 서로 지

---

1 '머뭇거리고'의 경남 방언.

려 하지 않고 유키나가가 평양에서 패전한 것을 기요마사가 도리어 기뻐한다"라고 하였으며(《선조실록》) 영상 유성룡이 국왕에게 올린 글(동년 3월 16일 동파東坡 발)에는 "기요마사, 유키나가 두 놈이 서로 시기하니 이도 또한 그 도당을 이간할 수 있는 때라"라고 하였다(《징비록》). 이와 같이 유키나가와 기요마사가 적의 양대 선봉장으로 서로 시기하고 공을 다툰 것은 사실이었으며 또 화의에도 의견 차이가 있었다. 이것을 안 조선의 조정과 명나라 장령들은 두 놈에 대한 이간 공작을 개시하였다. 그리하여 전쟁 제3년(갑오) 4월경에 조선 의승義僧 유정(사명대사)은 명나라 장수 유정의 사자로서 기요마사를 울산 서생포에 가서 회담하고 적의 내정을 탐지하며 기요마사와 유키나가의 간극을 조장하려 하였다.

그리고 동년 9월경에 경상우도 병사 김응서金應瑞는 도원수 권율의 승인하에 유키나가의 부하요 통역인 요시라要時羅[2]를 접견하고 적정 타진에 노력하였다. 그 뒤 수년을 두고 이상과 같이 두 적장에 대한 이간 공작이 계속되었다.

그러나 그 공작의 결과를 본다면 우리 측의 두 적장에 대한 이간책을 그들은 도리어 이용하였다. 다시 말하면 그들은 "장계취계將計就計(남의 계책을 자기 계책으로 이용한다는 뜻)"로써 이순신 장군을 해군에서 제거하는 데 한 개 계기를 제공하였다. 자기 편의 기밀을 보장하지 못한 우리 측이 적의 기밀을 이용하기 전에 적에게 이용된 것은 필연적 사세였다.

수년을 끌던 소위 화의가 결국 파탄되어 전국이 휴식 상태에서 다

---

2   본명은 가케하시 시치다이후梯七大夫, 속명 요시로與四郞, 우리말에 능통한 이중첩자.

시 급속히 교전 상태에로 들어가게 되었고 이 모든 복잡 미묘한 정세는 적군의 장군에 대한 이간책을 객관적으로 순조롭게 실현시켰다.

그 정세에 대하여 간단히 설명하면 다음과 같다.

1. 화의의 파탄이다. 종래 명나라 조정에서는 비강화파非講和派가 우세하였지마는 병부상서 석성 이하 동정東征 장령들은 심유경의 기만적 언사를 믿고 처음에는 도요토미 히데요시를 일본 국왕으로 책봉한다는 조건으로써 적군을 조선에서 먼저 철거시키려 하였으며 나중에는 책봉한 다음에 철거시키려 하였다. 그리하여 명나라 책봉사冊封使 이종성李宗誠, 양방형楊方亨은 을미년, 즉 전쟁 제4년 1월경에 북경으로부터 부산에 와서 체재하였는데 비겁한 이종성은 소위 상사上使로서 야간도주하여 자기 국가의 위신을 손상시키는 추태를 연출하였고 그 이듬해(병신년) 6월경에 양방형, 심유경은 조선 사신 황신黃愼, 박홍장朴弘長과 함께 바다를 건너 9월경에야 비로소 경도京都 후시미성伏見城[3]에 가서 도요토미 히데요시를 회견하고 책봉예식을 거행하였다.

그러나 침략의 괴수는 이것으로 만족하지 않고 조선 국왕의 '무례'(두 왕자를 놓아 보낸 데 대한 사례가 없다는 것 등등)를 책언責言하는 동시에 조선에 재출병할 것을 공공연히 말하였다. 그러나 명나라 사신 양방형 등은 돌아와서 이 엄중한 사실을 다시 자기 조정에 충실히 보고하지 않고 모호하게 하려 하였으나 조선의 사신 황신은 11월경에 귀국하여 화의의 결렬과 적이 재차 침략하려는 진상을 국왕에게 보고하고 따라서 명

---

3 도요토미 히데요시가 1592년부터 교토에 지은 성. 1596년 지진으로 무너져 고하타산木幡山으로 이축하여 재건. 교토의 관문을 점했다. 원문에는 '대판(오사카) 복견성'으로 잘못 기재되었다.

나라 조정에까지 반영시켰다. 그리하여 도요토미 히데요시가 강화 교섭으로 채우려 한 최소한도의 욕망이 일본 국왕 책봉에 만족하는 것이 아니라 입공, 즉 중국과의 통상인 것은 물론 심유경이 중간에서 반복한 기만적·협잡적 행동도 전적으로 폭로되었다.

2. 적군의 재출병 준비의 완료다. 적군이 처음 경성에서 퇴각하여 부산 등지로 와서 진주성을 합력 공파하였지마는 그때 해안 근거지의 구축은 아직 충실하지 못하였으며 이순신 장군의 공세가 바야흐로 강력하게 적을 위협하였다. 또 적은 본국에서 군량 공급을 받았으나 병원 보충은 아직 받지 못하였으므로 화의라는 기호 밑에 명나라 군대의 철환을 촉진하고 조선군의 진격을 견제하는 동시에 자기들이 병졸을 교체하는 기회를 기다렸던 것이다. 즉 앞서 서술한 양방형, 심유경 등의 도일渡日을 전후하여 부산 각지에 유둔하던 적군은 소수를 남겨 놓고 거의 철환하였는데, 이는 이 기회를 이용하여 노약, 피곤, 질병 및 사향자思鄕者들을 귀국시키고 새로 징발한 병졸을 내보낼 계획이었다. 이 신대원의 동원은 화의 결렬과 동시하여 완성하였으므로 화의를 중단한 것은 곧 재출병을 의미한 것이었다.

3. 적군의 전쟁 성적과 도요토미 히데요시 자신 및 그 국내사정의 변화다. 히데요시가 처음 출병할 때에는 소 요시토시, 고니시 유키나가 등의 과장되고 오산적인 보고에 기초하여 돌연히 출병하였으나 그 결과는 소망과 예산에 큰 거리가 있었으므로 명나라와 조선 전국을 침략하는 것이 절대로 무모한 것을 깨닫고 조선의 연해 지방, 즉 경상, 전라 일대를 약탈 강점할 것으로써 만족하려 하였다.

이뿐만 아니라 화의가 오락가락하는 수년 동안에 히데요시의 아들 히데요리秀賴가 출생하여 이미 관백의 지위를 계승시켰던 양자 히데쓰구秀次를 죽인 것과 조선 침략을 위한 군대 및 군량의 대량 보급으로 일본 국내의 민심이 극도로 불안과 불만을 가지고 있는 이러한 사정들로 히데요시는 소위 국내 정리에 한동안 고심하지 않을 수 없었다. 그는 대내적으로 명나라에게 일본 국왕 책봉을 받아서 자국 인민에게 떨어져 가는 자기 위신을 유지하려 하였으며 대외적으로는 조선의 무례를 지적하여 화의 파탄의 책임을 조선에 전가하는 동시에 조선 출병에 대한 구실을 만들고 '명목 없는 출병'이라는 국제적 비난을 회피하려 하였다.

장군의 면직 및 투옥과
投獄

원균의 통제사 임명

15

이상에서 서술한바 내외 정세의 교호적인 변화에 의하여 1597년 왜적의 재침략, 즉 소위 '정유재란丁酉再亂'이 발작되었다.

이것을 엄밀히 규정하면 소위 정유재란의 참혹한 피해는 이순신 장군의 파면과 원균의 통제사 임명이 중요한 원인이었다. 만일 그 당시에 장군과 원균이 교체되지 않았다면, 그 후 2년에 걸친 공방전은 전연 다르게 전개되었을 것이다.

그러면 장군의 통제사 파면과 원균의 대임의 직접적 경로는 어떻게 진행되었던가?

이때 침략의 괴수 도요토미 히데요시가 화의 파탄을 선언하고 출병을 개시하였으나 이순신 해군이 견제하는 이상 그것이 일개 곤란할 것은 유키나가와 기요마사가 모두 동감하였으므로 그들은 자기 양인의 불화를 조선에게 중요한 모략의 재료로 이용하였다. 앞서의 황신과 거의 동시로(전쟁 제5년 병신 11월 말경) 일본에서 귀진한 유키나가는 요시라를 시켜 김응서를 통하여 도원수 권율에게 말하기를 "이번 화의가 파열된 것은 모두 기요마사의 방해 때문이니 나는 그놈을 심히 미워한다. 이제 기요마사가 일본에 갔다가 돌아오는데 어느 날 어느 지점에 도착할 것을 나는 잘 알고 있으니 조선은 통제사 이순신으로 하여금 수군을 영솔하고 해상에서 맞아 치면 조선 수군의 위력으로 반드시 기요마사를 잡아 죽일 것이다. 그러면 조선은 원수를 갚을 것이며 나(유키나가)의 마음도 통쾌할 것이 아닌가. 아무쪼록 기회를 놓치지 마라"라고 하였다.

도원수 권율은 무모하게 아무 재량도 없이 이것을 좋은 기회로 알고 그대로 국왕에게 보고하였으며, 국왕은 곧 비변사 제신을 소집하여 문의하니 윤근수尹根壽가 이 기회를 놓치지 말고 꼭 실행할 것을 여러 번 요청하였다. 그러나 황신은 말하기를 "유키나가와 기요마사가 비록 서로 사이가 좋지 않다 하나 신은 자고로 심모深謀와 비계秘計를 적에게 받았다는 말은 듣지 못하였으니 무모하게 실행할 수 없다"라고 하였다.

국왕은 황신의 의견을 옳게 여기고 그를 위유사慰諭使라는 명칭 밑에 장군의 진중에 가서 비밀히 의논하게 하였다. 장군은 이 말을 듣고 논란하기를 "해로가 험원한데 적은 반드시 복병을 두어 대기할 터이니 전선을 많이 가지고 가면 적이 모를 리가 만무할 것이고 적게 가지고 가면 도리어 적의 습격을 받을 것이다"라고 하여 실행치 않았다. 장군의 명철한 예견에는 적의 간계가 도저히 숨겨질 수 없었으며 또 "지피지기한 다음에 백전백승한다"는 것은 장군의 원칙이었다. 앞서 적의 전 부대가 해안에 내려오지 않았을 때에도 장군은 수륙 합공이 아니면 부산 등지에 있는 해적의 소굴을 쉽게 소탕하지 못할 것을 주장하여 왔는데, 하물며 적의 전 병력이 이미 해안 각처에 근거지를 견고하게 구축하였고, 또 적이 신공세를 준비하고 있는 이때 우리 해군이 고군전진하는 것은 전략상 절대 착오인 것을 장군은 밝게 예견하였던 것이다.

그 뒤 기요마사는 과연 요시라가 지적한 시일과 장소에 소수의 전선을 가지고 공공연하게 도착하였으나 이는 유키나가와 긴밀하게 공모하여 우리 해군을 유인하려 하였던 것이다. 그러나 장군의 명견으로 그들의 음모는 결국 실패로 돌아갔다. 그리하여 요시라는 다시 김응서에게 와서 "기요마사가 이제 상륙하였는데 조선 해군이 어째서 우리가 내통한 말대로 해양에서 맞아 치지 않았는가?"라고 하며 대단히 애석해 하였다.

이때 정유년(전쟁 제6년) 1월 21일에 도원수 권율은 요시라의 약속을 신기한 군기로 믿고 장군이 이것을 실행하지 않을까 염려하여 한산도 진중에 일부러 와서 장군더러 "기요마사가 곧 다시 건너올 것이니 해군은 마땅히 요시라의 약속을 좇아서 기회를 잃지 마라"라고 하였다. 그리고 권율이 자기 대본영(그때 함안에 있었음)으로 돌아가기 전에 웅천에서 오는 정보에는 1월 15일에 기요마사가 벌써 장문포場門浦에 상륙했다고 하였다.

이때 요시라는 또 거짓말을 전파하기를 "기요마사가 단선單船으로 바다를 건너오다가 바람을 만나 수일 동안 유박하고 있었으므로 내가 급히 이 통제李統制에게 통지해 주었으나 이 통제는 의심하고 겁이 나서 맞아 치지 않았다"라고 하며 장군에 대한 비난을 환기하였다.

이때 원균의 적극적 중상과 반反 남인파(북인과 서인)의 책동으로 일부 관료들이 장군을 "큰소리만 하고 임금을 속인다(虛張大言, 欺罔君父)"라고 공격하던 판이었다. 그리고 이 소문을 듣고 기가 더 나서 대간을 시켜 이순신의 죄명을 '종적죄縱賊罪(적, 즉 기요마사를 놓아 보냈다는 죄)'로 규정하고 잡아 올려서 심문하기를 국왕에게 건의하였으며 박성朴惺(전 현감)이란 자는 상소하여 이순신을 죽여야 한다고까지 하였다.*

* 병신년 12월 27일에 도체찰사 이원익은 도원수 권율에게 밀유密諭하여 경상 우병사 김응서로 하여금 요시라, 야나가와 가게나오[1] 두 왜인에게 첨지僉知의 관위를 주어서 일본군의 동정을 탐문케 하였으며, 정유년 1월 13일에 경상도 각 진영의 위무사 황신은 우병사 김응서와 요시라에게 벼슬 줄 것을 상의하고 조선 의관衣冠과 은 80냥을 주며 또 관교官敎(사령장)를 주니 그는 희색이 만면하였다(《선조실록》).

* * *

이상과 같은 사태에 의혹된 국왕은 의금부義禁府로 하여금 장군을 잡아 올리게 하며 동시에 원균을 대신 통제사로 임명하였다. 이때 장군은 함대를 인솔하고 가덕도에 가서 있다가 체포령을 듣고 곧 본영에 돌아와서 진중 소유 물품을 전부 계산하여 원균에게 넘겨주니, 군량미는 외처에 있는 것을 제하고 재고량이 9914석이며 화약은 4000근이며 총포는 각선 분재품을 제하고도 300자루가 있으며 기타 물품은 대개 그와 같은 정도였다.

때마침 도체찰사 이원익은 영남에 있다가 장군에게 체포령이 내렸다는 말을 듣고 급히 국왕에게 상소하여 "왜적이 겁내고 꺼리는 것은 우리 해군이니 이순신은 변동할 수 없고 원균은 대임할 수 없다"라고 하였으나 조정은 듣지 않으므로 그는 국사가 다시 어찌할 수 없다고 개탄하였다.

---

1   임진왜란 때 고니시 유키나가가 강화를 위해 요시라와 함께 조선 측에 파견한 사자.

당시 남방 인민들은 장군을 부모로 알고 장군의 해군을 국가의 큰 보장으로 믿고 있었다. 정유년 2월 26일에 장군이 한산도 진문陣門을 떠나서 일개 죄인으로 경성에 압송되어 가니 전군 장병은 모두 눈물을 흘리고 소리쳐 울며 천 리나 되는 도로 연변에 인민들은 남녀노소 할 것 없이 모두 길을 가로막고 "사또는 어디로 가십니까? 우리는 이제부터 죽습니다"라고 하면서 통곡 소리가 길에 잇대었다.

3월 4일 저녁에 장군은 경성에 도착하여 금부 옥중에 들어갔다. 사람들이 장군을 보고 "지금 상감님이 대단히 노여워하고 조정 공론公論이 또 엄중하여 일이 어찌될지 모르겠으니 어찌할까"라고 하니 장군은 태연자약한 태도로 "죽고 사는 것은 천명이니 내가 마땅히 죽지 않을 것이다"라고 대답하였다.

이때 국왕은 사성司成 남이신南以信을 한산도에 보내서 장군에 관한 사실을 탐문케 하였더니 그도 원균을 지지하고 장군을 무함하기를 "기요마사가 건너오다가 배가 섬의 암초暗礁에 걸려서 7일 동안이나 움직이지 못하였는데 이순신이 이 좋은 기회에 가서 맞아 치지를 않았다"라고 하였다. 그러나 경림군慶林君 김명원이 경연慶筵(국왕이 청강하는 자리)에 입시入侍하였다가 아뢰기를 "배에 익숙한 해적으로서 7일이나 암초에 걸려 있었다는 것은 허언虛言 같다"라고 하니 국왕도 이 말에는 긍정하였다.[*]

12일에 고문에 대한 장군의 공술이 있었다. 처음 장군이 체포되었

* 유성룡의 《징비록》에 이순신이 "옥중에 있을 때 일이 어찌될지 알 수 없었다. 어떤 옥리獄吏가 비밀히 순신의 형의 아들 분芬에게 말하기를 회뢰賄賂를 주면 면할 수 있다는 것이다. 순신은 그 말을 듣고 성내여 분을 책하기를 죽게 되면 죽을 뿐이요 어찌 정도正道를 위반하여 가면서 구차히 살기를 구하랴 하였으니 그의 지조가 이와 같았다."

을 때 수군 장령들의 친속으로서 경성에 있던 자들은 혹시 장군이 자신들에게 죄를 전가할까 봐 모두 공포하더니 급기야 공술하는 마당에 장군은 조금이라도 남을 걸어 대지 않고 조리정연하게 사실을 공술하니 듣는 사람들이 모두 탄복하였다.

장군이 옥중에 있을 때 전라 우수사 이억기는 편지로 위문하기 위하여 사람을 시켜 말하기를 "수군은 얼마 안 되어 반드시 실패할 것이니 우리는 어디서 죽을지 알 수 없다"라고 하였다.

때마침 북도 무사들이 무과武科 보러 경성에 왔다가 장군이 입옥한 것을 듣고 모두 분개하며 국왕에게 상소하여 장군을 석방하고 북도 병사를 시켜 달라고 청원하였다.

이때 일부 조신들이 이순신을 무함하는 주지主旨는 그의 특천자인 유성룡을 장군의 사건에 연루시켜서 타도하자는 것이므로 유성룡은 자기가 직접 조언하면 도리어 장군에게 불리할까 하여 침묵을 지키며 그의 친우요 동료인 좌상 정탁으로 하여금 구소求疏를 올리게 하였다. 구소의 요지는 순신은 공훈이 많은 명장이니 죽일 수 없다는 것과 군사 기밀은 멀리서 억측할 수 없다는 것과 그가 기요마사를 맞아 치지 않은 것은 반드시 중요한 이유가 있으리라는 것을 극히 완곡하고 명백하게 논술하였다. 그리하여 다행히 사형에는 이르지 않고 공과 죄가 상쇄한다는 판결로 4월 1일에 석방되어 장군은 백의白衣(관작 없는 자)로서 도원수 권율의 막하에 가서 종군하여 공을 세워서 죄를 벗으라는 명령을 받았다.

장군은 옥문을 나서서 도원수 본영으로 가는 도중에 늙은 어머니가 사망한(4월 11일) 소식을 13일에 들었다. 장군은 본래 효성이 지극하여 다년 전진 중에서도 항상 그 어머니의 안부를 탐문하고 그의 〈난중일기〉에 반드시 기입하였다. 3년 전, 즉 전쟁 제3년 1월에 장군은 잠깐 여가를 얻어 81세의 노모를 순천의 피난소에 가서 보았다. 떠나 올 때에 그 어머니는 조금도 슬퍼하는 기색이 없고 "잘 가서 국가의 치욕을 크게 씻어라"라고 재삼 격려하였는데 그 후 충청도 아산에 이주해 있다가 장군이 체포되어 옥중에 들어갔다는 소식을 듣고 곧 병이 나서 이 세상을 떠났다. 장군은 "국가에 충성을 다하려 하나 죄가 이미 몸에 더하였고 어버이에게 효도를 다하려 하나 어버이가 또한 돌아가셨다"라고 하면서 통곡하였다. 장군은 압송 관리에게 간청하여 아산 상가에 들러서 성복례成服禮를 마치고 곧 떠나서 도원수 막하로 갔었다.

* * *

장군이 통제사를 해임한 뒤에 원균은 어떤 태도로써 등장하였던가?

그는 장군을 객관적으로 적과 협력하여 떠밀어내고 자기가 통제사가 되어 한산도 본영에 이르자 곧 장군의 종래 방침을 전부 변경하고 조금이라도 장군의 신임을 받던 사람이면 장병을 불문하고 모두 배척하였다. 또 자기 부하 이영남이 개전 초에 자기가 적을 보고 패주한 사실을 잘 알고 있다 하여 더욱 그를 미워하니 군사들의 마음은 원한과 분노로써 찼었다.

일찍이 장군이 군사상 참모와 협의를 위하여 지어 놓은 운주당에는 원균이 애첩을 갖다 두고 겹울타리를 만들어 안팎을 격리시켜서 부하 제장들이 자기를 대면할 기회가 쉽지 않도록 하였다. 그는 천성이

술을 좋아하여 날마다 맨주²가 되었으며 부하 장병에 대한 형벌은 상도 常度를 잃어버렸다. 군사들은 서로 귓속말로 우리가 만일 적군을 만나게 되면 도주할 뿐이라 하며 제장들도 손가락질하고 비웃어 조금도 대장을 존경하지 아니하였다. 이 때문에 군중에는 명령과 기율이 전연 시행되지 않았다.

일찍이 장군이 원균에 대하여 여러 번 우려하던바 주색에 방종하고 성질이 흉험한 것은 그의 지위가 높음을 따라 국사를 그르치는 범위가 더욱 크게 되었다.

---

2   취하다는 뜻인 듯하다.

정유재란

丁酉再亂

원균의 패전과

16

이미 논술한 바와 같이 적의 괴수 도요토미 히데요시는 명나라 사신 양방형과 조선 사신 황신 등을 대면하여 화의 파열의 책임을 조선에 전가하고 재차 출병할 의도를 공공연히 표명하였다. 그리하여 전쟁 제6년, 즉 정유년 1월 14일에 기요마사는 다시 건너와서 자신의 부하에게 죽도竹島[1]의 보루를 중수重修하고 부산의 수병戍兵과 합하여 기장機張을 웅거하고 양산을 공격하여 그 지방의 관리를 구축하라고 지시하였다. 그다음 자기는 울산의 서생포에 들어갔다가 동월 15일에 부산 외양으로부터 두모포豆毛浦[2]에 나왔으며 2월 1일에 고니시 유키나가는 부산의 자기 보루를 수축하고 장기 주둔할 계획을 세웠으니 이는 모두 재차 침략에 대한 준비 공작이었다.

히데요시는 2월 21일에 새로 편성한 부대들에게 동원령을 내렸으

---

[1]   김해군 죽도(현재 부산시 강서구 죽림동). 임진왜란 당시 일본군이 산성을 쌓은 곳이다.
[2]   현재 부산 기장군 기장읍 죽성리.

며 장령들은 전과 별로 다름이 없고 병사의 수는 15만 명이며 고바야카와 히데아키小早川秀秋[3]와 구로다 요시타카黑田孝高[4]가 총지휘하였다. 이번 출병에도 히데요시는 명나라까지 침입한다고 호언하였으나 사실은 먼저 패전에 대한 한 개 '분병忿兵'으로서 경상, 전라 지방을 약탈 혹은 강점하려는 데 불과하였다. 적의 이러한 형세에 대응하여 명나라 조정에서는 어떠한 대책을 취하였던가?

동년 1월에 명나라 사신 양방형은 북경에 돌아가서 허위 보고하기를 히데요시는 일본 국왕 책봉을 공손히 받고 기뻐서 날뛰었으며 화의가 성립되었으므로 곧 조선에서 철병할 것이라고 하였다. 그러나 이보다 먼저 조선 국왕의 진상 보고가 있었을 뿐 아니라 중국의 남북 변경에서 왜적이 다시 활동한다는 첩보가 계속 들어왔으므로 명나라 황제(신종)는 양방형을 추궁하여 사실을 고백케 하였다. 그리고 조선에 머물고 있는 양원楊元에게 명령하여 심유경을 체포하여 '매국욕군賣國辱君' 죄로 북경에서 참형斬刑하였으며, 사정을 알면서 심유경을 방임한 병부 상서 석성을 투옥하고 전 병부상서 전락田樂을 석성에 대임하게 하였다. 또 병부 좌시랑左侍郎 형개邢价[5]로(손광孫礦의 대신) 흠차총독欽差總督을 삼아 계薊, 요遼, 보정保定 등지에 주재하며 왜적을 방어하고 양정糧政을 처리하게 하며, 요동포정사遼東布政司 양호楊鎬를 흠차조선경리, 조선 군무어사軍務御史로 삼아 평양에 주재하게 하며, 흠차도독 마귀麻貴로 하여금 조선에 주재하여 여러 장병들을 지휘케 하였다.

---

3 고바야카와 다카카게의 양자.
4 일본 센고쿠시대 다이묘. 부젠국豊前國 나카쓰中津 성주.
5 최익한은 '경개'라고 표기하였다.

그리하여 마귀가 5월에 요양遼陽에서 압록강을 향하여 출발하니 영솔한 병사의 수는 1만 7000인이었으며, 양호는 다시 자기 황제에게 상소하여 사천, 절강, 계, 요, 선宣, 대大, 척陟 등 제처의 군인과 복건 오송吳淞의 수군을 출동할 것과 또 유정으로서 천川, 한漢병 6700을 인솔하고 뒤이어 나와서 응원하기를 청하였다. 명나라가 전후前後 동원한 군사의 수가 약 14만여 명에 달하였다.

3년 여나 휴식 상태에 빠져 있던 세 나라의 전쟁 국면엔 돌연히 풍운이 재발하였다. 이때 우리 조선의 대응의 태세는 또한 어떠하였던가?

조선은 본래 화의를 배척하고 주전主戰주의로 일관하여 오던 다음에 앞서 서술한 사신 황신의 속보를 받고는 일면으로는 명나라 조정에 전달하며 타면으로는 청야 전술을 강화하였다. 즉 전국 각 군, 현 인민에게 명령하여 부모처자는 곡물, 가재와 함께 모두 부근 산성에 옮기되 무거워서 이동하기 어렵거나 또는 거리가 멀어서 운반할 수 없는 것은 부근 산간에 매장하여 적병이 이용하지 못하도록 하였다. 그리하여 이원익은 경상도에 달려가서 청야책淸野策을 여행하게 하고 또 호남, 호서 각지에 전령하여 즉시 실행케 하되 명령을 위반하는 자는 군사 법률로 처단하며 산성을 기피하여 다른 곳으로 옮겨 가는 자는 친왜인親倭人으로 규정하고 적발되는 대로 처단하게 하였다.

* * *

이때 이순신 장군의 통제사 파면은 왜적의 재출병에 극히 유리한 기회였다. 유키나가는 전번에 권율과 김응서를 속여 장군을 넘어뜨리고 이제 다시 그들을 속여 원균의 해군을 전복하려 하였다. 유키나가의 통역인 요시라는 다시 김응서에게 가서 말하기를 "전번에 이순신이 기요마사를 맞아 치지 않은 것은 참으로 유감이다. 일본의 새 군대가 곧 부산에 도착할 것이다. 조선군은 해전을 잘하니 일본의 새 군대가 도착하기 전에 속히 가서 기요마사를 맞아 치면 승리할 수 있을 것이다"라고 하니 무모한 도원수 권율은 그 말을 곧이듣고 원균에게 속히 부산 앞바다에 가서 기요마사를 공격하라고 명령하였다.

원균은 전에 이순신이 비겁하여 부산의 적군을 진격하지 않았다는 것으로 장군을 무함하고 자기가 통제사로 대임하였으니 내심으로는 진격하지 않는 것이 득책이 아닌 줄을 알면서도 거절할 염치가 없어서 울며 계자[6] 먹는 격으로 전선 500척을 전부 인솔하고 한산도 본영을 출발하여 전진하였다.

적장들은 원균이 제 놈들의 모략에 빠진 줄을 알고 5년 동안 최대 위협이었던 조선 수군을 단번에 격파하여 소원을 풀려고 하였다. 그래서 도도 다카토라, 와키사카 야스하루, 시마즈 다다쓰네島津忠恒 등의 해군 부대 이외에 우키타 히데이에, 시마즈 요시히로, 조소카베 모토치카, 유키나가 및 기요마사 등의 육군 부대와 합세하여 군사 5만 명과 전선 500척으로써 대전하려 하였다. 경상도 해안에 벌려 있는 왜영들은 원균 함대의 진행을 조금도 방해하지 않고 전방에 있는 자기 부대들에게 차례로 민속히 보고할 뿐이었다.

원균이 고군심입하여 동래 절영도에 이르니 풍랑이 심하여 배가

---

6   겨자의 옛말.

정박할 곳이 없었다. 그러던 차에 적선들이 해양에 출몰하는 것을 보고 원균은 우리 함대를 독촉하여 진격케 하였으나 선원들은 한산도부터 종일토록 달려와서 조금도 휴식하지 못하였으므로 피로와 기갈에 지쳐서 노를 젓지 못하여 진퇴가 질서를 잃어버렸다.

왜적은 우리 수군을 더욱 피로하게 하기 위하여 우리 전선에 가까이 왔다가는 문득 유유히 피하여 접전의 기회를 주지 않았다. 밤은 깊고 바람은 급하여 우리 전선들이 사방으로 흩어져서 서로 갈 곳을 몰랐다. 원균이 간신히 남은 배를 거두어 가지고 가덕도에 돌아오니 군사들이 갈증이 심하여 다퉈 가면서 배에서 내려 물을 마시는데 돌연히 섬 안에서 나타난 적병이 습격하여 우리 장병 400여 명을 죽였다. 원균은 다시 인퇴하여 거제 칠천도漆川島에 이르렀다.

때마침 고성에 있던 권율은 원균의 패퇴가 자기 책임임을 통감하고 그를 곤양昆陽(현 경남 사천군)에 호출하여 형장을 가하여 다시 진격하라고 독촉하였다. 그는 진중에 돌아와서 분노와 번민을 참지 못하여 술을 잔뜩 마시고 취해 누웠으므로 부하 제장은 전투에 대하여 급히 상의할 수가 없었다.

이날 밤에 적의 밀탐선이 우리 진중에 들어와서 한참 동안 돌아보고 나갔으나 군기가 해이해진 우리 장병들은 전연 모르고 있다가 불의의 습격을 받아 군세가 크게 붕괴되었으며, 원균은 거제 해변에 가서 배를 버리고 육상으로 도주하려 하였으나 신체가 비둔하여 잘 걷지 못하여 할 수 없이 소나무 밑에 주저 물러앉았다. 수종자는 모두 흩어져 가 버렸고 그는 마침내 적에게 피살되었다. 때는 동년 7월 16일이었다.

이번 패전에서 가장 애석한 것은 전라 우수사 이억기의 전사였다.

그는 처음부터 이순신 장군에게 충실히 협조하여 전승의 광영을 항상 나누었는데 원균의 절제를 받은 이후로는 우리 수군이 오래지 않아서 몰패할 것을 예견하고 항상 통탄하였으며, 이번 전투 형세가 글러지는 것을 보고 왜적의 총칼이 오기 전에 천추의 원한을 품고 바다에 몸을 던져 죽었다. 또 충청 수사 최호 이하 장병들의 전사자가 부지기수였다. 경상 우수사 배설裵楔은 원균이 반드시 실패할 것을 알고 여러 번 경고하였으며 마지막 날에도 "칠천도는 항내가 험하고 얕아 행선하기 불편하니 딴 곳으로 이진해야 한다"라고 하였으나 원균이 듣지 않으므로 자기 전선 열두 척을 가지고 부근에 떨어져서 대기하고 있다가 적이 항내를 탈취하자 먼저 피하여 소속 수군을 손상시키지 않았다. 그리고 그는 적이 곧 점령할 것을 알고 한산도에 달려와서 건축, 식량, 군기 등을 소각하여 섬의 주민을 모두 딴 곳으로 피난케 하였다. 수년 동안 장군이 고심 노력한 결과 부강富强을 자랑하던 해군 대본영은 하루아침에 폐허가 되고 말았다.

당시 적장 도도 다카토라의 용전勇戰 광경은 "방야芳野의 앵화櫻花보다도 더 큰 장관壯觀이었다"《정한록征韓錄》 나베시마 가쓰시게鍋島勝茂[7]의 평어[8]라고 하였다. 이는 원균 한 사람의 실책으로 말미암아 위력을 천하에 떨치던 조선 해군이 일조에 엎어져 버리고 야수 같은 적장들의 용명만을 부질없이 올려 주었다. 원균의 패전이 원균의 허물인 것은 물론이지마는 이제 말하면 적의 모략을 간파하지 못하고 피차간 정세도 고려

---

7   원문에는 '와도무승鍋島 /茂勝'으로 잘못 기재되었음.
8   평하는 말.

함이 없이 무리하게 진격을 강요하였은즉 패전의 책임이 도원수 권율에게 대부분 있다는 것 또한 부인하지 못할 것이다.

* * *

이번 원균의 패전으로 조선의 제해권이 적의 손에 들어가자 적군은 비로소 한산도를 점령하고 남해와 순천을 차례로 함락하고 수륙병진의 태세를 취하여 다년간 침을 흘리던 조선의 보고寶庫인 호남에 침입하였다. 적은 이로부터 승리의 기세를 타고 호서를 거쳐 경성을 직충하려 하였으니 전쟁 정세는 근본적으로 변화하였다. 이는 앞서의 '임진왜란'에 대하여 '정유재란'(전쟁 제6년, 1597년 재침략)이라고 불렀다.

이때 명나라에서 재차 파견되는 응원부대의 입국은 의외로 더뎠다. 7월 초부터 큰 비가 4, 5일을 계속하여 내리니 평지가 모두 물나라로 변하였으므로 선부宣府(하북성 선화현)와 대동大同(산서성)에서 조발調發된 군사와 마필들은 7월 중순경에 겨우 평양에 도착하였으며 선발대인 마귀 부대는 7월 2일에 겨우 벽제관에 도착하였으나 역시 비를 무릅쓰고 전진하기가 곤란하였다.

이 반면에 왜적은 일단 한산도를 점령한 뒤에 먼저 호남의 요새인 남원을 격파하려 하였다. 앞서의 심유경은 남원성을 지키는 명나라 장령 양원에게 체포된 데 원한을 품고 압송되는 도중에 비밀히 자기 부하 누국안婁國安을 시켜 적장 고니시 유키나가에게 다음과 같이 남원의 정세를 알려 주는 동시에 진공을 권유하였다. "남원은 전라도의 관문이며 동쪽엔 운봉과 조령이 있고 남쪽엔 삼랑 대강三浪大江(낙동강)이 있어서 김해 죽도를 직통한다. 그리고 양원은 조선인과 4000, 5000의 명나라 군사로 이 성을 지키고 있으며 진우충陳愚衷(명나라 장령)은 전주에 주둔하여 이를 협조하고 있으니 한 군대를 가지고 진우충을 견제하면서 남원을 진격하면 점령하기 어렵지 아니할 것이다"(《양조평양록兩朝平攘錄》[9]).

이와 같이 밀통을 받은 적장들은 남원을 호남 강점에 대한 중요한 거점으로 알고 8월 1일 경상도 해안으로부터 삼로로 진공하였다. 즉 제1대의 총장 우키타 히데이에와 선봉장 유키나가 이하 시마즈 요시히로, 하치스카 이에마사, 조소카베 모토치카, 가토 요시아키, 이코마 가즈마사生駒一正[10] 등은 5만 병을 인솔하고 경상우도의 사천, 남해에서부터 전라좌도의 운봉을 노략질하고 남원으로 향하였다. 제2대의 주장 모리 히데모토毛利秀元와 선봉장 기요마사 이하 구로다 나가마사, 아사노 요시나가淺野幸長,[11] 나베시마 나오시게 등은 5만 병을 인솔하고 경주에서 출발하여 밀양, 대구를 지나 전의관全義館에 나서서 만일 명나라 응원군이 경성에서 내려오는 경우에는 이와 일전할 것을 각오하고 남원으로 나아갔다. 또 제3부대의 주장 고바야카와 히데아키는 부산에 체재하고 자신의 부하 야마구치 무네나가山口宗永[12] 등으로 하여금 8000병을 인솔하고 밀양, 현풍을 거쳐 충청도로 향하여 전주의 구원을 차단하게 하였다.

---

9 1606년 명나라 제갈원성諸葛元聲이 간행한 역사서. 명과 조선이 임진년에 왜군을 물리친 내용이 들어있어서 이것으로 제목을 삼은 듯하다.
10 원문에는 '生駒一政'으로 잘못 기재되었음.
11 원문에는 '淺野幸良'으로 잘못 기재되었음.
12 원문에는 '山口玄蕃'으로 잘못 기재되었음.

이때 도체찰사 이원익과 도원수 권율은 경상도내의 산성들을 수축하여 인민과 물자를 성내에 집중시키고 적군을 방비하라고 각처 장령들에게 명령하였으나 적군 진출의 형세가 너무나 돌발적이며 압도적이었으므로 그들은 대부분 퇴각하거나 도피하였다. 오직 의병대장 곽재우가 호왈 10만인 기요마사의 적군이 질풍같이 달려오는 것을 알고 곧 네 고을의 군사를 데리고 창녕 화왕산성火旺山城에 들어가서 사수책을 세우고 대기하였다. 과연 적장 기요마사는 이 고립한 화왕산성을 단번에 삼켜 버릴 듯한 기세로 성 밑까지 왔으나 성의 지세가 험준하고 성내는 정숙한 것을 쳐다보면서 일주야를 망성거리다가[13] 감히 침범하지 못하고 그만 바로 지나갔었다. 그러나 화왕산성을 그냥 지나간 기요마사 부대는 안음安陰(경남 안의)에 이르러 황석산성黃石山城을 격파하였다. 이번 사변이 나기 전에 이원익이 황석산성은 호남과 영남의 요충이며 적이 반드시 쟁취할 지점이라고 하여 현감 곽준郭趁(곽재우의 종숙)으로 하여금 세 읍의 병사를 영솔하고 지키게 하였는데, 이번 적의 압도적 우세로 말미암아 8월 17일에 성이 함락된 동시에 그는 두 아들 이상履常, 이후履厚, 한 딸과 더불어 장렬무비한 네 부자녀의 순절을 청사에 길이 남겼다. 그리고 전 함양 군수 조종도趙宗道(호가 대소헌大笑軒)도 곽준과 함께 밤낮으로 용감히 독전하다가 비장한 최후를 맞았다.

이 호대한 적군의 발악적 공세 앞에서 한두 곳의 수성전으로는 적의 전진을 저지할 수 없었다. 해안에서 조수처럼 밀고 들어오는 야수

---

13   '망설거리다'의 방언. '망설거리다'는 마음속으로 이리저리 생각만 하고 태도를 정하지 못한다는 뜻이다.

떼는 호남과 영남의 전 지역을 진동시켰다. 앞서 서술한 황석산성이 함락되자 이원익과 권율은 운봉을 버리고 다른 곳으로 피하였다. 삼로의 적군이 호남으로 집중하니 명나라 장령 진우충은 전주에서 남원을 구원하러 가려 하였으나 적장 요시히로와 기요마사 등에게 차단되어 출병하지 못하였다. 남원 성내에는 다만 요동 기병 3000명이 있었으며 양원은 전라 병사 이복남과 광양 현감 이춘원李春元과 조방장 김경로金敬老를 급히 소집하여 3일 동안 응전하다가 8월 16일에 자신의 부하와 함께 도주하였다. 결국 그 험준하고 견고한 성새는 히데이에, 유키나가 등의 흉봉에 의하여 함락됨과 동시에 이복남 이하 우리 장병들은 전부 장렬하게 전사하였다.*

이와 같이 왜적들은 일거에 남원을 점령하고 나아가 진주성을 함락하여 진우충을 구축한 다음에 히데이에, 유키나가 등은 남원으로 다시 돌아갔고, 요시히로 등은 순창, 담양으로 향하였으며 모리 히데모토, 기요마사, 나가마사 등은 바로 충청도를 지나 경성을 향하였다. 이 여러 적군은 가는 곳마다 촌락과 산림을 불사르며 인민을 살육하고 재물을 약탈하며 남녀 분별없이 모조리 코를 베어 수급을 대신하였다. 놈들의 잔인 포악한 만행은 임진왜란 때보다 몇 배나 더하였다.**

히데모토, 나가마사 등의 적군

* 뒷날 양원은 도주죄로, 진우충은 관망觀
望죄로 북경에서 사형을 당했고, 그들의 머리를 조선에 내어 보내서 광고하였다.
**《지봉유설芝峯類說》과 《소대기문昭代記聞》에 "정유 왜적이 재발할 때 도요토미 히데요시가 자기 병사들에게 코를 베어서 수급을 대신하라고 명령하였으므로 왜병이 우리나라 사람을 만나면 곧 죽이고 코를 베어 소금에 절여 히데요시에게 보내면 히데요시는 검열한 다음에 모두 그 나라 북망北邙 대불사 옆에 묻고 한 큰 무덤14을 만들어 자기 나라 사람에게 시위하였으니 혈육의 참화를 알 수 있다. 그래서 우리나라 사람으로서 놈들에게 코를 베이고 살아 있는 자들도 또한 많다"(《연려실기술練藜室記述》 권17에서 인용)

부대가 공주, 천안을 지나 9월 8일에 직산稷山에 이르니 국왕은 또 다시 수도를 버리고 피난할 생각으로 왕비와 자녀들을 먼저 황해도 수안遂安으로 보냈었다. 이때 평양에서 경성으로 급히 달려온 명나라 경리 양호와 도독 마귀는 자기 응원군 이외에 우리 군인으로써 평안도 군사 5000여 명과 황해, 경기 군사 수천 명을 소집하여 한강을 파수하고 창고를 경호하게 하였다.

양호는 마귀 등 제장과 함께 경성의 남산에 올라가서 군악을 울리고 호령을 선포하며 밤에 정장군精壯軍을 선발하여 먼저 가서 적을 막게 하고 또 기병 2000으로 하여금 후원케 하였다. 그래서 그들은 직산 소사素沙의 금오평金烏坪에서 적군을 맞아 쳐서 패주시켰다(이정귀李廷龜가 지은 〈양호비문〉). 그런데 이 소사 전투를 우리 측에서는 "임진 이래로 이렇게 통쾌한 승리가 없었다"(《연려실기술》)라고 하였으며 적 측의 기록은 도리어 자기들이 싸워 이기고 자진 퇴각한 것으로 되어 있다(도쿠토미 소호의 〈조선역〉 하권). 그러나 유성룡의 《징비록》에는 적병이 줄곧 달려 경기에 도달하니 도성이 진공震恐하더니 얼마 안 되어 적이 직산에서 퇴거하였다고 하였다.

대체 그 당시 정세는 적군이 비록 호남을 강점하고 호서를 거쳐 경성을 직충하려 하였으나 이는 한 개 시위였고 구체적인 계획은 세우지 못하였다. 첫째로 적군의 한 부대가 비록 근기 지방에까지 돌진하였으나 의연히 고군[15] 전진에 불과하였으므로 항상 위구[16]의 생각을 가지고

---

14 교토시 히가시야마구 호코지 方廣寺에 있다.
15 孤軍인 듯하다. 고립된 군대라는 뜻.
16 危懼인 듯하다. 염려하고 두려워함.

있었으며, 둘째로 영남과 호남 지방에서는 우리 인민의 청야 전술이 여행되었으므로 적군은 양말糧秣[17] 공급과 병참준비가 불가능하여 전진 혹은 주둔이 극히 위험하였다. 셋째로 수도의 수비는 우리 측의 군사적 경험, 훈련 및 기술이 전쟁 초기보다는 훨씬 발전하였을뿐더러 명나라 응원부대가 계속 증강되어 적은 거대한 위협을 느꼈다. 또 넷째로 적군이 호서로 진공할 때에는 이순신 장군이 다시 통제사로 임명되니 우리 해군이 벌써 위력을 떨치기 시작하여 상륙한 적군의 배후를 결정적으로 위협하였다. 이상과 같은 환경에서 적군은 일시 저돌적으로 고군 진출하였으나 승산에 대한 자신감과 강렬한 투지 및 목적이 박약하였으므로 소사 전투의 일시적인 승부를 불관하고 자진 퇴각의 계기가 되었던 것이다.

그런데 일부 평론가들은 유성룡이 자기의 사사로운 감정(양호에 대한 불만)으로 명나라 응원부대의 소사 전승 공적을 전연 망각하고 적병이 자퇴한 것처럼 표현하였다고 지적하였다(《청야만집靑野謾輯》).[18] 그러나 사실 그 당시 여러 정세가 사대주의자들의 과장과는 달라서 해안 근거지에서 멀면 멀수록 위구를 느끼는 적군의 예정된 퇴각이 결국 양호가 전승할 기회를 주었던 것이다. 적은 이번 소사 패전을 겪고 곧 청주를 지나 영남으로 돌아갔었다.

---

17   군대의 식량과 말먹이로 쓰는 풀.
18   조선시대 야사집으로 작자는 미상.

장군의 통제사 재임과
해군 재건

17

전쟁 제6년(정유) 7월 말경에 원균이 패사하고 수군이 전몰되어 한산도 본영이 적군에게 강점되었다는 비보가 경성에 도달하자 조정과 인민들은 청천벽력을 들은 것같이 크게 놀랐다. 국왕은 급히 비변사 제신을 소집하여 대책을 물었으나 모두 당황하여 대답할 바를 몰랐다. 병조판서 이항복은 조용히 품계하기를 "이는 원균의 죄이니 지금 전국을 수습할 방도는 오직 이순신을 다시 통제사에 임명하는 것밖에는 도리가 없다"라고 하였다. 이에 국왕도 조신들도 아무 이의가 없이 장군에게 애절哀切 간곡한 교서와 함께 통제사 재임의 명령을 내렸다.

우리 수군은 전부 함몰되었고 근거지는 대부분 적의 손에 넘어가 제해권을 잡은 적은 다시 수륙 합력의 태세를 광범히 전개하여 전라도와 경상도 일대가 이미 적의 소굴로 전화하였다. 이때 수군통제사로 재임한 장군은 극히 악화된 난관을 극복하기 위하여 자기의 수완을 어떻게 발휘하였던가?

위에서 이미 말한 바와 같이 동년 4월 1일 장군은 옥문을 나온 뒤에 곧 아산 본가에 들러서 어머니의 초상을 치르고 때마침 전라도 운봉에 와 있는 도원수 권율을 찾아가기 위해 공주, 전주, 임실, 남원을 지나 운봉에 이르렀다. 그러나 도원수가 이미 순천에 갔으므로 장군은 구례를 지나 4월 27일에 순천 송원松院에 이르러 도원수에게 백의종군[1]의 결정을 통고하였다. 또다시 도원수의 지시에 따라 도원수의 본영이 있는 초계草溪(경남)로 오는 도중에 체찰사 이원익을 구례에서 만나 국방에 관한 의견을 많이 교환하고 그의 요청으로 경상우도 연해 지세를 손수 그려 주었다.

이로부터 구례의 석주관石柱關, 하동의 악양岳陽, 광양의 두치진豆峙津[2]을 지나고 단성, 삼가, 합천을 거쳐 6월 4일에 초계의 도원수 영문에 도착하였다. 장군은 한 개 병졸로서 세월을 헛되이 보내면서도 수군에 대한 걱정을 잠시도 놓지 않았다. 그러다가 7월 18일에 원균 이하 제장의 전사와 우리 수군에 대한 소식을 듣고 통곡을 금치 못하였다. 도원수 권율도 그제야 사태가 낭패된 것과 자기 책임이 엄중한 것을 깨닫고 장군에게 의견을 물은즉 장군이 말하기를, 자기가 한 번 연해 지방을 시찰한 다음에 계책을 정리하겠노라 하니 그는 기뻐하며 허락하였다. 장군은 이에 송대립宋大立,[3] 유황柳滉, 윤선각, 방응원方應元, 현응진玄應辰,[4] 임영립林英立, 이원룡李元龍, 이희남李喜男, 홍우공洪禹功 등을 데리고 삼가, 단성, 진주, 곤양, 거제 등지를 순력하였다. 순력하는

1 　이때도 직책 없이 종군하였으므로 이순신은 휘하에 군관을 두고 이동에 필요한 비용은 국가로부터 지급받았다(이민웅, 앞의 책, 294쪽).
2 　현재 경남 하동군 하동읍 두곡리.
3 　원문에는 '송희립宋希立'으로 잘못 기재되었다.
4 　원문에는 두 사람을 묶어 '방응신方應辰'으로 잘못 기재되었다.

도중에 농민들이 난리를 무릅쓰고 전야에 나와서 농사하는 것을 보면 장군은 반드시 말에서 내려 그들을 위로하며 절을 하고 지나갔다.

장군이 진주의 정개산성鼎蓋山城[5]에서 머무르며 이미 흩어졌던 병사를 수습하고 대책을 강구하고 있던 즈음 8월 3일에 통제사 재임의 명령을 받고 그날로 떠나서 밤을 새워 가면서 다시 광양의 두치진을 지나니 섬진강蟾津江에는 벌써 적선이 와서 대고 있었다.

장군이 하동의 쌍계동雙鷄洞, 구례의 석주관을 다시 거쳐 곡성, 옥과玉果에 이르니 피란민이 길에 깔렸는데, 장군이 다시 통제사로 오는 것을 알고 장정들은 모두 자기 처자들에게 말하기를 "우리 통제사님이 오시니 너희들은 죽지 않을 것이니 뒤에 천천히 오라. 우리는 먼저 장군을 따라가겠다"라고 하였다.

장군은 순천, 낙안樂安, 장흥長興, 귀미영龜尾營[6]을 거쳐 동월 18일에 회령포會寧浦[7]에 이르니 경상 우수사 배설*이 이곳에 피난해 와 있었다. 장군은 이곳에서 수군 120여 명을 수습하고 또 전선 열두 척을 접수하고 그의 의견을 물으니 배설은 전선을 버리고 육상으로 가서 호남 육군을 도와주기만 같지 못하다 하였으나 장군은 듣지 않고 그를 비겁

* 배설은 장군이 너무나 보잘것없는 병력을 가지고 수백 배나 강대한 적을 도저히 당할 수 없어서 반드시 몰패할 것으로 인정하고 곧 육상으로 도망하였다. 장군은 그 뒤 배설이 성주 본가에 가서 잠복하여 있는 것을 알고 상부에 보고하여 그를 체포해다가 사형에 처하게 하였다.

---

5   현재 경남 하동군 옥종면 수촌리.
6   현재 전남 강진군 대구면 구수리 부근. 강진현 군영구미軍營九味를 가리킴. 龜尾는 九味를 잘못 기재한 듯하다.
7   현재 전남 장흥군 회진면 회진리.

한 사람으로 인정하였다.

　장군은 회령포가 협착하므로 8월 20일에 이진梨津[8]에 이진하였으며 28일에 적선 여덟 척이 불의에 들어오매 배설이 퇴각하여 피하려고 하였으나 장군은 조금도 동요하지 않고 호각을 불며 기를 휘두르니 적선이 물러가므로 중양中洋에까지 추격하다가 돌아와서 장도獐島에서 밤을 지내고 진도珍島 벽파진碧波津에 이진하였다.

　이때 조정에서는 할 수 없이 장군을 통제사로 재임시켜 파국의 수습을 의뢰하였으나 수군이 전멸한 다음에 장군은 겨우 나머지 전선 열두 척과 수군 120여 명을 얻어 벽파정碧波亭[9] 해면에 떠 있었으니 일반은 모두 낙심하였으며 국왕도 그것으로는 남해에 충만한 적세를 도저히 당할 수 없다 하여 해전을 단념하고 육전을 명령하였다. 그러나 장군은 다음과 같이 회답하였다.

　　임진년 이래로 5, 6년 동안에 적군이 양호(호남과 호서)를 감히 바로 돌격하지 못한 것은 우리 수군이 그 길목을 잡고 있었던 까닭이었습니다. 이제 신의 전선이 열두 척이 있으니 죽을힘을 다해서 항전하면 아직도 할 수 있습니다. 이제 만일 수군을 전폐하면 이는 적이 다행으로 생각할 바이며 그는 장차 호우湖右(충청도)를 거쳐 한강漢江에 달할 것이니 이것이 저의 걱정입니다. 전함이 비록 적으나 변변치 못한 제가 아직 죽지 않은 한에는 적은 능히 우리를 없이 여기지 못할 것입니다

　　-《충무공전서》

8　전남 해남군 북평면 이진리.
9　전남 진도군 고군면 벽파리.

*　*　*

　장군이 다시 통제사가 되었다는 소문을 들은 장병들과 인민들은 헤아리지 않고 모두 달려와서 장군 주위에 집결하였다. 장군은 김억추金億秋[10]에게 선척船隻 수집을 명령하여 어선 혹은 상선을 거북선으로 가장하여 적군을 의혹케 하고 부하 제장과 약속하기를 "우리의 의리가 마땅히 생사를 같이할 것이다. 이제 나랏일이 이처럼 위급하니 죽기를 겁내서 국가에 보답하지 않겠는가? 다만 죽은 뒤에야 살 것이다"라고 하니 제장은 모두 감격하였다.

　9월 7일에 적선 쉰다섯 척이 오다가 그중에서 열세 척이 먼저 우리 진을 향하여 왔다. 장군이 어란포於蘭浦 앞바다에서 맞아 싸우니 적은 퇴주하였다. 적은 이날 밤중에 다시 와서 포를 쏘며 우리를 놀라게 하려고 하였으나 우리 측의 반격을 받은 적선들은 그만 퇴주하여 버렸다. 이는 적의 시험 전술이었다.

　이때 육로는 적병에게 차단되어 식량과 의류를 얻을 길이 없고 또 늦가을의 기후는 벌써 한랭하여 장병들의 기한飢寒이 심하였다. 장군이 장군 주위에 다수히 피난하려 와 있는 인민들에게 여유 있는 의류와 식량을 제공할 것을 호소하니 그들은 경쟁적으로 자진하여 공급하였으며 인민의 열성적인 구제를 받은 군사들의 사기는 비로소 앙양되었다.

　장군의 재임에 놀란 왜적들은 장군의 진세가 아직 구성되기 전에

10　원문에는 '이억추李億秋'로 잘못 기재되었다.

또는 명나라 해군이 응원 오기 전에 우리 해군을 압살해 버리려 하였다. 그리하여 고바야카와 히데아키는 와키사카 야스하루, 간 마치카게菅政陰,[11] 모리 이키毛利壹岐[12] 등 적장으로 하여금 병선 500여 척과 수군 2만여 명을 인솔하고 진도 부근에까지 진출하여 기회를 노리고 있었다.

15일 계묘(9월) 천기가 밝았다. 수가 적은 우리 해군이 명량鳴梁을 등지고 진을 칠 수 없으므로 우수영右水營(전라우도 수사 본영) 앞바다에 이진하고 제장을 소집하여 '병법兵法에 반드시 죽으려 하면 살고 살려 하면 죽게된다 하였으며 또 한 사람이 길목을 지키고 있으면 만 사람을 족히 겁내게 한다 하였으니 이는 지금 우리의 처지를 이른 것이다. 그대들은 살기를 생각하지 마라. 조금이라도 명령을 어기면 군법에 적용될 것이다' 하고 두세 번 약속하였다. 간밤 꿈에 신인神人이 와서 말하기를 이렇게 하면 크게 이기고 저렇게 하면 질 것이다 하였다.
　－〈난중일기〉

이 인용한 장군의 일기 중에 이른바 '신인'은 정성스럽고 철저한 장군의 자기 결심의 반영이었다. 이날 밤에 장군은 열두 척의 전선에 대포를 실어 놓고 갑옷을 입은 채로 북을 베고 누웠다가 갑자기 부하를 불러 소주를 가져다가 한 잔 마시고 제장을 소집하여 "오늘 밤에 달이 대단히 밝다. 적의 모략은 간사하니 달이 없었다면 물론 와서 습격

11　간 마타시로菅又四郎라고도 함. 일본 수군 다섯 장수 중의 한 사람인 간 미치나가菅達長의 아들.
12　모리 이키노카미毛利壹岐守. 모리 요시나리毛利吉成를 가리킴.

할 것이요 달이 밝아도 또한 와서 습격할 것이다. 경비를 엄중히 하지 않으면 안 될 것이다"라고 하고 드디어 호각을 불어 모든 배로 하여금 닻을 거두게 하고 또 각 선에 전령하여 척후를 보내고 대기케 하였더니 한참 있다가 척후선이 적이 온다고 급보하였다. 그러나 장군은 부대에게 꼼짝 말고 고요히 있으라고 엄명하였다. 때마침 달은 서산에 걸렸고 산 그림자는 해면에 떨어져 있었다. 적선은 산 그림자의 어두운 곳을 좇아 무수히 들어와서 우리 함대에 접근하려 하였다.

이에 우리 함대가 호각을 불고 총포를 발사하며 북을 치고 고함을 치니 적선들은 우리에게 방비가 있는 줄을 알고 따라서 발포하여 소리가 바다를 떨쳤다. 장군은 더욱 급히 독전하여 적선 수척을 격파하였다. 적장 와키사카 야스하루는 그만 어둠 속으로 퇴주하였다. 그래서 우리 장병들은 장군의 귀신 같은 지혜에 탄복하였으며 우리 수군의 위신이 비로소 커졌다.

여기서 독자들이 반드시 착안해야 할 것은 장군 진영의 이동 지점이다. 전쟁 제2년에 장군은 자기 진영을 전라 좌수영(여수)으로부터 동쪽으로 전진하여 경상우도의 한산도에 옮겨서 경상우도 대부분과 전라좌우도 전부의 해안을 확보하고 적의 근거지인 부산을 위협하였는데, 이번 원균의 실패와 '정유재란'으로 경상도 전부와 전라좌도 및 우도 일부의 해안이 적의 발굽 밑에 들어갔었다. 그래서 장군은 부득이 진도와 전라우수영의 부근에 진을 설치하게 되었으니 이는 사람의 신체로 말하면 왼손을 잃어버리고 두세 손가락만 남은 오른손을 사용하는 것이다.

장군의 명량(진도)
鳴梁 珍島
대승전과
고금도에의 이진
古今島

18

1597년 9월 15일 장군은 전라 우수영의 울돌(鳴梁) 바다 가운데에서 밤을 지내고 이른 아침에 바다를 바라보니 적선 500, 600척이 해면을 덮고 조수처럼 밀려들어 왔다. 사람들은 모두 겁을 내었다. 장군이 말하기를 적은 많고 우리는 적으니 힘으로써는 이길 수 없고 마땅히 모략으로써 이겨야 한다 하고 많은 피난민의 배들을 차례로 후퇴시켜 진세를 배열하여 가장 함대로써 바다 가운데에 출몰케 하고 장군의 전선은 전면에 나섰다.

적군은 장군의 배가 나오는 것을 보고 다퉈 가면서 노를 저었으며 북과 제금(鉦)을 치고 용기를 분발하여 바로 돌진하니 적선의 깃발과 돛대는 바다에 가득 찼다. 우리 군사들은 모두 얼굴빛을 잃었다.

여기에서 조국의 운명을 결정하는 전고 미증유한 기절 장렬한 일대 해전이 벌어졌다. 그 실지 전투 상황의 일부는 장군으로 하여금 설명케 하자. "(9월) 16일 이른 아침에 별망別望(척후)이 와서 무수한 적선이 바로 우리 배를 향하여 온다 하였다. 곧 모든 배로 하여금 닻을 거두어 바다로 나아가니 적선 330여 척이 우리 배들을 둘러쌌다. 여러 장령들은 중과부적을 생각하고 문득 회피할 계획을 냈었다. 김억추의 배는 멀찍이 물러가 있었다. 나는 노를 재촉하고 돌진하면서 지, 현자 포를 우레와 같이 발사하였으며 군관들은 선상에서 밀립하여 빗발처럼 쏘니 적들은 능히 당하지 못하여 가까이 왔다가 문득 물러났다.

그러나 적선들이 우리 배를 여러 겹으로 포위하여 형세가 어찌될 줄 모르므로 전체 장병들은 서로 돌아보며 얼굴빛이 변하였다. 나는 침착한 태도로 그들을 타일렀다. 적선이 비록 1000척이라도 우리 전선을 당할 수 없을 것이니 조금도 동요하지 말고 적을 사격하는 데만 전념하라 하였다. 돌아본즉 여러 장령의 배들은 먼바다에 몰려가서 보고만 있고 오지 않는다. 나는 배를 돌려 곧 중군 김응함金應誠의 배에 접근하여 김의 머리를 먼저 베어서 경고하려 하나 내가 뱃머리를 돌리는 경우에는 우리 배들이 차차 멀리 물러가고 적의 배들은 점점 가까이 와서 사태가 불리할 것이므로 그렇게 못 하고 곧 호각으로써 중군 영하기令下旗를 세우고 또 초요기招遙旗(신호하는 기)를 세우니 중군장 미조항 첨사 김응함이 점점 내 배에 가까이 오며 거제 현령 안위安衛의 배는 먼저 왔다. 나는 배 위에서 친히 안위에게 '안위는 군법에 죽으려 하느냐? 죽지 않으려 하느냐? 어디 도주해서 살려 하느냐?' 하니 안위는 황망하게 적선들 속에 돌입하였다. 또 김응함에게, '네가 중군으로서 멀리 도피하며 대장을 구원치 않으니 벌을 어찌 면할 수 있으랴?' 하고 형을 집행하려 하나 적세가 또 급박하므로 당분간 공을 세워 속죄贖罪하도록 하였다.

두 배(김과 안의 배)가 바로 돌입하여 교전하려 하니 적군들은 그 부하선 세 척을 지휘하여 일시에 안위의 배에 개미처럼 기어오르려 하였다. 안위 이하 선졸船卒들은 결사적으로 적을 난격하여 거의 힘이 풀릴 지경이었다. 나는 배를 돌려 곧 돌입하여 빗발처럼 사격하여 적선 세 척을 하나도 남기지 않고 격멸하였다. 녹도 만호 송여종宋汝悰과 평산포平山浦 대장代將 정응두丁應斗의 전선들이 잇대어 와서 합력 사격하는 판에 항왜降倭 준사俊沙(앞서 서술한 안골포의 적진으로부터 투항해 있는 자)가 내 배 위에서 굽어보고 그림 문의[1]를 놓은 비단 옷을 입은 자를 가리키며 저 놈이 아마 안골포 적진의 장수 마다시馬多時[2]라 한다. 내가 금석손金石孫(쇠갈구리)으로 뱃머리에 끄집어 올리니 준사가 날뛰면서 참으로 마다시라 하여 즉시 그놈을 마디마디 잘라 버렸다. 적의 기세는 크게 꺾였다. 우리 편의 여러 배들이 일시에 북을 치며 고함을 지르고 함께 전진하여 각기 지, 현자 포를 놓고 화살을 빗발 같이 쏘니 소리가 천지를 진동하였다. 서른한 척을 쳐부수니 다른 전선들은 감히 우리 배에 가까이 오지 못하였다. 이는 곧 실로 천행天幸이다. 조수의 결이 극히 험하여 적은 물론 우리 군사 또한 위태로우므로 당사도唐笥島[3]에 이진하였다"

《난중일기》.

　　이것은 장군의 간단한 일기이며 그의 천재적 전략과 전과의 전모를 설명한 것은 아니다. 그러나 용전분투한 광경은 이에서도 충분히 엿볼 수 있다. 명량대승전을 이해하려면 지리적 설명이 먼저 필요하다.

　　명량은 어디냐 하면, 전라우도의 남단인 우수영(해남海南)과 서로

1　무늬의 옛말.
2　구루시마 미치후사來島通總. 원문에는 '마다차馬多次'라고 잘못 기재되었다.
3　현재 전남 신안군 암태면 당사도.

바라보는 큰 섬 하나가 진도이며 이 진도와 우수영 사이에 위치한 험하고 좁은 해협을 명량 혹은 명양鳴洋이라고도 한다. 동남 인도양에서 제주도 근해近海를 스쳐서 오는 조류가 이곳에 와서 진퇴의 차가 심해져 조세가 격렬하여 맹호가 우는 것 같은 소리가 나므로 속칭 '울돌'이라 하며 명량은 한자역漢字譯이다. 조류가 여섯 시간만큼 동서로 변환變換하는데 급히 흐를 때에는 2000톤의 기선도 항행하기 곤란하다.*

장군은 지혜와 모략으로써 전승하기 위하여 이 명량해협의 지리를 교묘히 이용하였

* "명량은 우수영 3리의 밖에 있는데 조수의 살이 억세고 급하여 물길 소리가 굉장히 들린다. 명량의 양쪽에는 돌산이 우뚝우뚝 서 있고 항구는 심히 좁다. 공公(이순신을 가리킴)이 긴 쇠줄로 병甁목 같은 항구의 물속에 가로질러 놓았는데 적선들이 여기에 와서 이 쇠줄에 걸려 거꾸로 엎어지는 자가 그 수를 알 수 없을 만큼 많았다. 양쪽 암석에 쇠줄을 걸었던 구멍이 지금도 완연히 있는데 인민들은 모두 이충무忠武가 쇠줄을 걸어 왜적을 섬멸한 곳이라고 한다."(《해남현지海南縣誌》)

이중환李重煥(18세기 실학자)이 쓴《택리지擇里志》전라도 편에 "해남현의 삼주원三洲院으로부터 석맥石脈이 바다를 건너 진도군이 되었는데 수로로 30리 밖에 있는 벽파정이 실로 그 어구에 있다. 수중의 석맥이 삼주원에서 벽파정으로 가는데 가로 뻗어 있기를 교량과 같고 그 교량의 위와 아래가 층계처럼 되었다. 해수는 밤낮으로 동쪽에서 서쪽으로 가는데 폭포 같이 심히 급하다. … 왜적의 수군이 남해에서 북쪽으로 올라왔다. 그때 수군대장 이순신이 해상에 주둔하여 철쇄를 만들어 그 돌목(石梁) 위에다가 가로질러 놓고 기다렸더니 왜선들이 그 교량 위에 와서 철쇄에 걸려 곧 밑으로 떨어지면서 전복되었다. 그러나 교량 위에 오는 배들은 그 아래 바다를 보지 못하므로 먼저 간 배들이 전복된 줄을 모르고 교량을 넘어 순조로이 흘러 바로 내려간다고만 생각하였다. 그래서 오는 배들이 모두 전락되었다. 또 조수의 형세가 교량에 가까이 오면 더욱 급하여 배가 그 급류 중에 들기만 하면 돌아설 여가도 없이 500여 척의 적선이 전부 침몰되고 한 척도 남지 않았다."

또 지금 명량 부근 지방 전설은 당시 이순신 장군이 그 철쇄를 인력으로 늦췄다 당겼다 하여 적선의 전복을 촉진했다고 한다.

또 전설에 의하면 어느 날 밤에 헤엄질을 잘하는 적병들이 물 위로 몰래 와서 우리 뱃사전을 잡고 배 위에 침입하며 또 배를 전복시키려고 하는 계획을 장군은 미리 짐작하고 우리 군사들로 하여금 밤새도록 배 위에서 술 마시고 뛰놀면서 칼과 낫으로 뱃사전을 두드리면서 노래하게 하였다. 적은 우리 병사들이 노래에만 정신을 팔고 있는 줄로 생각하고 다수히 헤엄처 왔으나 실패하였다. 그 이튿날 아침에 본즉 적군의 손가락이 배 안에 무수히 떨어져 있었다 하였다(《증보대동기년增補大東紀年》). 이것은 아마 명량대전투의 직전의 일인 듯하다.

다. 장군은 미리 긴 철쇄를 수면에 드러나지 않게 이 해협을 횡단하여 놓고 조수 진퇴의 시기를 세밀히 측정한 다음에 적선을 유인하니 적선들은 승리의 기세로 명량에 돌진하였다. 그들은 정면교전을 회피하는 우리 전선들을 추격하여 한참 우회하다가 조류가 갑자기 성낸 짐승과 같이 급히 물러가므로 적선들도 따라 흐르지 않을 수 없었으나 뱃바닥(底板)이 철쇄에 걸려 오도 가도 못 하게 되었다. 이 명량대해전에서는 적선의 대부분이 이 철쇄의 암초에 앉아서 마치 맹호의 떼가 쇠우리(鐵柵) 속에 들어서 자유를 잃은 상태나 다름없었다. 적장 와키사카 야스하루가 전후에서 멀리 바라보고 이를 갈며 소리 질러 말하기를 "이놈들아! 오너라 조수를 따라 물러오라!"라고 하였으나 적선의 태반이 철쇄에 걸려서 선체가 기울어져 도주할 수 없으므로 놈들은 미친 고함만 쳤다. 와키사카 야스하루 등이 나아가서 구출하려 하였으나 퇴조가 급하여 노를 돌릴 여가도 없이 진세가 혼란한 채로 흘러가니 이편저편을 황망히 돌아보는 동안에 안위의 배는 벌써 순조를 타고 쏜살같이 돌진하며 장군도 또한 여러 배를 독려하여 진격하므로 적군은 크게 패몰하고 나머지 적선들은 멀리 도주하였다.

왜적의 기록에는 이번 해전에 간 마치카게 이하 4000여 명이 죽었다 하나 실제 그 이상의 수였으며 적의 정신적 좌절은 임진왜란 이래 어느 전투에서보다도 이번이 제일 컸었다.

* * *

이때 장군의 위신만을 믿고 피난 와서 장군의 주위에 집결하여 있던 수천의 군중은 이날, 즉 16일 이 대해전을 보기 위하여 부근 높은 산 위에 올라 왔었다. 그들이 본 싸움의 인상은 아래와 같았다.

명량 앞바다에 와서 싸우는 적선은 300여 척까지는 분명하고 그다음 날은 다 헤아릴 수 없었다. 큰 바다에 가득 차서 수면이 보이지 않을 만큼 적선들이 들어찼는데 우리 전선은 다만 10여 척이니 이는 마치 큰 돌로 계란을 치는 형세였다. 그리고 그때 해군이 전패한 다음이라 여러 장령들이 모두 기세가 꺾여서 퇴주하려 하였으나 장군의 배는 용감히 중류에 나섰으며 이것을 적선들이 여러 겹으로 포위하여 마치 구름과 안개가 외로운 나무를 묻어 버린 것과 같았다. 다만 보이는 것은 번쩍이는 칼빛이며 들리는 것은 쿵쿵하는 총소리였다. 피난민들은 서로 붙잡고 통곡하였다. 우리는 다만 통제사만 믿고 왔는데 지금 사태가 이렇게 되었으니 우리는 장차 어데로 갈 것인가 하였다. 그러나 조금 지나서 적선들이 차차 물러가는데 장군의 배는 우뚝 서서 깃발을 날리면서 아무 탈도 없었다. 적선들은 번갈아 가면서 싸우기를 종일토록 하다가 마침내 격파되고 패주하였다《충무공전서》.

이상과 같이 처참하고 장렬한 광경을 본 피난민들은 전투가 끝난 뒤에 모두 몰려와서 장군에게 치하를 드리고 만세를 불렀다. 장군의 〈난중일기〉에 의하면 그다음 날 17일에 장군이 외도外島에 이르니 피난민의 배가 300여 척이나 와서 다퉈 가며 승전을 축하하고 또 양식을 군사들에게 희사하였다.

이 승리 보고가 조정에 올라가니 왕은 놀란 듯이 기뻐하며 곧 신하에게 명령하여 그 보고서를 명나라 경리 양호에게 보이라 하였다. 양호는 그때 경성 남별궁南別宮에 있다가 이 보고서를 보고 국왕에게 편지로서 "근래 이러한 전승이 없었으니 내가 직접 괘홍掛紅(중국인이 축하하는 데 쓰는 홍단, 즉 붉은 비단을 걸어 주는 것)코자 하나 멀어서 할 수 없다"라고 하고 홍단과 은銀 약간을 장군에게 보내어 포상襃賞하였다. 그리고 국왕도 편지를 보내서 전공을 칭찬하고 장군의 관계官階를 숭정대부崇政大夫에 올리려 하니 당파의 앞잡이인 언관言官들이 또 시기하여 순신의 작위가 이미 높은데 이제 숭정대부로 올리면 전쟁이 끝난 뒤에는 다시 보수할 것이 없다 하므로 그만 중지하고 다만 전투에 참가한 여러 장수들에게만 작위를 가하였다. 이런 일은 당시 관료계급이 장군 개인을 박대한 것이 아니라 조국의 영예를 경멸한 것이었다.

그러나 명량 대승리 뒤에 얼마 안 되어 10월 14일에 장군에게 커다란 비보悲報가 들려왔다. 장군은 자기 막내아들 면葂이 전사한 것을 듣고 대단히 슬퍼하였다. 그가 담략膽略이 있고 말타기와 활쏘기를 잘 하였으므로 장군은 자기를 닮았다고 항상 사랑하며 기대가 컸었다. 그는 동년 9월에 자기 어머니를 모시고 아산 본가에 있다가 왜적이 와서 촌락을 불사른다는 소식을 듣고 그놈들을 치러 가는 도중에 적의 칼에 넘어졌다. 반년 만에 늙은 어머니와 사랑하는 아들을 잃은 것은 장군의 적개심에 일층 강렬한 불을 붙였다.*

적은 전력을 다해서 우리 해군을 압살하려 하였으나 또 꼭 압살될 것으로 믿었다가 도리어 자기들의 수천 정병과 수백 전선을 단번에 명량의 물속에 쓸어 넣고 말았다. 놈들은 이순신 장군을 천신天神으로 인

* 시일은 알 수 없으나 어느 날 우리 병사가 해면에 떠 있는 크고 이상한 나무 궤 하나를 끌고 와서 장군의 면전에서 열고 보려 하니 장군이 열지 못하게 하고 큰 톱으로 그 궤의 허리를 켜게 하였더니 그 속에서 비명이 울려 나왔다. 이는 적장들이 자객刺客을 그 속에 넣어 보내서 장군을 살해하려는 계획이었다. 여러 사람은 장군의 지혜에 탄복하였다(《충무공전서》).

정하고 멀리 도망하여 다시는 감히 침범하지 못하였으며 제해권은 다시 우리 해군에게로 돌아왔다. 이로 인하여 호남과 호서는 안전해져서 일면으로는 우리 육군은 신태세를 전개했으며 타면으로는 명나라 수륙군에게 유리한 응원의 토대를 닦아 주었다.

장군은 그 후 잠깐 나주 보화도寶花島[4]에 이진하였다가 그 이듬해 (무술) 2월 17일에 강진康津의 고금도古今島(현 완도군)에 이진하였다. 본도는 강진읍의 남쪽 30여 리 되는 지점에 있는데 산봉우리들이 둘러싸고 형세가 대단히 기이하며 동은 조약도助藥島, 서는 완도莞島, 남은 신지도薪智島를 상대하고 이 세 섬의 중앙만灣은 긴 직로여서 해군 근거지로서는 대단히 좋은 위치였다. 적선이 전라우도와 충청도를 침범하려면 반드시 이 섬을 거쳐야만 되므로 중요한 요해지였다.

이 섬 부근에 경작지가 많으므로 장군은 농부들을 모집하여 경작케 하고 해로 통행첩海路通行帖을 발행하여 해로를 통행하는 선박에게 쌀로 바치는 제도(納米制)를 시행하였다. 이 해로 통행첩은 자세히 말하면 이러하였다. 삼남 연해의 국가나 개인의 배는 물론이고 이 장직형長直形의 만로灣路를 통행하는 배는 반드시 통제사 본영에서 발행하는 통행첩을 가져야만 통행케 하였다. 만일 이 통행첩을 가지지 않은 자는 모두 간상의 선박으로 간주되어 통행치 못한다. 각 섬들에 왕래하는 나룻배들과 연해 지방을 왕래하는 어민, 상인의 배들은 모두 이 통행첩을 받고 자유로 행선하는데 선박의 대소에 따라 쌀을 본영에 드리니 대선은 3석, 중선은 2석, 소선은 1석이었다. 그때 피난 인민들은 모두 재

---

4   고하도高下島. 현재 전남 목포시 고하동 고하리.

산과 양곡을 배에 싣고 섬들에 들어오기 때문에 이 납미 제도의 실행이 어려운 일이 아니며 또 이 통행첩만 가지면 자유로이 통행할 수 있으므로 모두 편리하다 하였다. 이러한 방법으로 1개월 이내에 군량 1만여 석을 획득하였다.

또 민간에서 동철銅鐵을 모집하여 총포를 만들며 재목을 운반하여다가 전선을 제조하고 염전을 개설하여 소금 굽기를 장려하였다. 또 연해 19군이 해군에 전속될 것을 순찰사에게 교섭하여 확보한 다음에 이 지역 내의 산업 정책과 군사 행정을 합리적으로 지도 관리하여 군인 및 군량의 자원을 충분히 보호할 계획을 세웠다. 더욱이 명량대승전이 국내에 전파되자 원근 지방에서 병화를 피하여 안전지대를 찾아오는 인민들은 대개 장군 본영의 부근에 와서 집을 짓고 막을 치고 상점, 시가, 제조소 및 어장 등을 설비하여 생산과 판매를 왕성히 행하였다. 이것이 수만 호에 달하므로 고금도 한 섬에다 용납할 수 없어서 인접 섬들에까지 인민과 물화가 집중하는 성황을 보이었다. 고금도의 번영은 앞서의 한산도에 비하여 열 배나 되었다.

장군은 명량대승전 직후에 사람을 파견하여 전일 한산도에서 도망하여 흩어진 병사들을 소집하니 병사들이 구름같이 모여들어 군세가 크게 떨쳤다.

이상의 모든 점에서 전략전술뿐만 아니라 군사 행정에 대한 장군의 경리적 재능을 또한 감탄하지 않을 수 없다.

《강진현지康津縣誌》에 의하면 고금도 앞에 해남도가 있고 뒤에 우장곶佑長串이 있는데 공(이순신)이 이 섬에 유진하고 있을 때 기치를 우장곶에다가 많이 벌려 세워서 군대가 주둔하는 곳으로 가장하고 해남도에다가는 풀 더미를 높이 쌓아 짚자리로 덮어서 은연히 군량이 쌓여 있는 것으로 가장하였다. 적군은 외양에서 그것을 바라보고 약탈 혹은 소각하기 위하여 들어오는 수로에 험한 암초가 많은 줄을 모르고 급속히 진군하다가 적선들이 대부분 암초에 부딪치고 걸리고 하여 오도 가도 못하고 혼란에 빠지므로 아군이 그 기회를 타서 습격하여 크게 승리하였다.

또《장흥부지長興府誌》에 의하면 "부남 20리에 수문포촌水門浦村이 있는데 그 앞바다는 넓고 가운데에는 섬 하나가 있는데 섬에는 뾰족한 작은 산 하나가 있다. 이충무(이순신)가 절이도折爾島[5]에서부터 이 섬에 와서 왜선 수백 척이 바다에 차게 오는 것을 바라보고 곧 거적으로 그 산을 덮어서 양곡 더미로 위장하였다. 그리고 일부러 조그마한 배 한 척을 적진에 보내어 속여 말하기를 이순신이 저기 보이는 섬에 양곡 여러 만 석을 쌓아 놓았으며 여러 만 명의 군대를 매복하여 놓고 여러 날에 걸쳐 전투를 연습하고 있다고 하였다. 왜장은 그 말을 듣고 가만히 척후선 한 척을 보내어 탐지한 다음 진군하다가 그 위장한 산을 바라보고 겁이 나서 더 전진치 않고 그곳에 돛을 내리고 진을 치고 있다가 밤이 깊어서 무장을 끄르고 경비를 늦추었다. 공(이순신)이 그것을 탐지하고 습격하여 크게 승리하였다. 이 뒤부터 부근 주민들은 그 섬을 '덕량도德糧島'[6]고 불렀다.

---

5   현재 전남 고흥군 금산면 거금도.
6   본래 첨산도, 동백도라고 부르던 이름을 후세에 덕량도라고 고쳐 불렀다는 뜻이다.

명랑대승전 이후

戰局
전국의 재편성

19

적의 괴수 도요토미 히데요시는 자신의 제장에게 조선 내지에 경솔히 돌진하지 말고 해안 요지에 주둔하도록 명령하였다. 이는 과거 고통스러운 경험으로 그들이 모험적 행동을 극히 경계하였던 까닭이다. 왜 그러냐 하면 이때 조선 인민들은 육상에서 청야 전술을 극도로 여행하였으며, 해상에서는 이순신 장군의 제해권이 다시 강화되고 있으므로 왜적은 이에 대응하여 본국 일본과 긴밀한 연락 및 운수를 확보할 수 있는 해안 요지를 점거하는 것만이 최후의 득책得策이었다. 그 일례로 앞서 서술한 직산 소사까지 돌진한 적군이 경성을 근거리에 두고도 그만 퇴주하기에 바빴던 점을 들 수 있다.

그리하여 적진은 남은 전라좌도 순천부터 북은 경상좌도 울산까지 연해 지대에 머리와 꼬리가 서로 맞붙었다. 즉 순천에 유키나가가 주둔하였으며 남해에는 다치바나 무네시게, 아리마 하루노부有馬晴信,[1] 오무라 요시아키大村喜前,[2] 마쓰라 시게노부松浦鎭信[3] 등이 주둔하였고 사천에는 시마즈 요시히로 및 다다쓰네 등이 주둔하였다. 또 죽도에 나베시마 나오시게, 양산에 구로다 나가마사, 부산에 우키타 히데이에와 고바야카와 다카카게 등 울산 서생포에 기요마사가 각각 주둔하였는데, 최북단인 울산성[4](도산성島山城, 당시 축성 중) 또한 기요마사가 수비하였다.

놈들의 병졸 총수는 약 15만 명이며 연해 진영의 거리는 약 700리나 뻗쳤다. 그러나 제해권을 장악치 못하고 또 내지로 침입이 불가능한 이상 놈들의 주관적 계획은 어쨌든지 객관적으로는 퇴거의 형세에 지나지 못하였다. 당시 조선 인민의 애국적 견지로 본다면 흉포무비한 외국 군대가 장구한 시일을 두고 조국의 변경에 마음대로 날치고 있다는 것이 물론 우리나라의 치욕이었다. 그러나 반면에 전략적 견지에서 본다면 왜적은 국력을 다하여 침입하였다가 실패한 나머지 남의 나라 변경에 몰려나와서 식량을 바다 건너 본국에서 조달받고도 십 수만의 대군이 해를 넘기고 세월을 보내고 있으니 무모하기 끝이 없는 일이었다. 지구전을 하면 할수록 왜적이 더 불리해질 뿐이었다.

* * *

반면에 이때 명나라 군대의 태세는 또한 어떠하였던가? 앞서 서술

---

1   에도시대 전기의 무장이자 다이묘. 별칭은 아리마 시게타카有馬鎮貴.
2   원문에는 古村喜前으로 잘못 표기되었음. 센고쿠시대 - 에도시대 전기의 다이묘. 히젠국 오무라번大村藩 초대 번주. 임진왜란 당시 고니시 유키나가가 이끄는 제1번대로 출병.
3   히라도平戶 영주. 임진왜란 침략 때 제1군의 총사령관이었던 고니시 유키나가의 선봉장. 나중에 웅천 지역의 도자기공 100여 명을 강제로 끌고 갔다.
4   현재 울산시 학성공원.

한 한산도 패몰과 남원성의 함락은 일시 적지 않은 충격을 주었다. 그리하여 명나라 군대의 도독 마귀는 경략 형개에게 청하기를 경성을 버리고 압록강을 지키자고까지 하였다. 그러나 이때 명나라 해방사海防使 소응궁蕭應宮이 평양에서 급히 경성으로 와서 이것을 제지했으며 그 뒤 곧 왜군이 직산에서 퇴주하고 이순신 장군이 명량대승전을 거두니 내외의 인심은 점차 안정되었다.

명나라 황제 신종은 남원의 패보를 듣고 강화 장본인인 병부상서 석성을 처벌하고 남원 수장守將 양원과 전주 수장 진우충을 처단하여 군법을 밝히고 대병을 독촉하여 발동시켜 왜군에 대항하려 하였다. 그리하여 절강도浙江道 어사 진효陳效를 조선 감군監軍으로, 산동 우정사 右政使 만세덕萬世德을 도찰원都察院 우첨도어사右僉都御史 해방海防 순무巡撫로 임명하고 도독 동일원董一元, 유정, 기타 여러 장수들을 길을 갈라 출병하여 조선을 원조하게 하니 이들이 영솔한 군사의 총수가 5만 1000여 명이며 수군도독 진린도 또한 수군 1만여 명을 거느리고 여러 장수와 함께 원조에 나서게 하였다.

이때 우리 조선에서는 소위 화의가 전적으로 파탄된 것을 크게 통쾌하게 생각하고 적군을 하루라도 속히 조국 강토에서 소탕하기를 목적하여 직접 간접으로 명나라 군대를 고동[5]시키기에 노력하였다. 그리고 평안, 황해, 경기, 함경의 군사 1만여 명은 양호와 마귀의 지휘 밑에서 응원군과 협력하여 한강 여러 나루를 나누어 지키고 또 경기도 도체찰사 유성룡은 한강 일대를 순력하여 수비의 형세를 검찰하였으며, 국

---

5   鼓動. 즉 북을 두드리듯이 살아나게끔 한다는 뜻인 듯하다.

왕도 친히 도성을 나와서 장병을 독려하였다.

전쟁 초기에 그렇게도 장렬하고 발흥하던 민간 의병들은 중기부터 성세가 점차 저조되었다. 이는 다름 아니라 첫째로 왜군이 경성에서 퇴각한 뒤로는 기습과 산병전이 중요성을 잃어버렸으며, 둘째로 우후죽순같이 발생하던 각지의 의병부대들이 그후 관군의 절제 밑에서 재편성된 동시에 명나라 측의 화의운운에 많은 견제를 받아 의기가 저상되는 경향이 있었으며, 셋째로 그들 대부분이 농민이었던바 장기전에 순응하기 위하여 다수가 농사로 돌아갔던 때문이다. 그러나 당시 가장 주요 전략인 청야수성淸野守城이 여행되는 곳에서는 의병 경력자들이 의연히 주동적으로 활약하였다.

그러나 명나라의 황제와 신하들은 전후前後 조선 출병에 대하여 자기 국방적 의의를 명시하지 않고 단순히 조선을 위하는 것처럼 가장하여 가끔 과장적이며 위협적인 언행을 하였다. 이때 명나라 황제가 조선 국왕에게 보내온 글에 "중국은 속국이 멸망하는 것을 민망히 여겨 두 번이나 왕사王師(임금의 군대 즉 중국 군대)를 출동하니 은혜가 망외望外(생각 이상)에 나왔다…"라고 하였으며《양조평양록》, 또 명나라 어사 하이건何爾健은 다음과 같이 일종 병합론을 건의하였다. "조선이 이심離心하니 마땅히 국왕과 세자는 내지에 데려오고 관방關防을 성찰省察하며 군민을 모아 왕경王京을 사수케 하고 기회를 보아 충청, 전라 등지의 회복을 계획하는 것이 한 가지 득책이다"라고 하였다《신종실록》.

물론 이 건의가 실행은 안 되었지마는 그들은 원조의 미명 밑에서 종래 자기들의 행동이 도리어 조선에 유해하고 적에게 유리하게 한 점이 있는 것을 반성하지 않고 모든 실패의 책임을 조선에 전가하려 하였으나 사대주의자가 슬픈 경우가 이에 있었다.

명나라 경략 형개는 동원된 병력을 인솔하고 동년, 즉 전쟁 제6년 (1597. 정유) 11월 3일에 압록강을 건너 12월 초에 경성에 와서 응원군의 대본영을 개설하고 양호, 마귀 이하 여러 장수를 동월 20일에 모두 경주에서 회합케 하였다. 그들의 전체 편제는 다음과 같았다.

적장 유키나가의 진이 순천에 있고 요시히로의 진이 사천에 있고 기요마사의 진이 울산에 있으므로 형개 등은 이들에 대응하여 전체 군대를 삼협三脇으로 나누었다. 좌협左脇은 부총병副總兵 이여매李如梅가 각 부장部將 노득공盧得功, 모국기茅國器 등과 마병, 보병 1만 2000여 인을 통솔하며 중협中脇은 부총병 고책高策이 각 부장 조승훈, 오유충 등과 마병, 보병 1000여 인을 통솔하며 우협右脇은 부총병 이방춘李芳春, 해생解生 2인이 각 부장 우백영牛伯英 진우문陳愚聞과 마병, 보병 1만 1000여 인을 통솔하였다.

그의 작전 방략은 또한 어떠하였던가? 즉 경략 형개는 양호와 마귀로 좌우 양협의 병력을 인솔하고 충주 조령에서부터 안동을 거쳐 경주에 가서 기요마사를 진공케 하되 유키나가가 서방에서 와서 구원할 우려가 있으므로 중협의 군대를 의령 일대에 유둔하여 동으로 좌우협을 원조하고 서방으로 유키나가의 군을 막게 하였다. 또 삼협 중에서 마병 1500인을 갈라내어 조선군과 합력하여 천안, 전주, 남원을 지나 순천 (유키나가가 있는 곳)으로 향하는 자세를 취하여 유키나가를 견제하려 하였다. 그리고 평양 일대로 하여금 병량 12만 석을 준비케 하였으며 육군 20만 명을 계속 조발한다고 성언하였다.

이와 동시에 조선군의 편입은 아래와 같았다. 충청 병사 이시언의 병력 2000과 평안도의 군사 2000은 좌협에 가담하고 경상 우병사 성윤문成允門의 병력 2000과 방어사 권응수權應銖의 병사 200과 경주 부윤 박의장朴毅長의 군사 1000과 함경, 강원 양도의 병력 2000은 중협에 가담하고 경상 좌병사 정기룡鄭起龍의 군사 1000과 황해도의 병력 2000과 방어사 고언백의 군사 300은 우협에 가담하였다. 그리고 도원수 권율은 여러 장병들이 영솔한 군대의 방수지防守地 및 하영처下營處(유진한 곳)를 밝혀서 마귀에게 보고하며 영의정 유성룡은 군량을 조달하였다.

무기는 대장군포 1244위位, 화전 11만 8000지枝, 화약 6만 9745근, 대소 연자鉛子 179만 967근, 기타 삼안총三眼銃, 철수량鐵鬚篢, 철민곤鐵悶棍, 화포火砲, 화통火筒, 원패圓牌, 불랑기佛狼機 등 왜군이 공포하는 무기들은 모두 충실하였으며 군량은 1개월을 넉넉히 준비하였다.

그러나 명나라 수군은 수군 유격장 계금이 다만 3300을 인솔하고 조선 수군통제사 이순신과 합력하게 되었다. 동시에 기요마사가 점거하고 있는 기장 방면에 조선 수군장 이운룡이 수군 500명을 인솔하고 있었으나 섬 속에 잠복하여 감히 출전하지 못하므로 형개는 국왕과 상의하여 총수銃手 200명과 장전수長箭手 100명으로 이를 응원하게 하였다.

여기서 우리가 보아야 할 것은 무엇인가? 전쟁 이래로 6, 7년 동안 수군은 거의 이순신 수군의 혼자 힘에 의하여 유지 발전되어 온 것이거니와 이제 이 신편제에서도 명나라 장령 계금의 3000 수군은 명나라 육군의 수 10분의 1도 못 되는 비례이며 이도 이름뿐이요 아무런 실력이 없었던 것이다. 그러면 명나라가 전후 합계 10만의 출병으로 조선을 응원하였다는 것은 요컨대 육상에 한한 것이었다.

이상과 같이 명나라의 군대가 재차 출병한 것은 그 당시 왜적을 위압하는 중대한 위력이었던 것이다. 그러나 장래 전개되는 사실이 증명하는 바와 같이 실지 전투에서는 도리어 왜적의 경멸을 받는 동시에 조선군의 창의적 활동을 많이 견제하며 봉쇄하였다. 더욱이 이들을 접대 공급하기에 조선의 물적 소비와 정신적 고통이 실로 적지 않았다. 양호는 조선이 저축한 물자를 감추어 두고 명나라 군대에게 공급치 아니하였다고 자기 나라 황제에게 무고하였으니(《명사明史》〈양호전楊鎬傳〉), 형개는 조선에 대한 물자 토색을 혹심히 하였다. 유성룡은 명나라 장병들의 추태와 폐해를 다음과 같이 국왕에게 보고하였다.

신은 명나라 군대에게 공급하는 사실을 보건대 중간에서 소모되고 이중으로 받는 폐가 한량이 없으니 국내의 물력을 다하더라도 또한 지출하기 어렵습니다. 근래 그들이 남하한 후에 요遼(遼東), 계薊(薊州), 선宣(宣德府), 대大(大定)의 병사들이 연로에 작폐하여 관리를 구타하며 하인을 결박하고 주식을 강요하는 일이 날마다 심하므로 지방관들은 능히 지탱치 못하여 요행히 모면하는 것으로만 상책을 삼아 멀리 산간벽촌으로 도피하고 다만 하인으로 하여금 그들을 접대하게 합니다. 그들의 횡포한 행동을 어떻게 금지하겠습니까? 마필의 징발도 병참마다 새로 갈아타고 가서는 100필에 한 필도 돌리지 않고 매일 아침저녁에 이렇게 계속하니 민간에는 마소가 전연 없으되 오히려 내라고 독촉하여 백성들의 피해는 이루 차마 말할 수 없습니다. 이것을 달리 시정할 방책이 없고 다만 접대사接待使로 하여금 기회를 보아 제독에게 호소하여 그로 하여금 자기 부하 여러

장령들에게 명령하여 만분의 일이라도 조심하도록 하였으나 또한 어떻게
될는지 알 수 없으니 다만 민망하고 탄식할 뿐입니다.

－《서애문집西厓文集》

* * *

위에서 서술한 바와 같이 조중 연합군－삼협군의 전공의 결과는 용
두사미로 마쳤다. 양호 이하 삼협병 약 4만과 조선의 권율, 김응서 등
이 인솔한 2500여 명은 울산의 도산성(험준하기 비할 바 없으나 아직 수축이 끝
나지 않았었다)을 12월 22일에 포위하여 물과 식량이 곤란한 기요마사의
군대(2500여 명)에게 10여 일 동안 심각한 타격을 주었다. 그러나 양호의
지휘가 영용기민하지 못한 데다가 더구나 자기 군대 내의 북방 출신
여러 장령을 편벽하게 애호하고 남방 출신 여러 장령들을 불공평하게
대우한 결과로 내부 불통이 생겨서 전체가 단결한 힘으로 용감히 싸울
기회를 방해하였다. 또 때마침 서남쪽에 주둔하던 적장들 아사노 요시
나가, 구로다 나가마사, 모리 히데모토, 조소카베 모토치카, 나베시마
나오시게, 가토 요시아키, 도도 다
카토라 내지 유키나가의 구원병이
계속 왔으므로 양호는 자기 군대의
4000, 5000의 사상자를 내고 그 이
듬해, 즉 전쟁 제7년(무술) 1월 초에
포위를 풀고 패퇴하여 경성으로 돌
아왔다.*

* 양호는 이번 패퇴를 전승으로 명나라 황제
에게 위조 보고하였다고 명나라 찬화주사
贊畫主事 정응태丁應泰에게 반박을 당하여
파면 귀국하고 만세덕이 대신 내조來朝하
였다.

반면에 이번 도산성의 공방전을 계기로 기
요마사는 유키나가와 함께 전국의 희망이
없음을 각오하고 철퇴론을 주장하였으나 당
분간 자기들의 괴수 도요토미 히데요시가
허가하지 않으므로 실현되지 못하였다.

*　*　*

명나라 여러 장수들은 이번 도산성 공격에 해군의 협력이 없어서 승리하지 못하였다고 생각하고 수군을 파송할 것을 명나라 황제에게 청하여 강남 수군을 징발하였다. 그리하여 울산 전역 후에 진린은 양광兩廣 병을, 유정은 사천四川 병을, 장방張榜, 등자룡鄧子龍, 남방위藍芳威는 절직병浙直兵을, 진잠陳蠶은 수군을 각각 인솔하고 선후해서 조선에 들어왔었다.

이에 경략 형개는 군대의 편성을 수정하여 좌우 삼협병을 수륙 사로로 나누어서 중로대장은 이여매,* 동로대장은 마귀, 서로대장은 유정, 수로대장은 진린으로 각각 임명하고 총병력 10만(《양조평양록》)으로써 형편에 따라 적당히 대응하게 하였다.

* 이여매는 이여송의 동생인데 그 형 여송이 조선에서 귀국하여 요동 총병으로 있다가 이때 만주에서 전사하였으므로 여매는 중로대장을 사면하고 돌아가서 여송의 후임이 되었으며 다시 동일원이 중로대장에 임명되었다.

동년 5월 2일에 적장 유키나가는 자기 통역 요시라를 보내 강화를 의논하려 하니 명나라 부총병 이방춘은 임실현(현 전라북도 임실군)에 구류하고 경리 양호에게 처치를 청하였는데, 나중에 북경에 압송하여 사형에 처하였다.

조중 수군의 합진,
명나라 수군도독 진린의
장군에 대한 감복

20

이상과 같은 명나라 응원부대의 재차 출병과 군단의 재편성은 이순신 장군의 해군 영역도 근본적으로 변동하게 하였다. 이는 동년, 즉 전쟁 제7년 7월 16일에 명나라 수군도독 진린이 수로대장으로서 수군 5000을 인솔하고 조선 수군통제사의 본영인 고금도에 내주¹한 것이었다. 앞서의 원균에 의한 조선 해군의 패몰은 그 이유가 원균 자신의 실책에 있었을 뿐만 아니라 현지 사령부의 전략과 군기에 조정 및 원수부가 무리한 간섭, 견제 및 강요를 했었던 것이 명백히 폭로되었으므로 이번 장군의 통제사 재임과 명량 대승리를 계기로 하여 조정이 장군을 신임하며 불간섭하는 태도는 아주 새로워졌다. 그리하여 장군의 해군 통제상의 직권은 훨씬 자유롭고 거의 절대적이며 작전에서도 그의 창의성을 보다 높게 발휘할 수 있게 되었다. 그러나 이 진린의 내주는 말할 것도 없이 장군의 통제권을 방해하고 또 장군의 창발력을 구축하는 것을

---

1 '와서 머무른다(來駐)'를 가리키는 듯하다.

의미하는 것이었다. 장군은 내심으로 이것을 절대로 환영하지 않았다.

더구나 진린은 성질이 포맹暴猛하여 부하를 학대하고 조선 사람을 업신여기는(輕侮) 태도를 보였다.*

진린의 성격과 위인에 관하여 국왕과 도체찰사 이원익이 모두 크게 걱정하고 비밀 서한을 장군에게 보내어 선처하라고 당부하였다.

동년, 즉 1598년 7월 16일에 진린의 수군이 고금도에 도착한다는 것을 들은 장군은 마음으로 대단히 불쾌히 생각했으나 체면상 어찌할 수 없었다. 그래서 장군은 군의軍儀

* 유성룡은 《징비록》에서 이렇게 말하였다. "명나라 수군도독 진린이 입국하여 고금도에 내려가서 순신과 합병하게 되었다. 진린은 성질이 포맹하여 남과 다르므로 겁내는 사람이 많았다. 국왕이 청파靑坡들에까지 전송하였다. 내가 보니 진린의 군인이 우리 지방관을 구타하고 모욕하기를 거리낌 없이 하여 찰방察訪 이상규李尙規의 목을 노끈으로 매어 끌어서 유혈이 만면하기에 내가 통역관을 시켜 풀어 주기를 권하였으나 듣지 않았다. 내가 같이 앉아 있는 재상들에게 말하기를 '애석하게도 이순신 장군이 또 장차 실패할 것이다. 이 사람이 순신과 진중에 같이 있으면 그를 견제하여 반드시 군사 지휘권을 침탈하고 자기 군사들의 횡포를 방임할 것이다. 순신이 그 비위를 거스르면 더욱 노할 것이오, 비위를 맞춰 주면 한도가 없을 것이니 수군이 어찌 실패하지 않겠는가?' 하니 만좌한 동료가 모두 내 말을 옳다 하고 서로 탄식하였다."

를 갖추어 멀리 나가 영접하여 본영에 데려오자 곧 대연회를 베풀어 주었더니 진린 이하 장령들이 모두 잔뜩 취하여 병졸들은 서로 말하기를 과연 듣던 바와 같이 이순신 장군은 좋은 장군이라 하며 진린도 마음으로 대단히 기뻐하였다.

진린이 우리 해군 본영에 도착하던 그 이튿날, 즉 7월 18일 적선 100여 척이 와서 녹도를 침범한다는 경보를 듣고 장군과 진린은 각기 전선을 인솔하고 금당도金堂島에 이르니 적선 두 척이 우리 전함을 바라보고 곧 도주하였다. 그곳에서 하룻밤을 지내고 본영으로 돌아올 때 장군은 녹도 만호 송여종으로 하여금 전선 여덟 척을 절이도에 매복케 하였으며 진린도 자기 전선 서른 척을 남겨 두어 대기하게 하였다.

그 후 동월 24일에 장군이 진린을 위하여 운주당(신축하였음)에서 연회를 베풀고 있을 즈음에 진린의 부하 천총千總(군관 명칭)이 절이도에서 와서 그에게 보고하기를 동일 새벽에 적선들을 만나 조선 수군은 적선을 전부 사로잡았고 자기들의 병선은 풍세가 불순하기에 응전치 않았다 하니 진린은 크게 성을 내면서 천총을 잡아내라고 호령하고 술판을 던지며 술상을 떠밀고 얼굴을 붉혔다. 장군은 속으로 진의 위인을 비웃고 풀어서 말하기를 "당신이 왜구를 격퇴하려고 멀리 왔으니 본진本陣의 전승은 귀군貴軍의 전승이다. 나는 이번에 얻은 적병의 머리를 전부 당신에게 양도하니 당신이 진둔에 오자 이 적지 않은 전공을 당신의 이름으로 귀국 조정에 보고하면 이보다 더 좋은 일이 어디 있겠는가?"라고 한즉 진린은 이 말을 듣고 장군의 손을 나아가 잡으면서 "내가 중국에 있을 때부터 장군의 명성을 이미 들었더니 지금 와 보니 과연 명장이다"라고 하고 크게 기뻐하였다. 이 뒤부터 그는 장군을 더욱 경애하였다.

그때 송여종은 자기 전공을 빼앗겼다고 실망하고 불평을 하소연하니 장군은 웃으면서 "썩은 고기(적의 머리를)는 한인漢人에게 주고 그대의 전공은 내가 조정에 직접 보고한다"라고 하였다. 장군의 이 말에 송(여종)도 또한 감복하였다.

장군의 덕의와 아량에 대한 진린의 감복이 더욱 깊어 감을 따라 그의 뻣뻣하던 고개는 숙여지기 시작하였다. 그러나 장군 앞에 아직도 큰 난관 하나가 남아 있었다. 이는 명나라 병사들의 횡포와 무기율한 것이었다. 그들은 대국 군인이라는 그릇된 자부심으로 조선 사람을 멸시하고 또 민간에 나가서 약탈과 침해를 마음대로 하므로 우리 군인과 인민들의 고통이 컸었다. 이것을 제지하지 않고는 군대의 질서와 위신을 유지할 수 없을뿐더러 적군과 결승하는 데도 지장이 많았다.

장군은 군중軍中의 군기 확립을 선결 문제로 생각하였다. 장군은 어느 날 불시에 자기 진중에 비밀 명령을 내려 부근 인민의 가옥을 일제히 철거하게 하고 자신의 의복, 금침, 가구 일체를 배에 옮겨 싣게 하였다. 진린은 이러한 광경을 보고 이상히 여겨서 부하를 시켜 장군에게 와서 그 이유를 물었다. 장군은 대답하기를 "우리나라 군인과 인민은 명나라 군대가 원조하러 온다는 것을 듣고 모두 기다렸는데 이제 당신의 군사들이 횡포와 약탈을 일삼아서 인민들이 견딜 수가 없으므로 모두 짐을 걷어 가지고 멀리 도망하려 하니 대장인 내가 무슨 명목으로 이곳에 홀로 남아 있겠는가? 나는 다른 곳으로 옮기려고 지금 짐을 챙기노라"라고 하였다.

그 부하는 돌아가서 장군의 말대로 고하니 진린은 크게 놀라서 곧 헐떡거리면서 쫓아와서 장군의 손을 꽉 잡으며 만류하는 한편 배에 실었던 짐짝을 도로 날라 오게 하고 자기와 같이 있기를 간청하였다. 장군은 마지못한 태도로 말하기를 "당신이 만일 나의 청구 하나를 들어준다면 나는 당신과 같이 있겠다"라고 하니 진린이 "장군의 청구는 무엇이든지 들어주겠노라"라고 하였다.

장군은 강개한 어조로 "당신의 병사가 나를 소국의 장수라고 하여 거리낌이 없이 군율을 무시하니 이러고서는 적을 격퇴할 수 없다. 당신이 편의상 당신의 병사들의 비행을 제지하는 권한을 나에게 위임하면 나는 비로소 당신의 군대와 함께 적을 섬멸하고 인민을 구제할 수 있으리라"라고 하였다. 진린은 이 말에 쾌히 응락하였다. 그리하여 이 뒤부터는 명나라 병사가 조금이라도 군율을 위반하면 발견하는 대로 장군이 용서치 않고 엄숙히 처단하니 그들은 장군을 진린보다 더 무서워하여 군대 내에 비로소 기율이 엄격하게 섰으며 부근 인민들은 모두 안심하고 생활하였다.

진린이 진중에 온 뒤에 날이 갈수록 장군에게 받는 감화는 더욱 커져 갔다. 그는 장군의 전략전술과 군사상 행정 사업을 주목하고 참으로 탁월한 명장의 작풍이 있는 것을 깊이 인식하여 작전에서 군호軍號와 지휘를 모두 장군에게 위임하고 따라서 전체 군대를 통제케 하였다. 그는 상관임에도 불구하고 자기 자신이 도리어 장군의 절제를 받기를 원하였다. 그는 자기가 가지고 온 전함들이 수량은 많으나 적병의 침입을 방어할 수 없다 하여 교전할 때에는 항상 우리 판옥선을 타며 외출할 때에도 장군과 가지런히 가마(轎子)를 타고 뒤따르며 앞서가지 않았다. 그는 또 장군을 '이야李爺'²라고 존칭하였다. 이는 그가 장군의 인격과 장재에 심복한 것을 표시한 것이었다.

이리하여 장군의 사령관적 직권이 침해받을 우려는 근본적으로 해소된 동시에 진린은 장군의 충실한 지지자로 전화되었다. 이러한 사실은 당시 일부 지배계급에게 사대주의적 비굴성이 유행하는 사회에서 장군의 인격과 사상이 얼마나 정대강직正大剛直하였던가를 증명하였다. 또 장군의 사람을 통제하는 능력과 군기를 존중하는 규모가 얼마나 우수하였던가를 표시한 실례였다. 임진조국전쟁에서 장군이 인민의

---

2 야爺는 남자의 존칭으로 아버지, 어른이라는 뜻.

선두에 서서 인민의 애국심과 영용성을 옳게 조직하고 승리로 인도하는 데 장군의 이러한 성격과 역량은 중요한 요인이었다.*

* 진린은 후일 명나라 황제 신종에게 장군의 장재와 전공을 보고하니 신종은 크게 아름답게 여겨 장군에게 수군 도독의 관첩官帖, 인장, 영패令牌, 군도, 기旗 등 물품을 전달하였다.

또 진린은 장군과 합진한 지 얼마 안 되어 조선 국왕 선조에게 보낸 편지에 "이순신은 경천위지의 계략과 보천욕일의 공이 있다(李舜臣, 有經天緯地之才, 補天浴日之功)"[3]는 문구로써 장군에 대한 최대 찬사를 썼으므로 국왕은 그제야 진린이 장군에게 심복한 줄을 알고 크게 기뻐하였으며, 동시에 국왕 이하 제신이 장군의 재능을 새롭게 인식하였고 종래 반대파들도 다시는 감히 중상 무함하는 언동을 표시하지 못하였다.

3 　하늘을 날줄로 땅을 씨줄로 삼을 만한 재주와 하늘을 깁고 해를 목욕할 만한 공을 가졌다. 보천욕일은 '여와가 하늘을 메우다(女媧補天)'와 '희화가 해를 목욕시키다(羲和浴日)'에서 유래한 성어로, 위대한 공훈을 세운 것을 비유하는 말이다.

최후 멸적적 공격에 있어서

명나라 장령들의 추태와

장군의 의분심

21

장군은 횡포한 진린과 그의 장병들을 인격과 도의로 감복케 한 다음에 안으로 수군 병력을 합하여 밖으로 육군의 긴밀한 협조를 얻어서 말로에 서 있는 적군을 전부 섬멸하여 버리려고 결심하고 노력하였다. 그러나 당시 정세는 장군의 이와 같은 결심과 노력을 도리어 방해하였다.

앞에서 이미 말한 바와 같이 명나라 군대의 경략 형개가 수륙 사로로 진공을 편성한 뒤에 전국은 어떻게 전개되었던가? 수로대장 진린의 행동은 다음 따로 논술하려니와 동로대장 마귀는 다시 울산에 있는 기요마사를 진공하려 하다가 전번 도산성전투의 실패를 경계하여 회피하고 약간의 소충돌이 있었을 뿐이었다. 다만 이제 논술할 것이 서로西路와 중로中路인데 서로의 대상은 순천의 유키나가이며 중로의 대상은 사천의 시마즈 요시히로, 시마즈 다다쓰네 부자였다. 이들은 전년(1597. 정유) 8월 남원성의 공략에 참가하고 곧 전주를 거쳐 10월 28일에 사천의 본영으로 환군하였다가 오래지 않아 사천의 신성新城에 이주하였다. 이 신성은 삼면이 바다로 둘려 있고 일면이 육지를 연접한 지세로

서 망진望津, 영춘永春, 사천泗川 고관故館 세 성은 전면에 솟아 있으며 진해, 고성은 우측에, 곤양성昆陽城은 진강晋江(진주 남강) 건너 좌측에 벌려 있으니 실로 천험天險의 성새였다. 또 표한慓悍하기로 유명한 그의 소속 부대인 살마병薩摩兵[1]은 때로 합천, 의령, 함양, 고령 등지에 와서 약탈하였다. 그 이듬해(무술) 8월에 동일원은 중로대장으로 상주와 고령을 거쳐 진주에 주재하니 진강의 남편은 망진성이므로 동일원의 부대는 적장 시마즈의 진과 서로 접촉하기 시작하였다. 그리하여 동일원은 모국기, 섭방영葉邦榮 등 여러 장수와 함께 1만여 명으로써 망진, 영춘, 사천 고관 등 제성을 격파하고 10월 초에 사천 신성에 육박하였으나 적을 경시한 까닭으로 도리어 참패하고 성주에 퇴각하여 군세가 부진不振한 상태에 빠졌다.

그리고 서로의 공격 대상인 적장 유키나가는 역시 작년 남원 강점 이후에 순천(전라 좌수영 소재군)의 예다리(曳橋 또는 倭橋) 부근에 와서 진지를 구축하였으니 이도 바다를 동북으로 두고 큰 바위와 높은 낭떠러지의 지세를 점령한 요새였다. 유키나가는 원래 주화론主和論자로서 화의 교섭에 간교한 수완을 부렸지마는 내심으로는 자기들이 한때는 조선을 유린하였으나 결국은 막대한 자기 국력을 피폐시키고 아무 소득 없이 퇴각할 것을 미리(평양 패퇴 이후) 짐작하였다. 단기 작전을 성공하지 못하고 전국이 7년이나 연장되어 버린 이즈음에 주전론자로 지목받던 기요마사도 전번 울산 도산성 전역을 경험한 뒤로는 자진하여 화의를

---

[1]   사쓰마 도주(사쓰마 성주)인 도진島津, 즉 시마즈 요시히로의 병력. 원문에는 '찰마병'이라고 기재되었다.

운운하였거든 하물며 화의 책임자로 지목받는 유키나가로서 화의의 기회를 또 다시 포착하려 하지 않을 수 없게 되었다. 더구나 이때 이순신 해군의 부흥 기세는 날로 높아지며 명나라 수륙 수십만의 대군이 속속 도래한다는 풍문은 적군을 위협하였을 뿐만 아니라 적의 국내에서도 인민들이 대외 장기전을 반대하는 기세가 점차 커져 감을 따라 적의 괴수 도요토미 히데요시의 정권이 도괴할 것은 이미 눈앞에 닥쳐온 현실이었다. 이에 대한 적장들의 초조와 번민은 말할 수 없고 오직 조선에서 물러가는 길 이외에는 다른 해결책이 없었던 것이다.

이때 서로대장 유정은 소속 장병과 묘병苗兵(묘족苗族의 군인) 수만을 인솔하고 수원에 주둔하다가 나아가 순천의 유키나가에게 진격하려 하였으나 그 성이 해안을 점거하고 있으므로 육군만으로는 진격을 성공할 수 없다고 생각하였다. 유정은 8월 1일(일본 측 기록은 9월 19일)로 강화 담판의 기일을 정하고 면회 현장에서 유키나가를 불의에 포박하려 하다가 사전에 모략이 발각되어 성공하지 못하고 화의는 잠깐 중지되었으며 유정과 유키나가는 순천 일대에 공방전의 태세로 상대하고 있었다.

그러나 지금 와서는 화의의 내용이 전과는 전연 달라졌다. 즉 적 측의 요구는 자기들의 무조건적 철퇴에 대하여 우리 측에서 조금도 저해하지 말라는 것이었다. 더구나 이때 적의 괴수 도요토미 히데요시는 포악무도한 침략자의 생애를 마치고 동년(1598, 전쟁 제7년) 8월 19일에 죽었으므로 그의 부하 모리 데루모토, 우키타 히데이에, 마에다 도시이에前田利家, 도쿠가와 이에야스德川家康 소위 4대로大老는 그의 유명遺命에 의하여 조선에서 급속히 철퇴할 것을 유키나가, 기요마사 등 제장에게 재촉하였다. 이 적 측의 무조건적 철퇴의 요구에 대하여 우리 측이 이것을 그냥 방임하느냐 않느냐가 명나라 장령들 간의 소위 강화 문제의 요점이었다. 이 문제에 조선 인민의 전체 의사를 대표한 이순신 장군은 어데까지든지 해면을 봉쇄하여 놈들이 돌아갈 길을 차단하고 "한 척의 적선도 돌려보내지 않겠다(使隻櫓不返)"라는 것을 강경히 주장하였으며, 이 반면에 싸움을 겁내고 적의 회뢰에 팔려서 조선을 원조하는 사명을 망각하고 해로를 개방하여 적을 순순히 돌려보내기를 원하는 자는 유정 이하 명나라 여러 장수들이었다.*

> * 적의 괴수 도요토미 히데요시가 죽었다는 보도는 무술년(1598) 8월 27일 도원수 권율이 국왕에게 보내는 편지에 벌써 나타났었다(《선조실록》).

* * *

그런데 장군과 진린 사이에는 이 문제에 대하여 어떠한 관계를 가졌던가?

9월 19일 적들이 장차 철귀한다는 소식을 듣고 공과 도독(진린)이 해군을 거느리고 출발하여 19일에 전라 좌수영(순천 여수만) 앞에 이르렀고 20일에 순천 예다리에 전진하니 즉 적장 고니시 유키나가의 진전陣前이다. 공은 적이 장도獐島에 군량을 쌓아 둔 것을 알고 군사를 보내서 가져오고 그 나머지는 다 태워 버렸다.

- 〈행록〉

20일 임인壬寅 일기가 맑았다. 진시辰時 (오전 7, 8시경)에 묘도猫島에 이르니 명나라 장수 유 제독提督이 이미 진격하여 수륙 협공함에 적의 기세가 크게 꺾여져 겁내는 모양이 많았다. 해군이 출입하며 포를 쏘았다.

－〈난중일기〉

이 기록들을 보면 장군의 함대는 적장 유키나가의 본영을 향하여 직접 공격을 개시하였으며 또 진린과도 합의하여 적의 귀로를 차단하기로 결정하였던 것이다.

21일 공이 해남 현감 유형柳珩 등을 보내 적진에 진격하여 적병 여덟 명을 죽이고 조수가 물러가서 바닥이 얕으므로 회군하였다. 이날 명나라 육군 유정이 묘병 1만 5000을 인솔하고 예다리 북쪽에 와서 진을 쳤었다.

－〈행록〉

21일 계묘癸卯 일기가 맑았다. 아침에 진격하여 종일 싸웠다. … 남해의 적이 경편한 배를 타고 들어와서 정찰하는 것을 허사인許思仁 등이 추격하니 적이 상륙 등산하였다. 그 배와 안에 실은 잡물을 탈취하여 도독(진린)에게 주었다.

－〈난중일기〉

이것을 보면 장군의 종래 소원인 수륙 협공의 기회는 이제야 능숙하였다. 그리고 유정 등도 처음에는 수륙 협공의 약속을 승락하였던 것이다. 그러나 9월 말부터 10월 초순까지 우리 수군의 진격이 계속 있었으나 여러 장병의 전사자를 많이 내고 소기의 성과를 거두지 못하였으므로 유정이 수륙 협공의 약속을 배반한 것이 주된 원인이었다.[*]

원래 명나라 장수들은 대체로 실지 전투를 겁내어 표면상으로는 전투 선전만을 고조하고 내면으로는 왜군의 자진 퇴거를 기다려 전승하였다는 빈 이름을 획득하려는 심산이었다. 동년 11월경에 명나라 사람 만세덕은 경리 양호를 대신하여 경성에 와서 아무 새로운 계획도 없고 다만 격문을 선포하여 왜장들을 이간 동요시키려 하였다.[**]

당시 왜병들이 얼마나 이 격문에 감동하였는지 알 수 없으나 이 격문의 권고가 있고 없고를 불구하고 놈들은 철병 도주하기에 급급하였다. 그러나 7년 동안이나 국토를 유린하고 인민을 학살한 왜적에게 무조건 철퇴를 조건으로 그냥 방임하는 것은 조선 인민의 치욕이며 전체 인민들과 함께 이순신 장군이 절대로 용허하지 않은 것이었다.

당시 조선 인민이 왜적의 침략에 얼마나 통분히 생각하였던가는

[*] 당시 우의정(제2 부수상) 이덕형은 보고에서 다음과 같이 말하였다.

"유 제독이 초3일(10월)에 적의 성을 공격할 때 수군(이순신의 수군)이 조수를 타고 혈전하여 대포가 유키나가의 방실房室을 맞히니 왜인은 놀라서 모두 동쪽으로 쫓겨 갔다. 만일 육군이 이때 서쪽으로 진격하였다면 성은 함락되었을 것이다. 김수가 문을 열고 싸우기를 청한즉 유 제독은 노여워하는 빛이 있으며 마침내 동병動兵하지 않았다. 성 위에 어느 여인이 소리쳐 말하기를 지금 왜적이 없으니 명나라 군대가 잇대어 들어오라고 하였다. 기회가 이처럼 좋았는데 수수방관만 하고 지나갔다. 유 제독의 행동은 얼빠진 사람과 흡사하므로 장병이 모두 그를 업신여겼다. 그때 마침 그는 사천의 패보(동일원의 패퇴)에 사정이 이미 순조롭지 못한 것을 보고 퇴각을 결심하였으니 더욱 통읍痛泣할 일이다"(《선조실록》).

그의 보고는 또 계속하여 유정의 비겁한 추태를 다음과 같이 말하였다.

"제독이 수군과 협력하지 않은 것은 처음에 공을 다투는 마음이 있었던 까닭이며 나중에는 그의 처리가 더욱 착란錯亂하였다. … 제독이 밤을 타서 철퇴하였는데 군사가 산란하여 예다리에서 순천까지 백미낱(白米粒)이 길바닥에 낭자하게 깔렸다. 예다리에 남은 양곡이 아직도 3000여 석이 있는 것을 모두 태워 버리고 타지 않은 것은 적의 손에 돌아갔다"(상동).

전쟁 직후에 광범히 유행하였던 민간 소설《임진록》(국문본)에서도 충분히 볼 수 있다. 이 소설에서는 임진왜란에 왜놈 3조 8억이 조선에 나왔다가 만고 명장 이순신의 거북선과 홍의장군 곽재우, 김덕령, 조헌 등의 의병부대와 유성룡, 이항복의 책략으로 몰살되었으며, 도요토미 히

데요시도 결국 애통이 타서 죽어 버렸다고 서술하였다. 또 이 소설은 사명당 대사大師가 일본에 건너가서 신출귀몰한 재주를 부려서 왜놈들의 최후 항복을 받고 왜국은 전쟁범죄에 대한 처벌 조건으로써 매년 인피人皮 300장과 고환睾丸 서 말(三斗)씩을 조선에 바칠 것을 맹세하여 어김없이 실행하였다고 하였다. 이 소설에서 당시 조선 인민들이 왜적의 잔인 포악한 살육, 방화, 강간, 귀 베기(割耳), 코 베기(割鼻), 약탈, 포로 등 천인공노할 만행들로 놈들은 인간의 종자가 아니라는 관념을 가지고 철천의 원수로 인정하였던 것이 여실히 반영되었으며, 동시에 영세불망永世不忘의 적개심을 고취하였음을 볼 수 있다. 이순신 장군이 최후까지 도주하려는 적군의 "한 척의 배도 남겨 보내지 않겠다"라고 결심한 것은 당시 조선 인민의 의분을 똑바로 대변한 실례였다.

적군의 총퇴주,
진린의 협력,
장군의 노량(露梁)대승전 및
장렬한 순국(殉國)

22

〈난중일기〉와 〈행록〉(《충무공전서》) 등에 의하면 진린은 전쟁 제7년 10월
1일에 유정을 방문하고 수륙 협공을 약속하였으니 이는 장군의 이면적
권고에 의한 것이었으며, 그 후 11월 2일 유정이 약속을 배반하므로 진
린은 크게 분노하였고 동월 13일까지도 장군은 진린과 함께 적선을 추
격하여 해로 봉쇄책을 실행하였다.

그러나 유정의 비겁과 유키나가의 회뢰가 서로 합점하여 수륙 협
공은 결국 수포가 된 동시에 장군의 전략적 숙안宿案은 영원히 실현되
지 못하였다. 이뿐 아니라 간악한 적장 유키나가의 회뢰는 마침내 지금
까지 강경하던 진린의 태도까지 약화시켰다.

유키나가는 귀로를 얻기 위하여 동년 14일부터 매일 매야에 주육酒
肉과 물품을 보내고 진린에게 퇴진하여 주기를 애걸하였다. 장군은 〈난
중일기〉에 다음과 같이 썼었다.

(11월) 15일 왜사倭使가 이른 아침에 도독을 와 보고 잠깐 말하고 곧 돌아

갔다. 왜선 한 척이 화의에 관한 일로 도독 진중에 재삼 출입하였다.

16일 도독이 진문陳文(진린의 부하)을 왜적의 진중에 보내니 조금 이따가 왜선 세 척이 마필과 창검 등 물품을 싣고 도독에게 드렸다.

이같이 진린은 왜적의 뇌물을 받아먹고 장군에게 적과 타협하여 해로를 열어 주기를 권하니 장군은 "대장으로서 적과 화친한다는 것은 말할 수 없으며 원수는 놓아 보낼 수 없다. 왜적은 우리나라의 원수일 뿐만 아니라 귀국의 원수인데 당신이 어찌 도리어 놓아 보내려 하느냐?"라고 하였다.

이때 적장 유키나가는 진린의 양해를 얻어 배 두어 척을 시험 삼아 항구 밖으로 먼저 보내 보았으나 번번이 장군의 함대에게 격파되었다. 그리하여 유키나가는 진린의 '무신無信'을 문책하고 또 귀로를 보장하여 줄 것을 애걸하니 진린이 말하기를 "내가 너희를 위하여 이 통제에게 말하였으나 거절을 당하였으니 지금은 다시 말할 수 없다"라고 하였다. 유키나가는 할 수 없이 사람을 보내 장군에게 총검 등 물품을 드리려고 애걸하였으나 장군은 엄숙히 거절하고 질책하기를 "임진 이래로 적을 무수히 잡아서 이미 얻은 총검도 산같이 쌓였고 또 원수의 물건을 무엇하랴? 우리나라 사람은 왜놈의 대가리를 보물로 하는데 이따위 총검이 무슨 보물이냐?"라고 하니 왜사는 아무 말도 못하고 물러갔었다.

그 다음 유키나가는 또 사람을 보내어 "조선 해군은 명나라 해군과 마땅히 따로 있어야 할 것인데 이제 한곳에 같이 있는 것은 무슨 까닭이냐?" 하고 물었다. 장군은 대답하기를 "우리나라 강토에 두 나라 해군이 왜적을 격멸하기 위하여 진을 펴고 있으니 모든 것이 우리의 임의요 왜적이 알 바가 아니다"라고 하였다.

이때 진린은 적의 뇌물을 많이 받고서 그놈들의 귀로를 열어 주기 위하여 장군에게 말하기를 자기는 유키나가를 잠깐 두고 먼저 남해의 적군을 가서 치겠다 하였다. 장군은 "남해의 적이란 것은 모두 적에게 포로가 된 인민이요 왜적이 아니다"라고 하니 진린은 "그들이 이미 적에게 친부親附하였은즉, 이도 적이니 이제 가서 치면 별반 수고도 없이 많이 베어 죽일 수 있다"라고 하였다. 장군은 또 말하기를 "황상皇上(즉 명나라 황제)이 적을 치라고 한 것은 우리나라 인민의 생명을 구출하라는 것인데 이제 당신이 이들을 구출치 않고 도리어 죽이려 하니 이는 황상의 본의가 아니다"라고 하였다. 진린은 그제야 성을 불끈 내면서 "황상이 내게 장검長劒을 주셨다"라고 하니 이는 즉 자기의 명령을 거스르면 이 칼을 행사하겠다는 위협이었다. 장군은 문득 정색正色하며 강경한 태도로 "나 한 사람의 죽음은 아낄 것 없으나 내가 대장이 되어 적을 두고 우리 인민을 죽일 수는 절대로 없다"라고 하였다.

이렇게 한참 동안 격렬하게 논쟁하였다. 이와 같이 열렬하고 정직하게 진린의 적과 타협하는 행동을 반대하였다. 대의大義와 원칙을 엄숙하고 열성스럽게 주장하는 장군의 말에는 경솔하고 비겁한 진린으로서도 또다시 고개를 숙이고 장군에게 복종하지 아니할 수 없게 되었다.

* * *

이때 명나라 유정의 육군이 배신하여 협공하지 않고 유키나가가 진영에 대한 육상의 위협이 박약하므로 장군은 기이한 계책을 내어 적의 진지를 동요시키려고 하였다. 장군은 1000명 미만의 병사를 거느리고 예다리 부근인 천마산天馬山(적진의 배후)에 주둔하고 그의 한 개 부대를 보내 산 뒤를 넘어 좌수영 가는 길을 쫓아서 산 위에 와서 회합하게 한 다음에 날마다 빛이 다른 의복을 갈아 입혀서 의심스러운 군사(疑兵)를 만드니 유키나가는 수만의 다수한 군대를 가지고 있음에도 불구하고 당황하였으며 또 우리 진지에 원조병이 많이 와 있는 줄로 생각하여 감히 경솔히 진격하지 못하였다.

그러나 장군은 왜적의 궁시弓矢와 총환銃丸 등 군수 물자가 아직도 다량이어서 소수의 우리 병력으로는 제압하기가 곤란하므로 먼저 그것을 소모시키려 하였다. 그리하여 수십 척의 큰 배를 익신역益新驛의 포구浦口에 벌려 세우고 배 위에 갈대(葦)로 만든 사람들을 많이 실었는데 이 위장 인체의 속에는 생대(靑竹)를 넣었다. 캄캄한 밤에 순풍을 타서 위장인들에게 불 지르면서 바로 적진을 향하여 나아가니 불은 모질고 댓마디(竹節)는 터져서 빛과 소리가 바다를 뒤집을 듯하였다. 적군은 크게 놀라서 일제히 힘껏 화살과 총알을 빗발같이 발사하여 잠깐 동안에 적의 화살과 총알이 대량으로 소비되었다. 장군은 문득 천마산으로 쫓아와서 적진을 엄격하니 적군은 크게 소란하여 수천 명의 사상자를 내었다. 유키나가는 할 수 없이 진지를 버리고 탈주하려 하였다(이상은 〈망해대기望海臺記〉¹에 의함).

17일 이른 밤에 순천의 유키나가와 남해의 소 요시토시 진영 간에

---

1   한말 김윤식(1835~1922)이 쓴 글(《운양집》권10 記). 원문에는 〈望海坮記〉라고 기재되어 있음.

봉화를 들어 멀리 서로 호응하니 이는 곤양, 사천에 유둔하고 있는 시마즈 요시히로 이하 적들이 유키나가의 긴급한 청원에 노량에 왔다는 암호였다. 장군은 부하 장령들에게 경계를 엄중히 하고 대기할 것을 명령하였다.

18일 유시酉時(오후 7, 8시경)에 적선이 남해에서 무수히 나와서 엄목포嚴木浦와 노량진에 대어 있었다. 장군은 "앞뒤로 적의 공격을 받을 것(腹背受敵)"을 염려하여 적군을 야간에 공격하기로 진린과 약속하고 이날 밤 2경(오후 10시경)에 함께 발선하여 4경(오전 2시경)에 노량에 도착해서 시마즈 이하 적장들이 영솔한 적선 대부대를 만나 여기서 장차 미증유의 대해전을 전개하게 되었다. 이는 장군의 최후 대해전이었다.

19일 이른 새벽에 장군은 진린과 협의하여 조중 연합함대를 좌우 양익으로 나누어 항만과 작은 섬 사이에 잠복하여 고요히 대기하고 있었다. 적선 500여 척은 광주양光州洋²에서부터 노량에 집중하였다. 이에 우리 좌우 양익 함대가 돌출하니 적선들은 흩어졌다가 다시 집합하였다. 우리 양군이 불을 붙인 섶 꺼림사리(薪火)를 난투亂投하니 적선들이 연소燃燒되어 저항하지 못하고 관음포觀音浦 항내로 몰려갔다. 밤은 벌써 훤하게 새어 간다. 적이 항내에 들어가서는 뒤로 물러 나갈 길이 없으므로 다시 나와서 죽음을 무릅쓰고 싸운다. 우리 양군은 전승의 기세로 적을 압박하였다.

장군이 북을 치며 앞서 돌진하니 적선들은 장군을 급히 포위하였다. 진린이 포위를 뚫고 바로 들어와서 구원하니 적선들은 또 진린의 배

---

2   광양 앞바다로 추정할 수 있다.

를 포위하였다. 장군이 또 뚫고 들어와서 힘을 합하여 혈전하였다. 적장 3인이 누선樓船 위에 앉아서 독전하는 것을 보고 장군이 그중 한 놈을 화살로 쏘아 거꾸러뜨리니 진린을 포위하였던 적선들이 이것을 구원한다. 이 틈을 타서 진린은 무사히 탈출하였다. 장군은 진린과 합력하여 호준포虎蹲砲(대포의 한 종류)를 발사하여 적선들을 잇대어 격파하였다.

때마침 명나라 수군 부총관 등자룡이 가정家丁(자기 수하의 병사) 200여 명(모두 중국 강서성인)을 지휘하여 수공首功을 쟁취하려고 조선 배에 올라서 적을 많이 사격하는 즈음에 그 뒤에 있는 자룡의 소속 병선 중에서 화기火器를 사용하다가 실수하여 도리어 자룡이 타고 있는 배를 때려서 선내 병사들이 소란하고 선체는 기울어진다.

적병이 뛰어 올라와서 자룡과 그의 가정들을 죽이고 그 배를 태우니 조선 병사들은 바라보고 적선이 또 불탄다 하며 더욱 기세를 내어 소리쳤다.

장군은 자룡의 배가 실화失火한 것을 보고 그를 구출하려고 분투 사격하다가 적탄 하나가 날아 와서 그의 왼편 겨드랑이를 맞혔다. 장군은 넘어지면서 곁에 있는 자기 맏아들 회薈와 형의 아들 완莞더러 방패로 자기의 몸을 가리게 하고 "지금 전투가 한 고비이니 내가 죽은 것을 숨기고 절대로 말하지 마라"라고 하고 곧 최후의 숨을 끊었다.

그들은 장군의 시체를 안고 선실에 들어가서 안치하였다. 이것을 아는 사람은 회, 완 및 시노 김이金伊 3인뿐이었다. 때는 전쟁 제7년(1598. 선조31. 무술) 11월 19일 정오경이었다.

완은 장군의 유명대로 기를 휘두르며 여전히 독전하였다. 적이 또 진린의 배를 포위하여 위경에 빠졌는데 우리 장병들은 도독선의 기호를 보고 경쟁적으로 돌진하여 그를 구출하였다. 장군의 부하 유형, 송희립宋希立, 우치적禹致績, 우수禹壽, 이섬李暹 등 장령들은 모두 결사적으로 영용하게 싸웠으며 유(형), 송(희립) 양인은 모두 적탄을 맞아 기절하였다가 다시 일어나서 상처를 싸매고 분투하였으며 가리포 첨사 이영남李英男, 낙안 군수 방득룡方得龍, 흥양 현감 고득장高得蔣은 영용무비한 전투 끝에 장군과 함께 영예스러운 최후를 맞이하였다.

가열 장쾌한 전투는 아침을 지내고 낮까지 계속하였다. 적군은 크게 패배하였다. 우리 함대는 조금도 용서 없이 추격하여 적선 200여 척을 태워 버렸으며 적병이 불에 타고 물에 빠지고 총알과 화살에 맞아 죽은 수는 1만여 명에 달하였다. 사천 적장 시마즈 요시히로는 겨우 남은 배 쉰 척을 가지고 탈주하였으며 유키나가 등은 틈을 타서 가만히 묘도猫島(현 전남 여수군 삼일면 묘도리)[3] 서량西梁에 나가서 외양으로 향하여 도주하였다.

이때 중로 육군대장 유정과 그의 전 군대는 예다리 부근에 있었으나 끝내 이 최후의 대전투에 참가하지 않았으며 적장 유키나가가 도주하고 남겨 놓은 빈 진영에 들어가서 적장과 예약한 노획품을 수습하여 자기 조정에다가 자기가 싸워 승리하였다고 허위 보고할 자료들을 준비하기에 눈을 붉혔을 뿐이었다.

* * *

---

3 현재 전남 여수시 묘도동.

우리 수군의 섬멸적인 추격과 적장들의 발광적인 도주로 전투가 끝나자 진린은 장군의 부대 병사들이 왜두倭頭와 왜화倭貨를 쟁취하는 것을 바라보고 놀라면서 통제사가 죽었구나 하고 급히 장군의 배에 달려 와서 통제사는 속히 나오라 속히 나오라 하였으나 통제사는 보이지 않고 이완李莞은 뱃머리에 서서 통곡하면서 숙부는 전사하였다 하니 진린은 그만 배 위에서 세 번이나 넘어졌다 일어섰다 하며 방성대곡하였다. "통제사는 이미 죽은 뒤에도 나를 구출하였다"라고 하고 다시 가슴을 치며 한참 동안 울었다.

장군이 전사했음을 발표하자 우리 장병은 물론이요 명나라 장병들도 모두 통곡하여 슬픈 소리는 바다 위에 가득 찼었다. 조국방위를 위한 7년 전쟁은 장군과 함께 끝났다. 장포무비한 대적을 끝까지 섬멸한 역사적인 개선가는 장군의 장렬하고도 침통한 최후를 보내는 일대 조곡弔曲으로 전화되었다!*

* 장군이 순국殉國하던 전날에 진 도독은 장군에게 편지하기를 "내가 밤에 천문天文을 보고 낮에 인사人事를 관찰하니 동방 장성將星이 병들었으므로 공의 화가 장차 멀지 않을 것이니 공이 어찌 알지 못하느냐? 어째서 제갈무후諸葛武侯의 양법禳法(생명 연장을 기도하는 방법)을 쓰지 아니하느냐?"라고 하니 장군은 다음과 같이 답서하여 사절하였다. "나는 충忠이 무후武侯와 같지 못하고 덕德이 무후와 같지 못하고 재才가 무후와 같지 못하다. 이 세 가지가 무후와 같지 못한데 비록 무후의 방법을 사용하나 하늘이 어찌 응하겠느냐?"라고 하였다. 그 이튿날 과연 큰 별 하나가 바다에 떨어지므로 사람들은 이상하게 여겼다 한다(청산도진 도독비문靑山島陳都督碑文).

이것을 보면 비록 점성술적 미신에 불과하나 진린 이하 명나라 장령들이 장군의 재덕지략才德智略을 자신들이 제일 숭배하는 제갈량諸葛亮과 꼭 같이 인정하였음을 증명한다.

장군의 최후 및
일생에 대한 총평

23

이순신 장군은 위대한 애국 인민의 전형으로서 54세의 일생을 조국보위에 바쳤다. 그의 일생 중에 최후의 7년이 제일 유용하였고 이 7년 중에서도 최후의 하루가 더욱 중요하였다. 만일 장군의 최후의 7년이 없었다면 영용무비한 우리 인민이 그의 옳은 영도를 얻지 못하고 우리 조국을 해적의 유린에서 구출하기 어려웠음은 물론이려니와 이 최후의 하루(실제로 반날)가 없었다면 조국방위전의 종곡終曲인 노량대승전이 없었을 것이 아닌가?

이제 우리가 노량대승전이 없었다고 가정하여 보자. 그러면 비겁과 회뢰의 노예인 마귀, 유정, 동일원 내지 진린 등은 10만의 대군을 동원하여 이웃 나라를 구원한다는 미명 밑에서 소위 사로대장의 당당한 깃발들을 흔들면서 남의 조국과 인민의 최대 원수인 유키나가, 요시히로, 기요마사 등 적장들을 경상, 전라 해안의 부두에서 공손히 또는 친절하게 보내고 말 것이 아닌가? 아니 이보다도 비겁과 회뢰의 대가로서 우리 조국의 강토 위에 무슨 선물이라도 만들어 주었을 것이 아닌가? 그리고 당시 조선 통치자인 양반들 중 일부분도 소위 사대주의 명분名分에 결박되어 강화라는 굴욕적 형식에 억눌려서 총 한 방을 자유로 쏘지 못하고 소위 '천장天將', '천병天兵'의 비굴한 대열에 끼어서 침략의 '개선가'를 부르고 돌아가는 왜적의 뒷모습만을 바라보고 말았을 것이 아닌가! 수백 년이 지난 오늘에도 이것을 가상하여 보면 우리 애국 인민들은 오장이 끓어오르지 않을 수 없을 것이다.

장군의 최후 승리인 노량대승전은 우리 민족에게 인민의 조국전쟁에 영원한 광영과 위엄 있는 면목을 세워 주었다. 장군은 최후의 날 노량으로 오는 배 위에서 손을 씻고 향香을 태우며 꿇어앉아서 마음으로 축원하기를 "이 원수를 격멸하면 죽어도 한이 없겠다"라고 하였으니 이는 조국을 사랑하고 원수를 미워하는 것을 신앙으로 한 장군의 굳은 결심을 표명한 일례였다. 장군은 조국을 위하여 말로만이 아니라 곧 완전히 실행에 옮겼던 것이다.

적의 후손 중 한 사람은 장군의 최후를 다음과 같이 논평하였다.

> 이순신의 죽음은 넬슨의 죽음과 꼭 같다. 그는 이기고 죽었으며 죽어서 이겼다. 조선 전역의 시종 7년 동안에 조선국에서는 책사策士와 변사辯士와 문사文士의 류가 많았다. 그러나 전쟁에서는 참으로 한 사람인 이순신을 자랑하지 않으면 안 될 것이다. 그리고 일본 수군의 여러 장수도 이순신에 대하여서 그의 생전에는 뜻을 이루지 못하였다. 그는 실로 조선 전역에서 조선의 영웅만이 아니라 삼국을 통한 하나의 영웅이다.
> ─ 도쿠토미 소호, 〈조선역〉 하권

그러나 이것은 일개 비속한 공리功利적 편견이며 또는 장군 개인과 그의 전투적 공훈에 제한하려는 그릇된 논평이었다. 장군의 당시 전투적 공은 그것보다도 그 배후에 일관하고 있는 장군의 조국애와 그에 의하여 조직 동원된 인민의 영용성을 높이 평가해야 하며, 따라서 그의 위대한 전투적 정신은 장군의 생전보다도 사후에 더욱 위력적인 것이다. 노량 해상에서 최후로 발휘한 장군 및 부하 다수한 장병의 영용성과 영웅주의가 영원히 우리 민족의 정기正氣와 간성干城이 되어 그 후 300년 동안 왜적은 우리 조국의 바다를 다시는 넘보지 못하였다.

* * *

장군의 죽음에 대하여 종래부터 구구한 억측과 논평들이 있었다. 즉 그때 적의 괴수 도요토미 히데요시가 이미 거꾸러졌고 적장들이 조선에서 철퇴하기로 결정한 이상 장군은 백전백승의 위력으로 잔적을 소탕하기가 썩은 나무 꺾듯이 용이한 일이었는데 어찌 그처럼 몸을 아끼지 않고 경솔히 적탄을 무릅썼던가? 이는 필시 자기가 공을 이룬 뒤에는 몸이 위태로운 것을(功成身危) 예상하고 자진하여 죽음을 회피하지 않았다는 것이다.

그도 그럴 듯한 말이다. 가령 장군이 노량전투에서 최후를 이루지 않고 기쁜 얼굴로 개가를 부르며 조정에 돌아왔다면 물론 선무공신宣武功臣의 수위를 차지하고 영화로운 생활을 누릴 것이라고 생각할 수 있다. 그러나 실제는 그러하지 못할 것이다. 왜 그러냐 하면 문벌과 당파로 조직된 당시 통치계급사회에서는 적의 앞에서도 당쟁을 일상의 일로 하였다. 나라의 흥망을 결정하는 위급한 판갈이 싸움에서도 그처럼 영용하고 초인적인 위훈을 이미 세운 장군에게 아무런 근거도 없는 소인배의 중상과 외적의 반간反間을 일삼아 국가의 간성을 스스로 헐고 한 개 역도로 체포 구금하였다. 그러니 하물며 외적은 물러갔고 아녀兒女의 싸움 같은 정쟁을 소일거리로 하는 안일한 시기가 되면(사실 그러하였다) 장군에 대한 시기와 무함은 더욱 격심하여질 것인즉 소위 '선무공신'의 수위가 반드시 장군에게 돌아갈 것을 누가 보장하며 영화로운 생활이 쉽사리 장군의 신상에 지속되기를 누가 보증할 것인가?

이제 당시 실례들을 잠깐 본다면 유성룡 같은 사람은 당시 북인과 서인 당파들이 이러니저러니 하며 온갖 비방과 요언을 퍼부었지마는 어쨌든 전쟁 기간에 수상으로서 또는 정치 군사 및 외교 모든 방면의 최고 경리자로서 자기의 재능과 수완을 발휘하였다. 그러므로 문신 중 최대 공로자임을 자타가 공인하였음에도 불구하고 급기야 논공행상하는 날에는 그를 소위 '호성공신扈聖功臣'의 2등으로 내려 먹였으니, 이뿐 아니라 전쟁 후에 북인 집권자들은 그를 주화론자로 몰고 관직 삭탈의 부당한 처벌을 가하였다. 또 '호성공신'의 제1위에 올려 세웠던 이항복은 나중 광해주光海主' 때 원지유배遠地流配로 종명終命하였으며 의병대장으로서 명성과 업적이 크던 곽재우는 역적 혐의로 한동안 체포 유형의 곤욕을 받았다. 더욱이 놀랄 만한 일은 장군을 무함하고 해군을 전멸시키던 원균이 장군과 함께 '선무공신'의 영예를 추증追贈 받은 것이었다. 이와 같이 혼란한 환경에서 하물며 장군과 같은 강직순실剛直純實한 무

I   광해군에 대해 최익한은 광해주, 광해왕이라고 일컬었다.

인으로서 어찌 그 시대의 악착한 그물을 벗어날 수 있으랴? 공연히 애매하게 화를 입고 여생을 곤고하게 하는 것보다는 차라리 광명장쾌하게 조국전쟁의 산화散華가 되는 것이 장군의 예정적 염원이었을지도 모른다. 또 사태의 결과로 보아도 그러하다 할 수 있다.

그러나 이것은 후인의 세속적 공리심에 의한 억측이요 결코 장군의 본의는 아니었다. 장군은 조국을 사랑하며 원수를 미워함을 자기의 천성으로 하는 이상 이를 위하여 일신의 생사를 돌보지 아니하던 것이 결국 순국으로 나타났던 것이다. 이유는 극히 간단하다. 장군이 순국하던 전달 예다리 진격 중에 장군의 처종형妻從兄인 사도 첨사 황세득黃世得이 적탄에 맞아 죽었는데 장령들이 와서 조문하니 장군은 말하기를 "세득이 나랏일에 죽었으니 그 죽음은 광영이다"라고 하였다. 장군은 자기 죽음에 대해서도 요컨대 이렇게 스스로 평정할 것이다.

장군은 일찍이 조산造山 만호로 있을 때에도 녹둔도에서 호적의 화살이 자기의 왼편 다리를 질렀고 임진년 사천선창을 진격할 때에도 왜적의 총알이 자기의 왼편 어깨를 맞혔으니 장군이 그때 죽지 않은 것은 요행에 불과했으며, 장병의 선두에서 용감히 싸우는 전사로서 적의 총알에 거꾸러지는 것은 의례히 있는 일이다. 그러나 자기 일신의 생사가 조국과 민족에게 중대한 관계가 있는 때에는 물론 될 수 있는 대로 죽음을 피하고 삶을 취하는 것이 정당할 것이다. 하지만 노량전투는 7년 전쟁의 최종막이자 적군이 도주하는 최후 순간이며 또 명나라 장령들의 비겁과 추태가 우리 인민의 의기와 영예를 백방으로 모독한 종국적 장면이므로 장군도 최후로 결심하여 죽음을 각오하고 멸적의 진두에 나섰던 것이다.

* * *

    그러나 장군의 일생을 총평한다면 의연히 불우한 신세로 마쳤다. 왜 그러냐 하면 자기의 포부와 염원을 거의 한 번도 옳게 실현하지 못한 때문이었다. 그러므로 장군을 가장 잘 알며 특별히 추천하던 유성룡은 당시 전쟁사를 논술한《징비록》의 마지막 장章에 장군의 전기를 간단히 쓰면서 "재능은 있으나 행운이 없었으므로 백 가지에 한 가지도 시행치 못하였으니 아! 애석하구나"라는 말로써 끝맺었다.

    첫째로 장군은 군사가의 예술에만 국한하지 않고 탁월한 정치가의 견식과 재능을 구비하였다. 왜적이 침략해 올 것을 장군은 누구보다도 먼저 예견한 것, 전쟁 이래 화의운운이 다만 이적利敵적 결과로 떨어질 것을 통찰²하고 민족 정의와 자주 독립적 입장에서 시종일관하게 배척한 것, 장군은 평민적 성격으로 인민 동향에 밝아 인민의 질고를 깊이 인식하고 인민의 지지를 굳게 획득하여 인민 장군으로서의 성격과 풍모를 가졌던 것, 자기 관내에서는 언제든지 농, 병, 상, 공의 각 방면에 자급자족 체제를 수립하여 수만 수군의 의식주와 일체 군수 물자를 절대로 남에게 의뢰하지 않았던 것, 외교 수완이 비상히 탁월하여 실례로 오만무례한 진린을 불과 며칠만에 감화 심복시켰던 것, 인품을 잘 판별하며 인재의 장단을 잘 판정하여 적재적소에 등용 배치한 것. 이 여러 방면의 장점은 만일 장군이 일국의 집정자의 지위에 있었다면 치국治國에서도 치병治兵 이상의 업적을 쌓았을 것이다.

---

2   원문은 동찰로 쓰였으나 통찰洞察로 봐야 할 것이다.

둘째로 장군의 군사적 예술은 수군에만 국한하지 않고 군사 전반에 탁월한 전략과 전술을 품고 있었다. 장군은 출전할 때에는 언제든지 먼저 일정한 전략을 세우고 일정한 준비를 충분히 하며 적과 나의 형세를 정밀히 고찰하여 승리에 대한 자신이 있는 연후에 움직였다. 그렇기 때문에 능히 백전백승하였고 결코 투기적으로 군대를 사용하지 않으므로 실패가 없었다. 이는 수륙 어디를 막론하고 장군의 기본적인 병법이었다. 나중에 장군이 우연히 수군 방면을 담당하였기 때문에 수군에 대한 성적과 명성을 올렸던 것이지, 결코 수군 전술에만 편향적으로 능통한 것은 아니었다. 장군이 일찍이 건원보 권관과 녹둔도 겸관兼管이라는 육군 말직으로 있던 때에도 자기가 맡은바 직임은 항상 우수하게 실행한 것을 보면 그의 재략이 원통자재圓通自在함을 더욱 증명하였다. 만일 장군으로 하여금 적어도 일찍이 당시 권율에 상등한 수륙군 도원수의 직임에 처하게 하였다면 장군이 계획하던 수륙 협공의 실적을 명실名實과 함께 실현하였을 것이다.

그리고 장군에게 제일 유한遺恨이 되는 것은 국내에서는 부산, 사천, 순천의 적의 소굴을 적이 퇴주하기 전에 소탕하지 못한 것이며 국외에서는 적이 퇴주한 후에 전승의 위력을 가진 정예무비한 함대를 인솔하고 장군이 일찍부터 염원하던바 일본을 바로 쳐들어감(直擣日本)을 실행하여 해적의 근거지를 전복하지 못한 것이다.

셋째로 장군은 무재武才에만 국한하지 않고 문재文才에도 해박한 지식을 가졌으며 고상 우아한 문사文詞를 발표하였다. 그의 글씨 또한 훌륭하였다.

한산도閑山島 노래

한산도 달 밝은 밤에

수루戍樓에 홀로 앉아서

큰 칼을 옆에 끼고

긴 파람 하는 차에

어데서 일성 호가一聲胡筮는

남의 애를 끊난고!

－《청구영언青丘永言》에서 인용함. 호가는 날날이 피리

閑山島夜吟 한산도 야음

水國秋光暮　물 나라에 가을빛 늦었는데,

驚寒鴈陣高　추위에 놀란 기러기 떼 높이 떴구나

憂心輾轉夜　근심 깊이 이내 잠 이루지 못하고,

殘月照弓刀　저가는 달만이 활과 칼에 비치노나

이상의 시조 한 수와 한시 한 수를 장군의 시가 중에서 골라내어 독자에게 제시한다.

이 두 시편은 어림컨대 장군이 한산도에 본영을 옮기고 또 통제사가 된 뒤, 즉 전쟁 제 2, 3년경에 지은 것 같다. 왜적들은 이미 경상 해안에서 퇴거하여 형세가 자못 창궐하여 장차 서쪽으로 침범할 우려가 있는 반면에 조중 연합군인 육군은 적을 추격하기를 중지하고 화의운운으로 시일을 끌어서 장군의 숙원인 수륙 협공이 실현되지 않는 그 시기에 장군이 나라를 우려하는 심경을 표현한 것으로 생각된다. 청려애절淸麗哀切한 문장의 운치(詞致)는 전문 시인이 능히 미칠 바가 아니다.

시뿐만 아니라 일체 잡문雜文에도 전아유창典雅流暢하며 그것이 내포한 조국애와 민족적 정의감은 읽는 사람으로 하여금 천추의 뒤에서도 적지 않은 감명을 갖게 한다. 병마 분망한 가운데서 써낸 장계狀啓, 서한 및 지시 등 문서도 정상단아精詳端雅하여 어떠한 전문 문인도 무시하지 못할 훌륭한 정도이다. 그러나 장군의 문무겸전文武兼全한 재질은 역사에서 순조로이 발휘할 기회를 얻지 못하고 말았다.

그러나 장군은 7년간의 조국방위전쟁에서 고상한 전략과 풍부한 전투적 모범을 우리 민족에게 영원히 남겨 주었다.

러시아 쿠투조프 장군론의 작자 네치키나M. B. Нечкина[3] 교수는 나폴레옹 침략 군대를 분쇄한 쿠투조프 장군에 대하여 이렇게 말하였다.

"쿠투조프의 이름은 조국을 보위하는 승리적 전쟁의 상징이다. 그는 진정한 인민적 통수統帥다. 그의 역량은 그가 1812년 전쟁을 조국보위의 인민전쟁으로 인식한 데 있으며 그가 민중에 의거하고 민중의 역량을 발휘하고 민중의 역량을 굳게 집결하여 적을 대항함으로써 승리를 쟁취한 데 있다."

이제 이순신 장군을 논평함에 있어서도 네치키나 씨의 말을 인용함으로써 만족하려 한다.

---

3 밀리짜 바실리예브나 네치키나(1901~1985). 우크라이나 태생 소련 역사학자. 미하일 쿠투조프 장군에 대한 저작은 1944년에 저술하였다. 최익한은 '네치긴나'라고 표기했다.

장군의 사후와
그의 영향

부기
附記

장군의 시체는 곧 고금도 본영을 떠나서 아산 본가로 돌아오니 남녀노소 할 것 없이 인민들은 길에 나와서 부모상을 당한 것처럼 울부짖으며 선비들은 제문祭文과 만사挽詞와 술을 가지고 길가에서 애도의 뜻을 표하여 연로 수백리에 곡성이 그치지 않았다.

진린 이하 명나라 장령들도 모두 조사吊詞와 제문을 갖추어 가지고 장군을 애도하였으며 특히 진린은 백금 수백 냥으로 부의賻儀를 표하고 아산을 지날 때 장군의 장자 회를 보고 통곡하였다. 그는 그 후 경성에 돌아와서 국왕 선조를 보고 눈물을 비 오듯이 흘리면서 장군의 위공偉功과 대절大節을 칭도하였다.

국왕은 동년 12월 초에 예관禮官을 보내서 사제賜祭하고 우의정을 추증하였다. 갑진년甲辰年, 즉 사후 7년 10월에 국가 중흥의 공을 논평하는데 장군을 제1로 정하고 '효충장의効忠仗義 적의협력迪毅協力 선무공신宣武功臣, 대광보국大匡輔國 숭록대부崇祿大夫, 의정부議政府 좌의정左議政 겸兼 영경연사領慶筵事, 덕풍부원군德豊府院君'을 추증한 동시에

정문旌門까지 하였으며 그 후 인조 21년(1643, 계미)에 '충무忠武'로 증시
贈諡하였다.

정조 17년(1793, 계축)에 영의정을 가증加贈 하고 그 이듬해에 신도비
神道碑를 세운 동시에 비문을 정조가 친제親製하고 그 이듬해에《충무
공전서》¹를 간행케 하였다.

당시 장군을 지지 협조하던 호남의 인민과 병사들은 장군을 추모
하여 사전私錢을 모아 석비石碑를 만들어 전라 좌수영의 동령현東嶺峴
에 세우고 이장군타루비李將軍墮淚碑라고 새겼다. 장군의 부하 장병들
은 조정에 건의하여 좌수영의 북편에 사당을 창건하고 '충민사忠愍祠'
라는 사액賜額을 받았다. 영남 해변의 인민들은 착량鑿梁²에 초가를 지
어 장군을 존봉하고 선박이 출입할 때에는 반드시 제사하였다. 이는 모
두 장군의 순국 직후의 일이며 그 후 경상, 전라 수백 리 연해 지방에 장
군의 전적이 있는 곳에는 사묘祠廟, 기념비 및 영정각影幀閣 등이 무수
히 설립되었다. 장군의 위대한 정신과 공적이 하늘의 별과 같이 민족의
앞에 길이 빛나고 있다.

장군의 묘소는 아산의 나산羅山에 있으며 그의 본가는 아산읍의 북
쪽 10리가량 방화산芳華山 아래³ 백암촌白岩村에 있는데 1932년(임신)에
사회 인사들의 발기로 고적 보존회를 그의 본가에 설립하여 장군의 유
물을 보존하고 사당을 지어 유상遺像(가상작)을 봉안하고 국문으로 쓴 비
를 세웠다.

---

1   정확한 이름은《이충무공전서》다.
2   현재 경남 통영시 당동.
3   원문에는 '알'로 되어 있는데 아래의 오타인 듯하다.

이보다도 장군의 장렬한 정신은 인민의 가슴에 길이 새겨 있고 장군의 이름은 인민의 입에 널리 오르내리고 장군의 위대한 공적은 문인, 시인의 붓끝에 항상 나타난다. 장군은 과거 어떤 영웅과 제왕도 능히 미치지 못할 숭고한 존재다. 이는 반세기에 걸쳐 잔악무도한 민족 박멸 정책을 감행한 일제로서도 우리 민족의 마음속에서 장군을 빼앗아 버리지 못하였던 것이다.

* * *

노량대패전을 겪고 도주한 적장 고니시 유키나가 등은 동월, 즉 11월 26일에 시마즈 요시히로, 다치바나 무네시게, 모리 히데모토, 데라자와 마사시게寺澤正成[4] 마쓰라 시게노부, 오무라 요시아키, 아리마 하루노부, 소 요시토시 등 적장들과 함께 부산을 출발하였으며 가토 기요마사는 이보다 조금 먼저 하여 구로다 나가마사, 모리 요시나리毛利吉成, 사가라 요리후사相良賴房[5] 등 적장들과 함께 동월 23일에 또한 부산을 출발하였으니 7년의 왜란은 이것으로 청산되었다.

명나라 수륙군도 왜적의 전면적인 퇴주를 보고 곧 경성에 집결하여 그 이듬해(기해) 4월에 경략 형개는 여러 장병을 인솔하고 귀국하며 경리 만세덕, 감군 두잠杜潛, 총병관 이승훈李承勳 등을 경성에 유둔케 하였다가 전쟁 종결 제3년(1600, 경자)에 명나라 군대는 전부 철회하였다.

---

4   원문에는 '寺津正成'으로 잘못 기재되어 있다.
5   히고국 히토요시번人吉藩의 초대 번주. 임진왜란 당시에는 가토 기요마사와 함께 제2번대에 소속되어 출전하였다.

毒世妖蛇走大海　세상을 해치던 요망한 배암은 큰 바다로 달아났고
吞人暴虎入深山　사람을 삼키던 사나운 범은 깊은 산으로 들어갔구나!
追兵百萬成何事　놈들을 추격하던 백만 군대는 무엇을 이루었던가?
饋餉徒傷百姓錢　양식과 공급은 한갓 인민의 재산만을 허비하였구나!

-《일월록日月錄》[6]에서 인용함

이는 당시 명나라 참장 여응종의 시인데 십 수만의 명나라 군대가 흉포한 적장들을 그냥 놓아 보냈고 아무런 성공도 없이 다만 인민의 재산만을 허비한 것을 지적하고 풍자한 시다.

하여간 명나라는 자기 국방상 필요로서 조선을 원조하는데 '남북병 합계 22만 1500여 명과 갔다 왔다 한 여러 장령 및 종사원 370여 명과 양은糧銀 약 583만 2000여 냥과 교역交易 미두은米豆銀 약 300만 냥과 실용 본색 양미本色糧米 수십만 곡斛과 장령들의 상금 3000냥과 산동량山東糧 20만 곡'을 사용하였다(《연려실기술》 권17 〈난중시사총록亂中時事總錄〉). 이와 같이 인적 및 물적 동원의 방대한 수량에 비하면 명나라 장령들이 조선 전선에서 거둔 전과는 일부 그들의 비겁함 때문에 매우 부족하였다. 그들이 조선 인민에게 공급받은 인원, 마필, 양곡 및 일체 물자를 계산하면 실로 막대한 양이었음에도 불구하고 전투를 회피하며 시일을 길게 끌어 대부분 소모 낭비하였다.

세속 평론가들이 흔히 말하기를 명나라 조정이 조선의 왜란을 퇴

6　임진왜란 때 파견된 명나라 참장 여응종의 저술. 《연려실기술》에 소개되었음(이긍익, 《연려실기술》 17권 宣祖朝故事本末 亂中時事 摠錄).

치하는 데 국력을 과대하게 소비하였기 때문에 나중에 만주 침략을 감당치 못하고 속히 멸망하였다고 한다. 그리하여 명조 멸망의 원인을 조선에 원조한 데다가 전가하였다. 이는 그 당시 조선의 일부 사대주의자들이 명나라의 출병을 단순히 속국 조선을 위한 것으로 선전하는 논법과 공통되는 망설이다. 명조 멸망의 원인은 명조 자체의 약점 때문이었지 조선을 원조하였기 때문은 아니었다.

당시 왜구 침략의 목적이 조선에만 있지 않고 주로 중국 대륙에 있었으므로 "조선이 중국을 대신하여 화를 입었다(代受其殃)"라는 것은 자타가 공인한 사실이었다. 그러나 조선 인민의 영웅적 투쟁으로 놈들의 수륙병진의 태세는 파탄되었고 중국 침입의 난폭한 계획은 중도반단으로 되었다. 만일 당시 왜적의 침략 군대가 압록강을 건너 요동에 들어갔다면 이미 호시탐탐하고 있던 만주는 반드시 간섭할 기회를 얻어가지고 싸움의 무대에 출연하고야 말았을 것이 아닌가? 왜적이 조선에 침입하자 만주의 누르하치努爾哈赤는 국제적으로 간섭할 권리를 획득하기 위하여 조선에 응원군을 파견하겠다고 요청하여 왔으나 조선의 당국자들은 후환을 예상하고 좋은 말로 즉 왜구는 우리 자체 힘으로 처리할 수 있으니 귀군은 번거롭게 출동할 필요가 없다며 사절하였다. 자기 영역과는 아무런 직접적인 관계가 없는 조선 전선에 대하여서도 만주는 이와 같이 발언의 기회를 찾기에 노력하였거든 하물며 왜군을 만일 요동 지역에 한 걸음이라도 들여놓았다면 그는 어부漁夫의 이익을 탐구하기에 온갖 전술을 사용하였을 것이 아니었던가?

그러면 명나라는 자기 국경 내에서 두 개의 대적과 싸우지 아니하면 안 될 것이며 따라서 명조의 멸망은 하루라도 더 빨리 촉진될 것이 아닌가? 다행히 명조는 조선 전선에서 왜적을 격퇴하였다는 전승의 위신과 영예를 가지고 만주 세력을 한동안 위압하였다. 그러므로 명나라의 조선 원조는 자기 멸망의 원인이 결코 아니고 도리어 그 멸망의 운명을 상당한 기간 연장하는 원인이었다. 더욱이 임진전쟁 이전 오랫동안 중국 남방 연해안을 그처럼 소란케 하던 왜환이 이 전쟁의 승리가 있은 뒤로는 300년 동안 황해, 발해에 왜구의 그림자가 끊어졌던 것은 당시 이순신 장군이 이끈 해군의 위대한 위력의 결과이며 따라서 중국 인민이 받은 혜택은 실로 적지 아니하였다.

당시 조선 전선에 출동한 명나라 장령들이 수백 명 다수에 달하였는데 그중 평양 해방에 성공한 이여송을 제외하고는 대개 공로와 죄가 상반(功罪相半)하거나 또는 실패 일색으로 마쳤다. 그러나 오직 수군 제독 진린은 노량의 최후 전투에 참가하여 영예로운 전승 장군의 명예를 나누었으며, 나중에 본국에 돌아가 논공행상에서 수위를 점령하였으니 이는 우연한 사실이 아니었다. 요컨대 그것이 이순신 장군의 덕택임은 그 자신도 부정할 수 없었다.

일본은 이번 침략전쟁의 패퇴로 말미암아 히데요시 정권이 넘어지고 그 대신 도쿠가와막부 정권이 수립되어 히데요시의 도당과 그 정책을 일소하고 조선과 영세의 화호和好를 새로 맺겠다고 여러 번 사절을 보내어 요청하므로 전후 제6년(1604, 갑진)에 조정에서는 의승 유정을 일본에 보내어 내정을 탐사케 하였으며, 그 뒤 광해왕光海王 원년(1609, 기유)에 비로소 국교가 회복되고 부산항을 열어서 일본의 통상을 허락하였다.

이때 유구국도 일본 침략군의 패퇴와 조선 인민의 승리를 보고 사절을 보내어 축하한 동시에 형제적 친선을 맺기를 원하였다. 이와 같이 이번 조국전쟁이 승리로 종결된 이후로 동해 물결은 근 300년 동안 한 번도 놀란 일이 없었다.

이통제 李統制 를애도 哀悼 함

지봉芝峯 이수광李睟光

威名久壓犬羊群	위엄 있는 그의 이름에 개 도야지 무리의 간잎[7]은 항상 떨었다.
蓋世奇功天下聞	세기를 휘덮는 신기한 공훈은 온 세계를 우레처럼 떨치였다.
氛祲夜收湖外月	오랑캐의 요망한 분위기 어느덧 사라지고 호남의 달빛 다시 밝았건만
將星晨落海中雲	그 빛나던 장성은 어찌타 바다 위 새벽 구름에 문득 떨어졌난고.
波濤未洩英雄恨	원수 놈을 통째로 삼키지 못한 영웅의 유한은 대양의 파도가 길이 울어 있고,
竹帛空垂戰伐勳	그가 바라지 않던 공신의 명성은 청사가 속절없이 천추에 전하노나.
今日男兒知幾個	묻노니 오늘날 조국의 참다운 사나이 그 몇이런가?

---

7   우엽右葉과 좌엽左葉으로 나뉜 간의 한쪽 부분. 최익한은 한시를 번역할 때 의역을 많이 하였다.

可憐忠義李將軍　오! 거룩하다. 충성과 정의의 상징인 그대 이 장군이
　　　　　　　여!⁸

동제同題 서애西厓 유성룡柳成龍⁹

閑山島 在何處　한산도 그 어데멘고?

大海之中數點碧　큰 바다 가운데 푸른 두어 점이 기 아닌가?

古今島 在何處　고금도 그 어데멘고?

渺渺南冥橫一髮　아득한 남쪽 하늘에 가로 놓인 한 가락 털이리라.

當時百戰李將軍　그 당시 백 번이나 싸우던 이장군은

隻手親扶天半壁　기울어지는 나라를 한 손으로 힘차게 붙들었더니라.

鯨鯢戮盡血殷波　사나운 고래를 무찔러 다하니 피는 물결을 쳤으며,

烈火燒竭馮夷窟　뜨거운 불길로 물귀신의 소굴을 살라 버렸더니라.

功高不免讒妬構　공로는 높을수록 참소와 질투를 면하지 못했으며,

命輕不憚身殉國　성명을 가벼이 하니 몸이 나라에 죽은들 그 어떠리,

君不見峴山東頭一片石　그대는 보지 못하였는가? 현산 동쪽 한 조각
　　　　　　　　　돌을!

羊公去後人垂泣　양공이 간 뒤 인민은 눈물 흘리며 울었더니라.

---

8 《이충무공전서》원문과는 몇 자가 차이가 있음. "威名久懾犬羊群 蓋世奇勳天下聞 蠻祲夜收潮外
月 將星晨落海中雲 波濤未洩英雄恨 竹帛空垂戰伐勳 今日男兒知幾箇 可憐忠義李將軍"《이충
무공전서》권12 부록 4, 만이통제挽李統制, 판서 이수광)

9 《이충무공전서》와는 여러 곳에서 차이가 있음. "閑山島古今島 大海之中數點碧 當時百戰李將軍
隻手親扶天半壁 鯨鯢戮盡血殷波 烈火燒竭馮夷窟 功高不免讒妬構 性命鴻毛安足惜 君不見峴
山東頭一片石 羊公去後人垂泣 凄涼數間愍忠祠 風雨年年(八字缺)不修 時有蜒戶吞聲哭"《이충
무공전서》권12 부록 4, 만이통제, 영의정 유성룡)

凄凉數間愍忠祠   처량할손 두어 간 충민사는,

風雨年年毁不葺   바람 비 해마다 헐어져도 이룩할 이 그 누구인가?

(本文 七字缺) (본문 일곱 자 결)

時有蚩氓呑聲哭   저 순박한 백성들만이 때때로 목메인 울음 하난다!*

유성룡의 이 애도시는 장군 순국 후 몇 해 지나서 지었다. 당시 집권자들이 장군의 공덕을 될 수 있는 대로 몰각하므로 충민사가 황량하여지고 국가의 예수가 계속되지 않았으며 오직 인민의 사모만이 간절함을 풍자하였다.

* 3세기 말에 중국 진晉나라 양호羊祜가 양양襄陽을 진수鎭守하여 강한江漢 지방의 인심을 얻었으며 벼슬이 정남대장군征南大將軍에 이르렀다. 오吳나라를 치다가 병사病死하니 남주南州 인민이 파시회곡罷市會哭 하였으며 또 현산峴山에 기념비를 세워서 항상 그를 사모하며 눈물을 흘렸으므로 타루비墮淚碑라고 이름하였다. 이 전례前例를 모방하여 호남의 병사와 인민들은 이순신을 추모하는 기념비로서 '이장군타루비'를 세웠다.

*   *   *

장군의 사후, 곧 동년 11월 25일에 충청 병사 이시언이 뒤이어 통제사가 되었다. 장군의 생존 시에 이덕형이 통제사의 적당한 후임자를 물은즉 장군은 유형을 들면서 충의와 담략膽略이 그 사람만 한 사람이 없다 하였다. 그래서 유형이 당연히 후임 통제사가 될 것이나 그때 형편이 미처 미치지 못하였으며 또 장군의 순국 직후 통제사가 잠시라도 없을 수 없어서 진린의 의견으로서 후임이 이시언에게로 돌아갔었다. 그 뒤 유형은 이덕형의 특천으로 충청, 전라우도의 수사를 역임하고 장군의 순국 후 제4년 만에 통제사가 되었다.

유형은 앞서 서술한 노량전투에서 여섯 번이나 적탄을 맞았으되 살에는 닿지 않았으므로 일반은 신기하다 하였으며 나중에 적탄 하나가 왼쪽 갈비를 맞혔으되 그는 오히려 서서 여전히 싸우다가 넘어져서 한참 기절하였다. 장군은 그가 깨어나는 것을 보지 못하고 다만 애석히 여기되 "대사大事가 갔구나!"라고 하였다.

전라 좌수영은 종전대로 여수항에 있었으며 통제사의 본영은 나중에 한산도에서 고성 용수포龍水浦[10]로 옮겼다(뒤에 통영군이 되었다).

장군의 순국 후 얼마 안 되어 황신은 왜국 침략의 전초前哨 진지이며 또 이번 침략전쟁의 유도자인 대마도를 정벌하여 우리 국방선을 튼튼케 할 것을 건의하였으나 실현되지 못하였다. 그리하여 장군의 유한은 바다와 같이 천추에 깊고 깊을 따름이다.

장군의 아들과 조카들은 모두 장군의 감화를 받아서 충절忠節과 의용義勇으로 유명하였다. 그의 셋째 아들 면은 본 전기에 이미 언급한 바와 같이 어린 소년으로서 '정유재란' 당시에 자기 향리(아산)에서 왜병과 과감히 싸우다가 죽었으며 그의 서자庶子 훈薰은 무과 급제하여 뒷날 이괄李适의 반란 때 경성 안현鞍峴에서 전사하였으며 또 서자 신藎은 정묘호란丁卯胡亂(1627) 때 전사하였다. 장군의 형의 아들 이완은 앞서의 노량전투에서 장군을 도와 전공을 세웠고 나중 의주 부윤으로서 정묘호란에서 종제 진과 함께 분투하다가 순국하였다.

---

10 통제사 본영은 한산도閑山島 → 고하도高下島 → 고금도古今島 → 두룡포豆龍(農)浦(현재의 통영)로 이동하였다. 저자가 서술한 '용수포'라는 지명의 근거는 명확하지 않다.

부록: 임진조국전쟁 개사

1. 임진조국전쟁과 우리 장병들의 영웅적 투쟁

임진조국전쟁은 우리 조선 인민이 흉악한 왜적의 침략에 대항하여 조국의 독립과 자유를 영웅적으로 수호한 전쟁이었으며 동시에 당시 동양 평화를 위하여 성공적으로 싸운 국제적 의의를 가진 전쟁이었다.

다 아는 바와 같이 지금 세계 제패 목적으로 제3차대전을 기도하는 미 제국주의자와 그의 종복국들의 침략 군대를 반대하는 조국해방전쟁 행정에서 조선 인민은 동방의 여러 피압박 민족해방투쟁의 최선두에 서 있으며 그러므로 전 세계 진보적 인류의 열렬한 지지와 성원을 받고 있다.

조선 인민의 이와 같은 영광스러운 투쟁적 역할은 일조일석에 우리에게 부과된 것이 아니다. 그 유구하며 고상한 전통은 360년 전에 폭발한 임진조국전쟁에서도 훌륭히 찾아볼 수 있다.

우리 인민의 경애하는 수령이시며 위대한 승리의 조직자이신 김일성 원수는 다음과 같이 우리에게 가르쳤다.

… 애국심은 자기 조국의 과거를 잘 알며 자기 민족이 갖고 있는 우수한 전통과 문화와 풍습을 잘 아는 데서 생기는 것입니다…
– 김일성 원수께서 작가 예술가들에게 주신 격려의 말씀

지금 우리가 잘 알아야만 할 조국의 빛나는 과거의 한 토막인 임진조국전쟁 승리의 의의를 현재 직접 당면하고 있는, 즉 김일성 원수의 영도 밑에서 진행되는 조국해방전쟁의 역사적 임무와 비교하여 질적으로나 양적으로나 물론 동일하게 평가할 수는 없다. 그러나 안으로 자기 조국의 자주 독립을 위하여, 밖으로 동방 여러 인민의 자유 평화를 위하여 영웅적으로 성과 있게 싸우는 고상한 역할로 말하자면 우리 조상들이 7년에 걸친 임진조국전쟁에서 이미 그 우수한 투쟁적 전통을 쌓아 올렸다고 할 수 있다.

오늘 우리 역사에서 일찍이 보지 못한 위대한 조국해방전쟁의 역사적 경험과 교훈을 회고 연구하는 것은 지극히 의의 있는 일이다.

2. 임진조국전쟁의 개관

임진조국전쟁은 당시 우리 조선 인민이 조국을 외적의 침략으로부터 보위하며 따라서 동양 평화를 확보하기 위한 대전쟁이었다. 조선 인민

은 이 전쟁을 자기의 영웅적 투쟁으로 성공하였다.

임진조국전쟁은 지금부터 360년 전 1592년(임진) 4월 13일 일본 '사무라이' 침략 군대가 우리 조국의 동쪽 관문인 부산釜山을 불의 침범함과 동시에 개시되어 그 뒤 7년만인 1598년(무술) 흉악한 원수들이 참패함으로써 끝났다.

당시 일본의 집정자 도요토미 히데요시는 자국의 상인과 '사무라이'의 지지를 받아 다년간 준비를 주도하여 군대를 모집하고 함대를 건설하여 대륙 침략의 계획을 진행하였다. 그는 조선을 정복하고 중국까지 강점하려는 야욕을 가졌다. 조선을 먼저 침범하고 조선을 대륙 침입의 교량으로 삼아 중국을 점령하여 대륙의 통치자가 되기를 망상하였던 것이다. 그가 파견한 20여 만의 강력한 군대는 부산을 점령하고 우리 영토 안에 깊이 침입하여 20일 만에 수도 서울을 점령하였다. 그다음 놈들의 총대장인 우키타 히데이에는 서울에 주재하였으며 적군의 선봉 고니시 유키나가의 군단은 평안도에 가서 평양을 강점하고 가토 기요마사의 군단은 북으로 함경도에 들어가서 두만강에까지 이르고 구로다 나가마사는 황해도 일대를 노략질하였다. 놈들은 이른 곳마다 주민을 살육하며 청장년을 포로로 삼고 부녀를 능욕하며 재산을 약탈하고 도시와 농촌을 탕진하여 그 잔인난포한 야수성을 여지없이 폭로하였다.

이때 이조 정부는 창건된 지 꼭 200년 만이었는데 그동안 경각성을 환기할 만한 외적의 위협이 없었으므로 국방 대책을 소홀히 하였으며, 정치는 문약文弱에 흘렀으며 정권 쟁탈을 중심한 양반계급 내부의 분파 투쟁은 자못 격렬하였다. 일본 군대의 불의 침공을 받아 육상 관군官軍의 주력부대들은 이렇다 할 만한 효과 있는 저항도 하지 못하고 국왕 이하 정부는 부득이 후퇴하여 의주까지 옮겨 가지 않으면 안 되었다. 이와 같이 육상에서는 전쟁 초기에 조선 관군의 일시적 패배로써 특징지어졌다.

그러나 마치 무인지경에 들어선 듯한 적군의 우세는 전쟁 초기 겨우 2~3개월의 기간뿐이었고 그다음 계단부터는 적은 조선 인민의 강력하고 광범한 반공을 받게 되었다. 놈들의 속전속결 방침은 파탄되기 시작하였으며 중국 대륙 침입 계획은 근본적으로 틀어졌다. 적은 조선 인민의 영용성과 애국적 역량에 대하여 전연 타산하지 아니하였으며 또 할 수도 없었다. 전쟁 초기인 2~3개월을 지나 적군의 기세가 좌절의 길로 들어서게 된 것은 다음 조건들에 기인하였다.

첫째로 경상도 연해에서 조선 해군의 영웅적 활동과 그의 영도자인 이순신 장군의 천재적 전략으로 적의 해군은 계속해서 분쇄되었다. 전쟁 초기부터 연전연승한 이순신 장군은 조국 남쪽 바다의 제해권을 확보하여 적의 수륙병진 계획을 파탄시켰으며 그리하여 깊이 침입한 적의 육군은 더 전진하지 못하고 패퇴하지 않을 수 없는 운명에 빠지게 되었다.

둘째로 육상 각지에서 자발적으로 궐기하는 인민 의병부대들의 맹렬하고도 광범한 유격전으로 적의 육군들은 도처에서 교란 차단되어 많은 지장을 받고 곤란하게 되었다. 전쟁 초기에 비겁하고 무능력한 관군에 크게 분개하며 적의 야수 같은 학살과 약탈에 불타는 적개심을 가지게 된 인민들은 애국적인 유생儒生 학자들과 혹은 기개氣槪 있는 중소 관리들의 열렬한 호소에 향응하여 손에 무기를 잡고 일어섰다. 그리하여 적은 조선 인민의 영웅성과 조선 인민을 자기들의 노예로 만들 수 없다는 것을 깨닫게 되었다.

이상과 같은 전쟁 정세는 명나라 응원부대가 나오기 전, 즉 전쟁 제1년의 연말 이내에 해당한다. 그리하여 전국은 근본적으로 변화했으며 전쟁의 유리한 조건들은 적의 편에서 이미 우리 편으로 옮겨 왔다. 당시 통치계급이 이순신 장군과 그의 해군의 위력을 신임 지지하며 여러 의병부대들을 조직 통일시켜서 인민의 애국적 투쟁을 합리적으로 조장하여 주었다면 우리의 독자적 역량으로서는 능히 적을 조국 강토에서 구축 섬멸하기에 성공하였을 것인데, 그들은 사대의존주의事大依存主義에 치우쳐서 명나라의 응원을 청원하는 데만 정력을 집중하고 인민 자신의 영웅적 투쟁에 많은 지장을 주었다.

전쟁이 개시된 그 이듬해 1월 초에 이여송의 지휘 밑에서 명나라 응원 군대 4만여 명이 조선 전선에 참가하였다. 그래서 조중 연합군(조선 부대 중 관군 수천과 승군僧軍 5000이 참가하였다)은 평양에서 적장 고니시 유키나가 부대를 용감하게 격퇴하였다. 당시 서북 각지에 산재해 있던 적군들은 이미 곤란한 환경에 빠져 있던 즈음이라 명나라 군대의 참전과 고니시 유키나가의 패주를 듣고 모두 황겁하게 퇴주하여 서울에 일단 집결하였다가 동년 4월 19일에 서울을 떠나 부산을 중심한 경상도 해변 지대로 몰려갔다. 서울을 강점한 지 1년 만에 퇴각하는 적들은 주민을 대량학살하며 궁전과 주택들을 모조리 불살라 버려 최후의 발악적인 야수성을 또 다시 남김없이 발로하였다.

이때 명나라 군대가 조선 전선에 참가한 것은 물론 당연한 일이었다. 그러나 그들의 조선 전선 참가는 그들이 언명한 바와 같이 오로지 인방隣邦 조선을 위한 것이 아니고 명나라 정부가 자기 국방을 위하여 조선을 원조하였던 것이다. 그들이 일본 군대의 조선 침략은 중국 침략의 첫걸음에 불과함을 잘 인식한 까닭이었다. 하여간 명나라 응원부대가 출동하여 조선 군대의 기세를 왕성케 한 반면에 적에게는 커다란 위협이 되었으며 동시에 이미 광범위하게 진행된 국내 인민의 영웅적 투쟁은 응원부대와 협동 작전하여 적을 반격 구축하는 대공세로 들어갔었다.

이와 같은 조건에서 적은 명나라 응원부대와 진행하는 소위 강화 교섭이라는 간판을 이용하여 전선에서 군대 교체와 군비 확충을 비밀히 진행하였다. 일시 미봉책에서 나온 강화 교섭이 수년을 끌다가 결국 파탄되자 전쟁 개시 제6년, 즉 1597년 봄에 수십만의 일본 침략 군대는 다시 조선 내지로 침입하였다. 앞서의 '임진란'에 대조하여 이를 '정유재란'이라고 불렀다. 이 '정유재란'에서 적이 일시적인 침략의 기세를 전개한 것은 무엇보다도 원균을 사령관으로 한 우리 해군이 실패한 데 주요 원인이 있었다.

전쟁 개시 이래로 이순신 장군은 천재적 군사기술과 철저한 애국주의로 적의 함대를 연속해서 분쇄하고 제해권을 굳게 장악하여 적의 수륙병진 계획을 파탄시키고 경상우도 이서의 해안과 전라도 전체와 충청도 일부 지방을 확보하여 전쟁의 후방 공급을 풍부히 하였다. 이순신 장군의 제해권이 건재하는 한 적은 절대로 재차 침략을 실행할 수 없었을 것이다. 그러나 불행하게도 이순신 장군의 거대한 성공에 당시 조선 정부 내의 간악한 당파들(북인당과 서인당)은 온갖 시기를 부렸으며 따라서 고니시 유키나가 등 적장들의 이간 술책도 또한 틈을 타게 되었다. 이것으로 말미암아 이순신 장군은 수군통제사의 직위를 박탈당하고 평소부터 이순신을 시기 중상하던 원균이 통제사가 되었다. 그는 무모하게도 적의 유인 전술에 빠져서 동년 7월경에 우리 함대는 칠천도에서 몰패하고, 한산도 해군 대본영을 강점당한 다음 적군은 전라도로 상륙하여 그 포악잔인한 '복수'적 만행을 인민에게 감행하였다. 놈들의 천인공노할 범죄는 지난 임진왜란 때보다 훨씬 더 발악적이었다. 적의 대부대는 전라도 남원성을 공격하여 조중 연합군의 일부를 패퇴시키고 충청도로 침입하여 서울의 근방인 직산, 소사에까지 돌진하였다.

'정유재란'이 발발하여 한산도 해군 대본영이 함락되고 적군이 전라도를 유린하자 조선 정주 당국은 크게 당황하였다. 그래서 그는 이순신 장군을 다시 수군통제사로 임명하여 제해권을 회복하고 위급한 전국을 만회케 하였다. 우리 함대가 전적으로 파멸한 나머지 장군은 진도 벽파정에 가서 겨우 열두 척의 군함과 100여 명의 해군을 수습하였고 다수한 피난 인민의 열렬한 협력을 얻어 천재적 전술과 영웅적 전투를 발휘하여 300여 척의 적선과 2만여 명의 적병을 일격에 섬멸구축하였다(동년 9월 16일). 이것이 우리 조국전쟁사에 유명한 명량대해전으로서 당시 전쟁 형세를 급속히 변환하는 데 결정적 역할을 하였던 것이다.

명나라 응원군은 앞서의 평양 해방과 벽제관(경기도 파주) 실패가 있은 직후 소위 강화 교섭에 기대를 걸고 이어서 소수 군대만을 조선 전선에 남겨 두고 대부분 철회하였다. 그러다가 강화 교섭이 파탄되고 적병이 재차 침공한다는 급보를 듣자 명나라 정부는 크게 놀라서 강화 교섭을 주장하던 심유경을 매국노로 규정하여 죽이고 다시 10여 만의 육군과 5000여의 수군을 조선 전선에 급속히 파견하였다.

조선 해군의 부흥에 놀라고 명나라 군대의 대량 출동에 위협을 느낀 적군들은 내지 침입을 중지하고 다시 경상도, 전라도 해안으로 돌아가서 진지를 구축하고 전군 철회의 기회를 노렸다. 그러나 이순신 장군은 "적의 배는 한 척도 돌려보내지 말고 섬멸해야 한다"라는 구호 밑에서 적이 퇴거할 해로를 봉쇄하였다. 그러므로 당시 전라도 순천 예다리(倭橋 또 曳橋라고 씀)에 유진하고 있던 적장 고니시 유키나가의 부대는 큰 곤란에 빠졌다. 원래 이순신 장군은 수륙 협공 작전으로 적을 일거에 섬멸하여 전쟁을 종결지으려 하였으나 육군의 협력이 박약하였기 때문에 장군은 부득이 자기 해군의 단독적인 힘으로 적에게 최후 공격을 하였다.

명량대승전이 있던 그 이듬해 1598년(전쟁 제7년) 11월 19일 노량대해전에서 우리 해군에게 섬멸적 타격을 받고 고니시 유키나가 등 적장들은 일제히 도주하였다. 그리하여 임진조국전쟁은 일본 침략 군대의 수치스러운 패퇴와 조선 인민의 영광스러운 승리로 종결되었다. 따라서 조중 연합군은 대륙을 정복하려는 그 흉악한 공동의 적을 조선 전선에서 격퇴하기에 성공하였다.

3. 일본 침략의 주요 원인과 그 성격

임진조국전쟁에 대한 개관은 상술한 바와 같다. 그러면 그 전쟁의 원인과 그로써 결정된 성격은 어떻게 구명할 것인가? 우리가 종래 피아간의 관념론적 규정의 경향을 깨뜨리고 전쟁의 주요한 물질적 관계를 조금 역사적, 과학적으로 구명하면 다음과 같다.

　바다로 포위되어 있는 섬나라 일본은 오랫동안 세계사에 아무런 관련과 역할을 주지 못하였다. 그러나 일본은 옛날부터 대륙의 문화, 예술, 종교 및 제도를 주로 조선을 통하여 부절히 수입하였다. 동시에 상업과 전쟁으로써 삼한, 삼국시대부터 조선과 자주 관계하였을 뿐만 아니라 14세기경에 이르러서는 중국과 무역 관계가 진전한 반면에 중국 남방에 대한 소규모적 군사 침범을 이미 개시하였다.

　일본 아시카가씨는 중국 명조明朝 및 조선 이조의 건국과 거의 때를 같이 하여 무로막치막부를 수립하였다. 아시카가 요시미쓰足利義滿는 명나라 영락 황제에게 '일본 국왕'으로 책봉을 받았다. 그리고 조공의 명목 밑에 무역의 길을 터서 영파(절강성)를 일본의 통상항으로 정하여 소위 '감합무역勘合貿易'으로 원나라 말년 이래의 일본 상선 활동을 지속하고 동, 유황, 칠기 및 해산물 등 거대한 양을 남중국에 수출하는 동시에 쌀, 견사絹紗, 차茶, 약품, 향료 및 서적 등을 일본에 수입하여 막대한 이익을 얻었다.

　그러나 일본 수출 상품의 대부분은 중국 사람의 생활필수품이 아니었다. 또 폭리를 목적으로 한 일본 상인의 행동은 통상지 일부 주민의 모리심謀利心을 자극하여 그 지방 질서를 문란케 하며 상항商港에 거류하는 일본인들은 상업의 간판 밑에서 남의 나라 내정을 밀탐하여 군사 침범을 자주 일으켰다. 중국 역사에 보인 남중국의 왜구가 즉 이것이었다. 명나라 정부는 원나라 정부가 취했던 왜상倭商 금지의 방침을 답습하여 일본 상인이 중국과 무역하는 유일한 영파를 폐쇄하고 일본 사람의 왕래 및 거류를 전부 거절하였다. 이는 아시카가막부 말경의 일이었으며 일본의 상업 및 일반 경제에 적지 않은 타격이었다.

앞서 서술한 영파에서 일본 사람의 사업이 번창하던 시기에 조선의 삼포浦, 즉 경상도 웅천의 내이포, 동래의 부산포, 울산의 염포에서도 그들의 무역이 상당히 성행하였다. 이 삼포는 일본에 가장 가까운 내륙의 해항들이며 또 그 부근 지방들은 쌀과 면화의 산지이므로 이 두 산물이 다량으로 일본에 수출되었다. 그러나 이 반면에 조선에 수입되는 '왜화'는 대개 생활필수품이 아닌 잡화였다. 또 일본 상인들은 중국 및 유구 등지의 산물을 조선에 가지고 와서 고가로 되팔아 먹기 때문에 당시 조선의 경제적 입장에서 삼포의 통상은 유해무익하였다. 그러나 당시 조선 정부는 일본을 무마하는 외교 정책으로 그것을 그대로 지속시켰다.

그러나 앞서 서술한 중국 영파 등지에서 감행한 바와 같이 삼포에도 거류하는 일본 상인들이 번성해짐을 따라 우리 주민과의 비밀 무역, 호상 충돌 및 놈들의 반란사건들이 자주 일어났었다. 1510년(중종 5)에 삼포 거류 왜인들은 대마도의 왜병들을 비밀히 불러 와서 웅천을 함락하고 소란과 약탈과 살상을 감행하였다. 이것이 이른바 경오 삼포왜란이다. 이조 정부는 이 왜란을 진정한 다음 왜선 무역에 대한 긴축 방침을 취하여 삼포 폐쇄령을 내렸다.

이 삼포 폐쇄로 말미암아 일본 상업계의 타격은 심각하였으며 그 중 식량이 결핍한 일본의 서남 근해 지방과 특히 사석지沙石地로 쌀이 전연 나지 않는 대마도는 곤란이 더욱 심하였다. 그리하여 그 이듬해에 대마도 도주 소 요시모리宗義盛는 무로마치막부 아시카가 요시타네足利義植의 허가를 얻어 호추彌中'라는 중을 조선에 파견하여 사죄한 동시에 강화하기를 애걸하였다. 조선 정부는 삼포반란을 일으킨 수범의 수급을 받고야 담판에 응하겠다고 하니 호추는 대마도에 돌아가서 죄인의 수급을 가지고 와서 바쳤다. 그래서 국교는 회복되었으나 삼포 상항과 왜인 거류지는 영구히 금지되었으며 다만 웅천, 내이포² 조금 남쪽에 있는 제포를 개항하고 그곳에 왜관을 설치하여 대마도 사절의 접대소로 사용케 하였다. 그리고 이번 규정에서 대마도의 조선 무역권은 비상히 감축되었다. 세종 25년(1442. 계해)에 약정되어 근 80년이나 시행하여 오던 대마도 상선 쉰 척은 이제 스물다섯 척으로 감액되고 소위 특송선特送船 일곱 척은 도항 금지를 당하였으며, 쌀, 콩의 수출액 200석은 또한 반감되고 일반 대마도인에게 허가했던 도서선圖書船까지도 폐지하였다.

그러나 명나라 정부가 영파의 일본 상선을 금지한 결과와 마찬가지로 조선에서도 삼포 폐쇄가 있은 후에 일본 상인의 거류를 불허하였음에도 불구하고(다만 대마도 사절의 접대소를 설치하였음) 어느 사이에 동 지구에 대마도 상인이 와서 거류한 자가 수백 명에 달하였으며 1538년(중종 33)에 제포에서 또 왜인의 작란이 있었다. 조선 정부는 드디어 제포 거류 일본 상인 전부를 방추하고 한 사람도 거주치 못하게 하였다.³

이와 같이 일본과 조선의 무역은 공개와 비밀을 막론하고 비운에 빠졌으므로 아시카가막부는 대마도 도주 소씨宗氏와 함께 그것을 복구

---

1 무로마치시대의 외교 시승詩僧 호추 도토쿠弸中道德를 이른다. 호추는 아시카가씨, 소씨 등이 파견한 도해渡海 사절로서 중국, 조선, 유구 등지를 오갔다.
2 저자가 다른 장소인 것처럼 서술한 내이포乃而浦와 제포薺浦는 같은 지명으로, 현재 창원시 진해구 제덕동이다.
3 이는 저자의 내용 오류로 보인다. 사량진왜변(1544)으로 제포 등의 통항이 금지되었다.

하기에 노력하지 않을 수 없었다. 그래서 1542년(중종 37)에 아시카가 요시하루足利義晴는 안신 도도安心東堂[4]라는 중을 조선에 보내어 사죄하는 한편 최초 무역조약(즉 세종 25년 계해 약정)의 복구를 비롯하여 삼포의 재개항과 일본 선인점검船人點檢의 정지를 간청하였으나 조선 정부는 선인점검만을 들어 주고 제포 접대소를 부산에 이전하였을 뿐이며 그밖에 주요한 요구는 전부 거절하였다.

그 뒤 1565년(명종 20, 을축) 앞서 서술한 반감된 대마도 상선 스물다섯 척에 다섯 척을 추가하여 서른 척으로 하였을 뿐이었다. 이때 아시카가막부 정권의 붕괴와 일본 국내의 전란을 기회로 일어난 오다 노부나가는 1581년(선조 14, 일본 천정天正 9)에 아시카가 요시아키足利義昭의 명의로써 조선에 사절을 파견하여 조선 정부가 일본을 위하여 영파 상항을 일본에게 개항하고 명나라 정부에 요청해 줄 것과 대마도의 세송선歲送船 서른 척을 쉰 척으로 복구해 줄 것 등등을 조선 정부에 교섭하였으나 조선 정부는 일본의 신의 없는 전례를 들어 거절하였다.

오다 노부나가의 뒤를 이어 일본의 집정이 된 도요토미 히데요시는 오다의 대외 방침을 계승하여 종래 현안이었던 조선 및 중국과의 무역을 회복하려 하였다. 뿐만 아니라 그것을 더욱 확장하여 약탈적 폭리를 얻어서 자국의 상업 경제를 발전시키고 자기의 호화롭고 사치스러운 군주 생활을 진귀한 외국 물자로 장식하는 동시에 정치적 수완에 대한 국민의 신망을 제고시키려 하였다. 이와 같은 그의 야욕은 외교적 교섭의 범위를 벗어나 침략적 무력으로 문제를 해결하려는 데까지 이

---

4   일본 하카다 쇼후쿠사聖福寺의 승려. 도도東堂는 일본 선종 위계의 하나로, 전 주지를 이른다.

르렀다. 그 이면에는 물론 오사카 일대 및 해안 지방 상인 계급의 종용慫慂도 없지 않았거니와 특히 고니시 유키나가, 소 요시토시 등 대마도 상인 일파의 과장적 권유와 투기적 책동이 또한 유력하게 작용하였다.

이제 다시 요약해 말한다면 일본 '사무라이'들이 대륙을 침략한 소위 '임진왜란'의 주요한 물질적 원인은 첫째로 당시 일본에서 대두하던 상인 자본이 국외 시장으로 세력을 확장하려는 강도적 야욕 때문이다. 그러므로 이것은 300년 후 근대 자본주의적 일본의 조선 침략과는 그 역사적 성격 및 방법이 물론 서로 달랐다.

그리고 임진왜란의 부차적 원인들은 또한 다음과 같이 말할 수 있다. 첫째로 침략의 주모자인 도요토미 히데요시는 자기 국내를 무력으로 통일하였으나 오랜 시일을 허비한 국내 전란의 과정에서 경제력은 피폐되었고 일반 인민 생활은 곤란하여졌으므로 군사적으로 외국을 약탈하여 이것을 보충 미봉하려 하였으며, 둘째로 도요토미 히데요시는 자기 통제 밑에 일시적으로 복종하고 있는 제후들의 난잡한 공명심과 군사력을 대외 침략전쟁으로 돌려서 그것을 소모시키고 따라서 자기 실력을 벗어난 과대망상적 야망으로 대륙을 강점하여 자기가 대제국의 통치자로서 한 번 출현하려 하였다.

다시 말하면 일본 침략자의 괴수 도요토미 히데요시는 확실히 약탈과 모험과 부랑浮浪이 특징인 소위 종래 왜구의 전통을 계승하였으며, 따라서 '임진왜란'은 종래 일본인의 해구적 행동을 대규모로 조직한 데 지나지 아니하였다. 놈들이 조선을 먼저 침략한 것은 그 의도가 조선에 그치지 않고 조선을 다리로 하여 중국 대륙을 강점하려는 것이었다. 도요토미 히데요시가 출병 당시에 자기의 과장적인 플랜[5]으로서 자기 아들은 북경에 도읍을 정하고 자기는 영파에 주재하겠다고 언명한 것을 보면 더욱 증명이 된다.

4. 일본 군대의 불의 침범과 아군 육상부대의 일시적 후퇴

중국을 침입하는 길을 빌려 달라는 오만무도한 도요토미 히데요시의 요청을 조선 정부는 물론 엄중하게 거절하였다.

도요토미는 이것을 침략의 구실로 하여 조선에 출병하였다.

선조 25년 임진(1592) 4월 23일 고니시 유키나가 등 적군의 선봉은 부산에 상륙하여 조국의 신성한 강토를 침범하였다. 침략의 괴수 도요토미 히데요시는 본국의 나고야에 소위 대본영을 두고 자기가 멀리 최고 지휘의 임무를 맡았으며 제1진 대장 고니시 유키나가, 제2진 대장 가토 기요마사를 위시하여 도합 9진으로 진출하였다. 모리 데루모토, 우키타 히데이에 두 사람은 각 진을 지휘하고 여섯 장군들과 25만(호왈 50만)의 적군은 수륙병진하여 단기간에 조선을 유린하고 압록강을 건너 요동을 거쳐 북경에 침입하여 중국을 강점하겠다는 파기록적인 침략성을 발로하였다.

---

5   플랜plan.

놈들의 다년간 전쟁 경험과 훈련을 가진 '사무라이' 장병들이 국제적 신의를 위반하고 불의 침습을 감행하여 조수처럼 밀고 들어오는 형세에 대하여 당시 정부는 어떻게 대항하였는가?

원래 무강용맹으로 이름이 높던 우리 대궁족은 이조의 귀문천무 정책에 의하여 문약의 길을 걷게 되었다. 더구나 선조 시대에 이르러서는 국가의 경각성을 환기할 만한 외적의 침범이 없이 지나온 지가 벌써 200년이나 되어 값싼[6] 태평가 속에서 지배계급은 국방 문제를 등한하였으며 기생적 기초를 농민의 고혈에 둔 양반 관료들은 동인이니 서인이니 하는 붕당의 새 명목 밑에서 토지 점유권과 관직의 경쟁으로만 정치적 쟁탈전을 일삼고 있었다(1575. 선조 8. 동서 당론이 시작). 악착하고 편협한 양반 당쟁은 처음에는 '왜구' 방비에 대한 국책 수립을 방해하였다. 그다음에는 7년이나 걸친 전쟁 중에도 당쟁 추태를 가끔 연출하여 이순신 장군과 같은 위대한 장령을 시기하고 모함하여 그의 직위를 박탈하고 그가 천재적으로 건설한 해군을 일조에 몰패케 하여 하마터면 조국을 망칠 뻔했다. 나중에 이 당쟁은 드디어 300년 동안 양반계급의 고질이 되었다. 이러한 양반 관료계급의 부패는 조국과 민족을 다시 도요토미 히데요시의 후손에 팔아먹도록 하였다.

그러나 전쟁 바로 1년 전부터는 정부에서도 왜란에 대한 예견과 이를 방어할 문제가 의정에 오르게 되었다. 말직 군관이었던 이순신 장군을 전라좌도 수군절도사(약칭 전라 좌수사–전라좌도 해군사령관)로 등용한 것이 그 한 실례였다. 또 이때 일본에 갔던 사절단, 즉 황윤길, 김성일, 허성

---

6   원문에는 '갑산'인데 오타인 듯하다.

등이 돌아온 뒤로 시국은 자연 긴장되었다. 그리하여 정부는 김수를 경상 감사로, 이광을 전라 감사로, 윤선각(일명 국형)을 충청 감사로 각각 임명하여 각자 관할 내에 성지를 수축하고 병기를 준비하도록 하였다. 그러나 그들이 다소 시설하고 수리한 성첩城堞들은 지세地勢를 옳게 얻지 못하고 방어에 적당치 못하여 도리어 인민의 원성만 사게 되었다.

* 동래 부사 송상현은 압도적으로 포위공격하는 적군들과 용감히 싸우다가 결국 성이 함락되자 부채 면에다가 손수 열여섯 글자를 써서 하인을 주어 고향에 있는 자기 노친에게 전달하도록 하였는데 그것은 다음과 같다.

孤城月暈 훈　외로운 성 달머리에,
大鎭不守[7]　큰 진영을 지키지 못한다
君臣義重　군신의 의리는 무겁고
父子恩輕　부자의 은혜는 가볍도다

즉 험악한 환경에서 승리를 하지 못하였으니 생명을 조국에 바치고 어버이를 길이 받들 수 없다는 영결의 말이다.

그리고 임진년 봄에 신립은 경기도와 황해도에, 이일은 충청도와 전라도에 파견되어 국방 설비를 검사하였으나 원래 군사에 어두운 그들이라 아무런 효과도 거두지 못하였다.

적군이 부산에 상륙하자 부산 수군첨사 정발과 동래 부사 송상현의 영솔 밑에서 인민과 병사들은 제일차적으로 용감하게 싸웠으나 적군이 압도적으로 우세하여 대항할 수 없고 다만 장렬하게 희생함으로써 간담을 서늘케 하였을 뿐이었다.*

그 반면에 해상 관문의 중임을 맡았던 좌도 수사 박홍과 병사 이각은 모두 자기 진영을 버리고 도주하였다. 적군이 바다를 건너왔고 부

7　저자의 내용 오류로 보인다. 이 구절에 대해서는 '列陣高枕'이 초기 기록에 가깝고, '大鎭不守'는 찾아볼 수 없다("大鎭不救"-《국조보감國朝寶鑑》, "列陣高枕"-《난중잡록亂中雜錄》, "列郡瓦解"-《상촌잡록象村雜錄》, "列陣高枕"-《천곡집泉谷集》, "列鎭高枕"-《재조번방지再造藩邦志》, "大鎭不救"-《선조수정실록宣祖修正實錄》).

산, 동래가 함락되었다는 급보가 서울에 도착하자 국왕은 황망히 경성 및 지방의 병사들을 소집하고 사대부로서 책벌을 받아 파면된 자와 무관으로서 부모상을 당하여 집에 있는 자들에게 전부 출전할 것을 호소하는 한편 당시 좌상(제1 부수상) 유성룡을 도체찰사(최고 군사 감독자)로 임명하여 모든 장령을 지휘 감독케 하였다. 그러나 훈련과 준비가 부족한 당시 군사 형편으로써는 질풍같이 침입하는 강대한 적군 앞에서 넘어져 가는 형세를 갑자기 만회할 수가 거의 없었다.

4월 27일에 순변사 이일의 상주 패보가 정부에 들어오고, 29일 도순변사 신립의 충주 패보가 또 들어왔다. 신립은 기병으로써 사격하기가 불편하다 하여 천험天險의 관문인 조령을 지키지 않고 충주평야 탄금대 부근에서 그때 관군의 주력부대인 8000여 명의 군대로 한강[8]을 등지고 진을 쳐서 싸우다가 적장 고니시 유키나가에게 몰패하였으니 이것이 이른바 탄금대패전이었다. 이 패보를 들은 국왕은 왕족 및 정부 요인들과 함께 그 이튿날 밤에 창황히 도성을 떠나서 평안도로 향하였다. 국왕이 피난한 지 제4일, 즉 5월 3일에 적의 선봉장 고니시 유키나가는 아무 저항도 받지 않고 서울을 점령하였으니 부산에 상륙한 지 겨우 20일 만이었다. 당시 지배 계급이 조국 수비에 얼마나 무책임하였던가를 짐작할 수 있다.

당시 적군의 육상 진로는 다음과 같았다. 즉, 적의 대군은 부산을 강점하자 곧 세 길(三路)로 나누어서 서울로 향하였다. 고니시 유키나가를 선봉으로 한 군단은 중로中路로 양산, 밀양, 청도, 대구, 인동, 선산

---

8   충북 충주시 달천.

을 지나 상주에서 앞서 서술한 이일의 부대를 패퇴시켰으며, 가토 기요마사를 선봉으로 한 군단은 좌로左路로 경상좌도 병영(병사의 본영)을 함락시키고 울산, 경주, 영천, 신령, 의흥, 군위, 비안을 지내고 용궁의 하풍진河豊津(낙동강)을 건너 문경에서 상주의 적군과 합하여 조령을 넘어 충주에 와서 앞서 서술한 신립의 군대를 격파한 다음 다시 두 길로 나누어서 유키나가는 여주, 양근을 거쳐서 용진을 건너 서울의 동대문에 이르렀고, 기요마사는 죽산, 용인을 거쳐 한강 남안에 나타났다. 구로다 나가마사를 두목으로 한 군단은 우로右路로 김해, 초계, 창원, 경산, 창령, 현풍, 성주, 무계, 지례, 김산을 지나 추풍령을 넘어 경기도에 진출하였다. 부산, 서울 천 리 사이에도 적군들은 서로 연락하였으며 놈들은 가는 곳마다 살육, 강간, 약탈, 방화 등 실로 형언할 수 없는 난포한 만행을 감행하였다. 한강을 방어하던 도원수 김명원과 도성을 수호하던 수도대장 이양원은 모두 퇴각하고 200년 도성은 빈 성으로 하루아침에 적의 수중에 떨어졌다.

이때 경상 감사 김수와 전라 감사 이광과 충청 감사 윤선각과 기타 지방 장령들은 합력하여 5만의 근왕군을 집결해 왕도 서울을 구출하려고 오는 도중에 경기도 용인에 이르러 소수의 적군에게 결국 패전하였으니(동년 6월) 전쟁 초기에 우리 육군은 가위 전멸 상태에 빠졌다(이때 용인전투에서 여러 부대 중에 오직 광주 목사 권율이 자기 군대를 온전히 인솔하고 퇴각하였다).

적군의 총대장 우키타 히데이에는 서울에 본영을 차리고 주재하였으며 그 외 적장들은 모두 임진강을 건너섰다. 유키나가는 조선 국왕을 쫓아와서 평양을 점령하였고, 기요마사는 나베시마 나오시게와 함께 함경도 회령까지 돌진하여 두 왕자 임해군, 순화군과 그 수종자들을 포로로 잡았고 구로다 나가마사는 황해도를 노략질하였다. 이는 실로 유사 이래 처음 당한 조국의 치욕이었다.

5. 조국을 사수하는 영웅적 인민투쟁의 전개 및 그의 승리

해군의 영웅적 전투와 연속적 승리

이상에서 이미 논술한 바와 같이 일본 침략 군대가 불의 침범을 감행하였던 전쟁 초기에는 조선의 국방 정세가 가위 '토붕와해土崩瓦解'였다. 당시 일본 병력이 우세하고 조선 정권 당국은 무능하고 군사 준비가 불충분하였음을 전적으로 고백하였다.

그러나 그것은 육상에서 그러하였고 해상에서는 그와 전연 다른 국면이 전개되었다. 이미 대개 논술한 바와 같이 적군이 상륙한 지 불과 3개월 만에 전라도 전부와 평안도의 평양 이북을 제쳐 놓고는 조선 전 지역을 적이 유린하였다. 그러나 해상 방면은 오로지 이순신 장군의 천재적 전략과 해군 장병들의 영웅적 활동으로 제해권이 우리의 수중에 있었다.

당초에 유키나가, 기요마사 등은 부산에 와서 육로로 내지에 침입하는 동시에 구키 요시타카,[9] 와키사카 야스하루, 가토 요시아키, 도도 다카토라 등이 영솔한 적의 해군은 해로로 서남 연해 지방을 침범하려

---

9   구귀가륭九鬼嘉隆. 원문에는 '구귀의능'이라고 잘못 기재하였다.

하였다. 놈들은 전통이 오랜 해적으로서 처음 출병할 때 염려한 것은 오직 조선 육군의 저항이었고 조선 해군에 대해서는 승리의 자신감이 강하였다.

　놈들이 대륙을 침략하려는 본래 플랜은 다음과 같았다. 즉 육군은 세 길로 진군하여 일제히 조선의 수도 서울을 강점한 다음, 그의 선봉부대는 평양으로 나아가며 해군은 삼남 해안을 돌아 한강 입구에서 서울에 주둔하는 적군과 서로 연락하고, 다시 황해도 해안을 돌아 평안도의 대동강 입구에 이르러서 평양 점령군과 회합하여 육해군이 합력하여 압록강을 건너 요동으로 들어가서 중국 북경을 침범하려는 것이었다. 그런데 적군이 육상에서는 단기간에 파죽지세로 거의 전국을 유린하였지마는 해상에서는 최초 경상우도 수사 원균의 패전을 제하고 그다음부터는 이순신 장군이 영솔하는 해군의 강력한 항전을 받아 적의 함대는 계속적으로 분쇄되었다. 그리하여 서남 해안을 단적으로 말하면 한산도 이상을 한 걸음도 올라가지 못하여 놈들이 예정한 수륙병진이 전연 불가능하였으므로 고군심입한 적의 육군부대들은 평양, 서울 등지에서 부질없이 체류하다가 나중에 할 수 없이 패퇴하는 궁경에 빠지고 말았다.

　이순신 장군은 고상한 인격과 열렬한 애국사상을 가진 조선 인민의 영웅이었다. 32세의 장년에 겨우 무과에 급제하였고 그 후 15년간의 긴 세월을 말직 군관으로서 헛되이 보내다가 바로 임진 전년 2월에 유성룡의 특별 추천으로 전라좌도 수사가 되었다. 장군은 일본이 반드시 침략해 오리라 예견하고 불면불휴하며 해군의 시설 및 강화에 천재적 수완을 발휘하였다. 그는 당시 해군 폐지론을 반대하고 해군의 중요성을 주장하였으며, 당시 해군 조직의 부패를 퇴치하고 애국정신과 엄격한 규율로써 부하 병사들을 교양 훈련하여 해군의 질적 향상을 이루었다. 또 전함의 제조와 일반 병기 및 전구戰具의 정비에 우수한 지혜와 창발성을 경주하였는데, 거북선, 판옥선, 화포(대포) 네톱 갈구리(四爪鉤), 긴 자루 낫(長柄鎌), 철쇄줄(鐵鎖索)들이 그 실례였다.

이때 해군 제1방어선에 있던, 앞서 서술한 경상좌도 수사 박홍은 적이 상륙한 즉시로 자기 진영을 불 지르고 도주하였으며, 제2방어선에 있던 경상우도 수사 원균은 거제도 본영에서 적의 함대의 공격을 받아 단번에 패배하여 황겁한 나머지 자기 전선 100여 척과 화포, 무기를 모두 바닷속에 집어넣고 육지로 퇴각하려고 해군 1만여 명을 부질없이 흩어 버렸다. 그러나 원균은 자신의 부하 옥포 만호 이운룡과 비장 이영남의 열렬한 충고를 들어 육상으로 도피할 것을 중지하고 노량(남해군)에 퇴각하여 제3방어선에 있는 전라좌도 수사 이순신 장군에게 구원을 요청하였다.

이때 이순신 장군은 4월 16일에 적군이 침입하여 부산이 함락되었다는 급보를 듣고 자기 관하 장령들을 긴급히 소집하여 의분과 적개심을 이기지 못하며 적을 격퇴할 방략을 상의하고 대기하는 즈음이었는데, 원균의 요청서를 받고 5월 4일에 함대를 동원하여 경상도 방면으로 달렸다. 장군의 부하인 군관 송희립, 녹도 만호 정운, 광양 현감 어영담, 순천 부사 권준, 가리포 첨사 구사직, 거북선장 신여량° 등은 모

---

10 귀선 돌격장으로는 이기남李奇男과 이언량李彦良이 확인된다. 신여량은 권율과 함께 육전에서 활약하다 주로 정유재란 뒤에 합류한 것으로 추측된다.

두 쟁쟁한 영웅들이다. 그리고 장군은 전라우도 수사 이억기에게 곧 소속 부대를 거느리고 와서 합동으로 작전하기를 요청하였다.

이때부터 우리 해군은 이순신 장군의 지휘로 적의 대함대를 격멸 분쇄하는 길에 들어서었다. 전쟁 제1년 5월 7일 옥포승전을 위시하여 6월 2일 당포승전, 7월 6일 한산도(현재 거제군)[11]대승전, 9월 1일 부산승전 등 대소 수십 회의 승리를 계속해서 거두어 수백 척의 적함과 수만 명의 적군을 분쇄 섬멸하였다. 이는 비단 해상의 위대한 승리였을 뿐만 아니라 육상의 반공전에 대해서도 절대적인 승리의 조건을 지어 주었다. 다시 말하면 당시 해군의 영웅적 전투와 거대한 승리는 첫째로 당시 전쟁 초기에 패전 일색으로써 사기와 인심이 일시 저상되어 있던 즈음에 위대한 활기와 신념을 모두 격려하여 주었으며, 둘째로 질풍같이 돌진하던 적의 선봉부대를 평양에 정지시켰으며, 셋째로 중국 응원군을 동원하여 조선 전선에 참가할 수 있는 기간을 만들었으며, 넷째로 서남 해안 및 호남과 호서의 지방을 전시 인적 및 물적 자원의 공급지로 확보하여 조국 부흥의 기초를 만들어 주었다.

그렇기 때문에 《일월록》, 《조야기문朝野記聞》[12] 등 야사에 "수륙합세水陸合勢하려던 적의 계획이 이번 한 전투(한산도 우리 해군의 대승전을 가리킴-필자)로 말미암아 유키나가의 형세가 외로워져서 다시 더 전진하지 못한 것이니 국가 중흥은 실로 이 때문이다"라고 하였다. 이는 가장 적중한 논평이다.

---

11   현재 경남 통영시 한산면.
12   1684년(숙종 10)에 서문중徐文重(1634~1709)이 서술한 책.

상승常勝장군인 이순신 장군의 천재적 전술과 우리 해군의 위력은 명량대해전에서 최고봉으로 발휘되었다. 원균에 의하여 우리 해군이 전적으로 파멸된 직후에 장군이 통제사의 임명을 다시 받고 진도 벽파정에 가서 겨우 병선 열두 척을 수습하여 절대 우세한 적의 함대를 대기하고 있었는데, 보는 사람은 모두 극히 위험한 일로 생각하였으며 국왕도 또한 절망적인 것으로 인정하며 해전을 그만 단념하고 육군 부대에 가담하여 싸우라고 명령하였다. 그러나 장군은 "이제 만약 해군을 전폐하면 이는 적이 다행으로 생각할 바이며 전라우도를 거쳐 한강에 도달할 것이니 이것이 신의 걱정입니다. 우리 전선이 비록 적으나 신이 죽지 아니한 한에는 적이 능히 우리를 업수히 여기지 못할 것입니다"라고 하여 강한 자신심과 굳센 결의를 표명하였다.

　이때 이순신 장군이 다시 통제사가 되었다는 소식을 들은 인민들은 멀고 가까움을 불계하고 모두 달려와서 장군의 주위에 집결하였다. 장군은 군중을 애국사상으로 격려하며 약속하기를 "우리의 의리가 마땅히 생사를 같이해야 할 것이다. 이제 나랏일이 이처럼 위급하니 어찌 죽기를 겁내어 국가에 보답하지 않겠는가? 다만 죽음을 각오한 뒤에야 살 것이다"라고 하였다. 군중은 모두 감격하였다.

　'정유재란'이 일어난 그해 9월 16일 아침 해면을 덮은 적선 500~600척이 명량(울돌)으로 조수처럼 밀고 들어왔다. 장군이 말하기를 적은 많고 우리는 적으니 힘으로써는 이길 수 없고 마땅히 전략으로써 이겨야 한다고 하면서 다수한 피난민의 배들을 차례로 후퇴시켜 진세를 배열하며 거북선과 함대로 가장하여 해양에 출몰케 하고 장군의 전선은 전면에 나섰다. 전선 300여 척[3]이 소수의 우리 전선을 겹겹이

둘러쌌다. 여기서 기절장절奇絶壯絶한[14] 전투가 벌어졌다. 적의 압도적인 우세를 보고 우리 장병들도 공포를 느꼈으나 장군은 의분에 넘치는 결사적 정신으로 그들을 격려하면서 대포와 화살을 빗발같이 적에게 퍼부어 단번에 적선 30여 척을 격파하였다. 적세는 조금 좌절되었다.

그리고 장군은 지모로써 강대한 적을 이기기 위하여 이 명량해협의 지리적 관계를 교묘히 이용하였다. 장군은 미리부터 긴 철쇄줄로 수면에 드러나지 않게 이 좁은 해협의 어구에 횡단해 놓고[15] 조류가 올라오고 내려가는 시각을 세밀히 측정한 다음 적선을 유인하니 적은 기세 있게 돌진하였다. 많은 적선들은 정면교전을 회피하는 우리 전선을 쫓아 한참 우회하다가 갑자기 조류가 물러가므로 적선들도 따라 흘러가서 그 밑판들이 철쇄줄의 암초에 부딪쳐서 넘어지며 혹은 걸려서 오도 가도 못 하고 마치 맹호의 떼가 철책 속에 들어가 자유를 잃은 상태였다. 이즈음 우리 함대가 달려들어 맹렬한 포화를 집중하여 적선 대부분을 격파 소각하고 적장 간 마치카게, 마다시 이하 4000여 명을 섬멸하였다(이는 적의 기록인데 사실은 훨씬 그 이상의 숫자였다). 이 명량 대승리가 있은 뒤로는 적은 장군을 천신으로 알고 멀리 도주하여 다시는 감히 우리 해군에게 범접하지 아니하였다. 소위 '정유재란'으로 극도의 위기에 빠졌던 조국의 운명이 이 한 승전으로 타개되었다.

그리고 임진조국전쟁을 끝맺은 노량대해전은 우리 해군의 전투로

---

13 〈난중일기〉에 따르면 130여 척이다.
14 극히 기묘하고 매우 웅장한.
15 이 '철쇄설'은《해남읍지》에 기록된 것으로, 오늘날의 연구에서는 대체로 이를 전설로 보고 허구로 판단한다.

서는 최대의 전투였으며 수백 척을 격파하고 수만 명을 섬멸하여 적에게 최후 응징을 준 대전투였다. 전투가 거의 끝날 무렵에 적을 최후 섬멸하기 위하여 장군은 진두에서 직접 지휘하면서 자기의 일신을 조금도 돌아보지 않고 격렬히 싸웠다. 그러다가 적의 탄환을 맞고 넘어져서 옆에 서 있던 자기 조카 이완더러 자기 몸을 방패로 가리게 하고 "지금 전투가 한 고비인즉 절대로 나의 죽음을 발표 마라"라고 하고 비장한 일생을 마쳤다. 그래서 전투가 대승리로 끝난 다음 장군의 장렬한 전사가 발표되자 장병들의 울음소리는 바다를 진동하였으며 인민은 남녀노소를 물론하고 모두 부모를 잃은 듯이 슬퍼하였다. 장군은 조선 인민의 가슴 속에 영원히 살아 있으며 해군의 승리는 조국의 영원한 영예로 빛나고 있다.

각지 인민 의병의 궐기와 그들의 영용한 구국투쟁

이미 논술한 바와 같이 조선 해군의 영웅적 투쟁이 적의 수륙병진과 대륙 강점의 계획을 분쇄하여 버린 한편에 육상에서는 관군의 패배를 대신하여 각지 인민 의병들의 영용한 전투가 전개되었다. 당시 국방의 중책을 맡았던 육상 관군 장령들은 자기들의 비겁하고 무능력한 정체를 소위 5만의 삼도 근왕병의 용인패전에서 여지없이 폭로하였다. 그들은 대부분 비겁하고 관록만을 탐식하던 무리로서 적을 보면 먼저 도주하며 한갓 병원과 식량만을 징발 낭비하므로 인민은 그들을 도리어 원수로 인정하고 그들의 지휘 밑에 전투하기를 싫어하였다. 그리하여 육상에서 구국운동의 주동적 역량은 새로 발흥하는 인민 의병들에게로 옮겨 갔다.

당시 의병으로서 유명한 곽재우, 고경명, 김천일, 조헌 등 수많은
열사들은 모두 당해 지방장관인 김수, 이광, 윤선각 등의 비겁하고도
무책임한 행동을 통절히 증오하고 비판하고 또는 성토하는 데부터 인
민의 애국정신을 고취하며 의병운동을 일으켰다. 이에 대한 실례를 한
두 가지 들면 다음과 같다.

당시 충청 감사 윤선각은 본래 주착이 없는[16] 자로서 조국방위에
아무런 성의가 없었으며 또 인민과 병사들이 대부분 의병 장령들의 호
소에 향응 궐기하는 것을 크게 시기하여 이것이 관군에게 크게 불리하
다 하고 여러 방면으로 저해하였다. 즉 그는 의병의 부모와 처자들을
잡아다가 가두어 놓고 그들이 의병부대에서 탈퇴하기를 강요하였다.
그래서 조헌은 윤선각에게 서한을 보내어 그대가 중대한 책임을 가지
고도 자신이 적과 싸울 생각을 하지 않고 도리어 충신 지사의 의기를
억제하느냐고 크게 질책하였다.

또 경상 감사 김수는 적군이 부산에 상륙하자 곧 전라도로 도피하
였다가 경성을 탈환한다는 구호를 들고 경성을 향하여 올라오는 도중
에 5만의 근왕병이 용인에서 패배하는 것을 보고 다시 경상도로 돌아
와서 아무런 대책과 노력도 하지 않고 도리어 인민의 궐기를 방해하였
다. 그래서 곽재우는 격문으로 그의 일곱 개 죄악을 폭로하고 군중에게
선언하기를 우리의 적은 왜적에만 있지 않고 보다 더 악한 적은 김수
같은 놈들이니 이런 놈들을 먼저 격멸하여야 인민을 충의로서 격려하

여 적군과 용감히 싸우게 할 수 있다고 하였다(경상우도 순찰사 김성일의 화해로 중지되었다).

전라 감사 이광은 비겁함으로는 김수, 윤선각과 한 바리에 실을 수 있는 사람이었다. 그는 전쟁이 개시된 최초부터 국가를 위하여 헌신할 용의가 없었다. 전 광주 목사 정윤우丁允祐가 이광에게 가서 의리로서 권유하였으나 듣지 아니하더니 급기야 조정의 징병령을 받고서 비로소 황망히 병사를 소집하였다. 그러나 동원의 기일이 박두한 데다가 때마침 장마가 져서 그의 관하 각읍 수령들이 기일 위반의 책벌을 모면하려고 소속 부대를 밤낮으로 채찍질하여 몰고 가므로 길에서 자살하는 병사까지 있었다. 이광은 수만의 군대를 거느리고 공주에 이르러서 국왕이 이미 평안도로 피난갔다는 소식을 듣고 곧 군중에 선언하기를 상감이 서쪽으로 간 뒤에 어찌되었는지 알 수 없으니 국사國事는 이미 할 수 없다 하고 그만 회군하였다. 그리하여 도내 인민들의 이광에 대한 분개와 불평은 자못 고도에 달하였다. 이때 광주의 촌가에서 퇴거하던 고경명은 왜적이 침입하고 수도가 함락되었다는 것을 듣고 밤낮으로 통곡하던 즈음에 또 이광의 군대가 공주에서 회군하였다 하므로 그는 즉시 편지로 통절히 꾸짖었으며, 전라우도 의병장 김천일도 역시 이광의 도피적 태도를 미워하여 고경명에게 통첩하여 먼저 이광을 쳐서 그의 죄악을 처단한 연후에 의병을 영솔하고 서쪽으로 경성을 가자고 하였다(고경명의 권고로 중지되었다).

당시 각지에서 봉기하는 의병부대는 무기와 훈련에는 물론 관군에 비교하여 손색이 없지 않았으나 조국을 사랑하고 적과 같이 살 수 없다는 열렬한 충의는 참으로 불패의 무장이었다. 일례를 들면 조헌과 의승 영규가 영솔한 의병부대를 적은 이렇게 평가하였다. "민간 의병부대는 순찰사나 방어사의 군대와는 비교할 수 없을 만큼 용감하여 죽음을 무릅쓰고 달려들므로 그의 예봉은 당할 수 없다"라고 하였다(《기재잡기寄齋雜記》).[17]

당시 저명한 의병부대를 대개 열거하면 다음과 같다.

'천강 홍의장군'이라는 칭호로 불린 곽재우는 유생으로서 적군이 부산에 상륙한 그달, 즉 4월에 경상남도 의령에서 기의하였다. 그는 자기 가산을 기울여서 군사를 모집하며 자기 입은 옷을 벗어서 전사를 입히고 자기 처자의 옷을 벗겨서 전사들의 처자를 입혔다. 그는 소수의 병력으로 항상 의심스러운 군대(疑兵)[18]와 기습 전술로 우세한 적을 격파 구축하였다. 그리하여 의령, 삼가, 합천, 현풍, 창녕 등 일대에는 적이 감히 범접하지 못하였으며 인민은 평소와 같이 안심하고 농사를 지었다. 당시 다수한 의병장 중에 전공을 제일 많이 세운 자가 곽재우 장군이었다. 이뿐 아니라 당시 육상 장령들 중에서는 관군 및 민군을 불문하고 군략가로서 역시 곽재우 장군이 제일 우수하였다.

곽재우 부대와 거의 때를 같이 하여 일어난 영남(경상도)의 의병장으로서 정인홍, 손인갑, 김준민, 김면 등은 고령, 성주, 거창 등지에서 민병 수천을 단합하여 가지고 용감하게 요격 혹은 기습하여 적을 소탕하였다.

조헌과 영규를 중심한 의병부대는 충청도에서 일어났다. 그들은

---

17 조선 인조 때의 문신 박동량朴東亮이 야사류와 일기를 함께 편저한 책. 원문에는 《기제잡기寄齊雜記》로 잘못 기재되어 있다.
18 적을 속이려고 거짓으로 군사를 꾸미는 일.

임진 4월 22일에 벌써 기의하였다. 그때 조헌은 옥천 촌가에 있다가 적병이 조국을 침범하고 수도가 강점되었다는 소식을 듣자 곧 통곡하면서 의병을 소집하니 응모하는 자가 당장에 1000여 명에 달하였다. 그는 손수 격문을 지어 인민에게 호소하였는데, 그 가운데서 "… 이 섬 오랑캐의 침략은 묘민苗民의 불순한 것보다 더 심하여(묘민은 중국 상고시대 반란한 종족-필자) 사람 죽이기를 풀 베듯 하여 죄악이 일국에 충만하다"라는 문구를 볼 수 있다.

조헌, 영규의 부대는 청주를 진공하여 부근 일대의 적병을 구축하고 8월경에 금산에 있는 적병을 진격하다가 중과부적으로 말미암아 애국 인민의 역사상에 비절 장렬悲絶壯烈한 '칠백의사七百義士'의 의혈義血을 남겨 놓았다.

전라도 의병부대로서 임진 6월에 담양에서 기의한 고경명, 유팽로, 양대박 등은 국내에 격문을 산포하여 인민의 애국심을 환기하였다. 고경명의 유명한 격문 가운데는 다음과 같이 조국애와 적개심으로 불타는 문구들이 쓰여 있다.

나라 운수가 비색함에 섬 오랑캐가 밖으로부터 사나웠다. … 우리 방비가 허약한 틈을 타 가지고 달려들어서 하늘을 속일 수 있다고 하며 제 마음대로 침입하였다. 장수의 직위를 가진 자들은 가름길(岐路)에서 배회하여 지방관의 책임을 맡은 자들은 산골짜기로 도망질을 쳐서 도적놈들을 임금과 어버이에게 매끼니[19] 이것이 참아 할 일이겠는가? … 이에 의병을 조직

---

19 '맡기니'를 뜻하는 듯하다.

하여 바로 왕도王都로 향하려 한다. 소매를 떨치고 단에 올라서 눈물을 뿌리며 군중과 맹세한다. … 부대는 의병으로 이름하니 본래 관직이 있고 없고가 관계없으며 군사는 정의로서 왕성하는 법이므로 무장이 강하고 약한 것은 말할 바가 아니다….

또 전라도 의병장으로서 최경회는 광주에서, 김천일은 나주에서 각각 기의하였다. 처음 각도 각군의 관군들이 모두 패배하였다는 소식을 듣고 인민이 실망하고 사기가 저상하므로 김천일은 크게 분개하여 자기 부하와 군중을 격려하기를 "우리는 의병이니 전진은 있으되 후퇴는 없다. 가려는 자는 자유로 가라"라고 하니 군중은 모두 감격하여 한 사람도 도주하지 않았다. 그가 전라도에서부터 충청도에 이르니 그의 군대는 수천 명에 달하였다. 병사 최원崔遠과 함께 경기도 수원에 와서 독산성에 웅거하고 적의 앞잡이 노릇을 하는 반역자들을 수색하여 인민의 앞에서 처단하니 경기도내 인사와 민중이 와서 따르는 자가 많았다. 그는 드디어 수원 금령金嶺에 있는 적군을 습격하여 패배케 하였다.

임진년 7월에 김천일 부대는 강화도에 들어가서 남북 연락을 확보하였으며 그 이듬해 여름에 김천일은 진주에 가서 최경회, 황진 등과 더불어 결사적으로 수성전을 진행하여 적에게 많은 타격을 주고 장렬하게 전사하였다.

함경도 의병 운동은 정문부와 밀접했다. 함경도 일대는 적장 기요마사의 부대가 유린한 동시에 반역자들의 발호가 없지 않았다. 그러한 조건 밑에서 임진년 가을부터 애국 인민들의 반항 조직이 시작되었다. 경성 사람 이붕수, 최배천 등은 전 북평사 정문부를 의병대장으로 추대하여 우선 적장 기요마사의 앞잡이인 국경인 일당을 붙들어 처단하고 가파加坡, 쌍포진雙浦鎭, 단천端川 등지에서 적병을 연거푸 격파하고 관북 평정의 기초를 확립하였다.

이 밖에 각도의 의병운동으로서 경기도의 홍언수, 홍계남 부자(수원), 우성전(강화), 이기로(고양) 등과 평안도의 조호익(강화), 양덕록(평양) 등과 황해도의 조광정(해주), 김만수(봉산) 등과 충청도의 조웅(충주), 신담(한산) 등은 모두 전공은 크지 않았으나 능히 인민에게 적개심을 고동시켜 적의 식량 및 연락을 차단하여 곤란을 주는 데는 유격전의 효과를 각각 발휘하였다.

이 밖에 각군 각지에서 자발적으로 일어난 의병부대들은 작고 크고를 물론하고 인민 총궐기의 태세를 취하였다. 그리고 불교 승려들의 기의에서도 승려계의 대덕大德인 서산대사가 의주에 가서 국왕을 보고 승군을 조직하여 조국방위에 참가할 것을 선언한 이후로 관동의 유정(사명당)과 호서의 영규와 권율 장군의 진중에서 활동하던 처영과 이순신 장군의 직접 지휘 밑에서 분투하던 삼혜, 의능 등은 수천의 승군을 동원하였다. 이들은 전투로 혹은 경비로 혹은 물자 수송으로 혹은 축성 공사로 혹은 첩보 활동으로 혹은 위생 사업으로 공헌한 바가 적지 아니하였다. 더욱이 유정은 서산대사의 수제자로서 전시 및 전후에 적과의 외교 관계에서 많은 공적을 남겨서 인민의 구비口碑에 길이 오르내리고 있다.

이상에 논술한 의병운동에 대하여 당시 조국전쟁을 직접 겪었던 지봉 이수광은 다음과 같이 정당히 논평하였다.

임진년에 국왕이 서쪽으로 피난하고 국내가 공허하며 적병이 충만하여 조정의 명령이 행하지 못하였으므로 거의 무정부 상태에 빠진 지가 달포나 되었다. 영남의 곽재우, 김면과 호남의 김천일, 고경명과 호서의 조헌 등이 의병을 일으켜 전국에 격문을 선포하니 이로부터 인민은 호응하여 비로소 애국심을 발휘하며 각 지방의 인사들은 도처에 군대를 모집하여 의병장으로 명칭한 자들이 무려 수백 명이었다. 그리하여 왜적을 섬멸하고 국가를 회복하게 된 것은 즉 의병의 힘이었다.

-《지봉유설》

그리고 임진조국전쟁의 역사를 가장 빛나게 장식한 것은 우리 장병들의 수성전이었다. 그들은 우리나라의 먼 옛날부터 유명한 수성전의 전통을 계승하여 영용 장렬한 인민투쟁을 성공적으로 전개하였다.

임진년 9월 황해도 연안성에서 초토사 이정암은 400명의 무사와 수천 명의 인민을 애국심으로 결속하여 당시 황해도 일대를 약탈 횡행하던 적장 구로다 나가마사 등의 1만여 명의 군대를 수일간의 격전으로 격퇴하였다. 그는 연안성에 들어간 날부터 격문을 선포하여 의병을 소집하고 대장 기폭에다가 '분충토적奮忠討賊' 네 자를 크게 써 달아서 장병과 인민을 격려하였다.

또 동년 11월경에 진주 판관 김시민은 병사 목사들이[20] 모두 도피한 나머지 외로운 성을 사수하기 위하여 기계와 성첩을 급속히 수선하

20　진주에는 경상우도의 육군을 총괄하는 우병영의 병사와 진주목의 목사가 있었다. 판관은 목사 아래 관직이었다.

고 소수의 병력(4000 미만)과 흩어진 인민들을 애국사상으로 무장시키고 수성 전술을 기묘하게 활용하여 적의 일곱 대장과 수만의 대군을 14주야에 걸쳐 섬멸적으로 타격을 주어서 침략의 괴수 도요토미 히데요시로 하여금 간담을 찌게[21] 하였다. 이 전투에서 적의 장교 300명과 적병 1만여 명의 사상자를 내었으며 호남으로 장차 침입하려는 적군의 기세를 좌절시켜 조국 중흥의 유력한 기초를 확보하였다. 그리하여 김시민 장군의 진주전투는 고구려 양만춘의 안시성전투와 고려 박서의 귀주전투 이후 처음으로 볼 수 있는 수성전의 예술적 표현이었다.

그뿐만 아니라 전쟁 제2년 2월에 전라 감사 권율과 그의 부하 조경 및 의승 처영 등이 전개한 행주산성(경기도 고양군)[22] 전투는 우리 장병들의 영용무비한 활동으로 포위 공격하여 오는 수만의 적군에게 섬멸적 타격을 가하여 조선 육군의 무용한 명성을 세상에 날렸다.

이 밖에 밀양 부사 박진의 영천 및 경주전투는 적의 첫 기세에 타격을 주었으며 광주 목사 권율과 동복 현감 황진의 임진년 7월 이현梨峴 전투[23]는 적의 전라도 침입을 방지하였다.

당시 인민투쟁에서 특기할 것은 여성들의 애국적 활동이었다. 각지 전투장과 수성전에 부녀들은 병사를 협조하여 식사를 공급하고 물품을 운반하는 등 결사적으로 노력하였다. 앞서의 행주산성전투에서는 여성들이 앞치마에다가 적군에게 투하할 돌멩이를 주워 담아 운반하여 주었으므로 그 뒤부터 '행주치마'라는 명칭까지 있게 되었다 한

21 　간담을 쓸게 하다, 간담을 서늘하게 하다는 뜻으로 보인다.
22 　현재 경기 고양시 덕양구.
23 　전라 진산군 외곽. 현재 전북 완주군 운주면, 충남 금산군 진산면 경계.

다. 당시 적개심에 불타는 여성들은 양반과 평민, 천민을 물론하고 적들의 야수적 만행에 굴복하지 않고 정조를 사수하였다. 그리고 진주의 논개와 평양의 계월향桂月香에 관한 일화들은 그들이 창기 천녀임에도 불구하고 원수를 증오하는 민족적 감정이 얼마나 강했던가를 표시하는 것이었다.

이상에서 약간의 실례를 서술한 바 인민의 열렬하고 고상한 애국적 투쟁은 임진조국전쟁에서 기본적 승리의 역량이 되었다. 그리고 이 투쟁의 정신에 기초하며 이 전쟁의 목적에 상응하여 조선 인민의 천재적 창발력을 다방면으로 표시하였다. 이순신 장군의 거북선을 위시하여 박진 부대가 경주 해방전투에서 사용한 군기시軍器寺 공인工人 이장손의 비격진천뢰와 권율이 행주산성전투에서 사용한 변이중의 전차는 창조적 기술의 가장 우수한 실례들이다. 거북선은 철갑선의 세계적 추형雛形이었으며, 비격진천뢰는 근대 시한 폭발탄의 선조였고, 전차는 현대 탱크의 맹아적 형태였다. 그리고 진주 공방전에서 시험하였다는 정평구鄭平九의 비차飛車는 그 실물이 비록 전하지는 않으나 가죽으로 만든, 모양은 따오기(鴇) 같고 그 복부腹部를 고동하여²⁴ 바람을 내면 능히 비행하였다고 선배의 문헌에 쓰여 있는 동시에 인민의 구비에 널리 전파되고 있다.

이러한 무기들은 그 시대로 보아 오직 우리나라 인민이 창발할 수 있으며, 세계적으로 자랑할 수 있는 최신 무기들이자 과학적 고안이었다. 더욱이 이것들이 외적의 침략을 격퇴하고 조국의 안전과 동양의 평

---

24 원추형으로 불룩하게 한 모양을 말하는 듯하다.

화를 수호하는 정의의 전쟁 가운데 서 발명 사용되었던 그 사실과 의의 는 참으로 고귀하고 중요하게 평가 되는 바다.*

* 정평구의 비차에 대하여는 18세기 실학자 인 여암 신경준의 〈차제대책車制對策〉[25]에 기재되었다.

결론

임진조국전쟁, 즉 1592~1598년 전쟁은 조선 인민의 승리와 일본 침략자의 패퇴로 종결되었다. 정의가 불의를 극복한 거대한 역사적 실증이었다. 그런데 조선이 승리하고 일본이 패배하지 않으면 안 될 필연적 조건은 어떠한 기준에 의하여 평정될 것인가?

이 전쟁 당시 수상이며 원훈의 한 사람인 유성룡은 전쟁이 지난 뒤에 전쟁 회상기로 《징비록》을 지으면서 그 첫머리에 전쟁의 승리 요소로서 서한西漢의 책사策士 조조鼂錯[26]가 말한바, ① 지세를 옳게 점령할 것(得地形), ② 병졸이 잘 훈련될 것(卒服習), ③ 무기가 예리할 것(器用利) 세 가지를 인용하였다.

이 세 가지가 물론 전쟁 승리의 중요한 요소가 아닌 바 아니나 이보다도 더 중요한 근본적인 요소들을 그는 파악지 못하였다. 이는 유성룡뿐만 아니라 현대 부르주아 국가의 일류 군사가들도 공통적으로 범하

---

25 정확한 제목은 책차제策車制(《여암집》).
26 한나라 문제文帝가 '조조의 책략이 제일'이라고 하여 그를 높이 썼다.

는 그릇된 또 극히 위험하고 무원칙한 전쟁관이다.

전쟁 승리의 정상적 요소로서 현대 군사가들은 ① 후방의 공고성, ② 장병의 사상성을 보다 더 중요하고 근본적인 것으로 규정하였다. 전쟁은 무성격한 그리고 일시 우연한 기술적 활동이 아니라 레닌이 명확히 지적한 바와 같이 그 국가와 계급의 정치의 연장에 불과하므로 전쟁의 성격 및 목적은 그 전쟁 당사자의 정치적 성격에 따라 결정되며 따라서 그 전쟁에 동원되는 인민 전체의 기세와 장병의 사상도 또한 이것으로 결정된다. 당시 일본 '사무라이'의 군사 통치적 정치는 결국 약탈과 침략을 목적으로 부정의의 전쟁을 실행하였으므로 그들 국내 인민은 처음부터 출병을 반대하였으며 그들 장병의 사상도 전쟁이 장기화함에 따라 대부분 염전厭戰의 기색을 표시하였다. 반면에 전쟁 초기에는 조선의 후방이 와해 상태에 빠져 가는 듯한 외관을 보였으며 사기는 대단히 저상한 듯하였으나 적의 야수성이 일반에게 폭로되자 조국을 위한 인민의 단결력은 더욱 견고하여졌으니 사기는 더욱 광범히 앙양되어 최후의 승리를 쟁취하고야 말았던 것이다. 후방 및 사상성이 전쟁에서 얼마나 중요한가는 오늘날 미제 무력 침략을 반대하는 조국해방 전쟁에서 더욱 절실히 체험하는 바다.

다음으로 국제적 원조에 대하여 우리가 반드시 고찰해야 할 것은 전쟁의 성격에 따라 원조의 성격도 구별된다는 점이다. 당시 명나라 군대는 일본의 강도적 침범에 대항하여 싸우는 우리 조선 인민을 응원하여 주었다.

당시 명나라 정부가 조선 전선에 전후 10여 만의 병력을 출동한 것은 그들이 언명한 바와 같이 단순히 조선을 위한 것뿐만이 아니라 자기

국방 문제를 제일차적으로 위해서였다. 이는 당시 일본이 출병한 목적
이 조선에 그치지 않고 조선을 다리로 하여 중국을 침범하려는 것이기
때문이었다. 그러나 임진전쟁에서 명나라 군대가 조선 군대와 함께 공
동의 적인 일본 침략 군대를 대항하여 싸웠고, 또 그 승리의 광영을 서
로 나누었다는 사실은 조중 양국 인민의 고귀한 역사였다. 후래 제국주
의 단계에 이르러 조중 양 민족의 한일 공동 전선에서 또 현재 항미 공
동 전선에서 형제적인 전우로서 반제반파쇼투쟁으로 동방 내지 전 세
계 피압박 민족의 자유 해방을 추진하였으며, 동시에 세계 제패를 목적
으로 제3차대전을 방화하려고 발광하는 제국주의자들의 기도를 분쇄
하는 거대한 역할을 하고 있다. 조중 양국 인민들의 전투적 단결은 그
고상한 국제적 전통을 멀리 임진전쟁에서 소급溯及하지 아니할 수 없
는 것이다.

임진조국전쟁은 조선 인민의 전국적 궐기로 말미암아 거대한 인민
전쟁을 전개하였다. 조선 인민은 이 전쟁을 계기로 하여 자기들의 단결
력, 자각성 및 애국사상을 높은 수준으로 올렸다. 임진전쟁은 전 동양
의 대사변이었으며 따라서 조선 인민의 영웅적 투쟁은 국제적으로 거
대한 시위와 영향을 끼쳤던 것이다. 이 전쟁에서 패배한 도요토미 히데
요시의 침략 정권은 붕괴되고, 이것을 대신하여 일어선 도쿠가와막부
는 자기 선행자의 침략전쟁의 실패를 크게 경계하여 그 후 300년 동안,
즉 근대 자본주의의 침략이 개시되기 전까지는 일본 군함 중 한 척도
조선과 중국의 영해를 감히 넘겨보지 못하였다.

그러나 임진전쟁은 조선과 중국의 해안 지방에 수백 년 동안 계속
해서 감행하던 소위 일본 '왜구'의 침범을 일단락지었던 것이며, 동시

에 300년 후 자본주의 일본의 침략을 반대하는 조선 인민의 반제투쟁에 대하여 한 개 전막[27]으로 될 수 있는 것이다. 조선을 피의 다리로 또는 병참기지로 하여 중국과 동방 대륙에 침입하려는 근대 일본 제국주의자들의 그 흉악한 코스는 일본 중세기적 '사무라이'들이 이미 '임진왜란'을 일으키면서 작성하였다고 할 수 있다. 조선과 중국의 화평 독립이 완전히 보장되기 위하여서는 언제든지 어디보다도 일본의 민주화와 비군국화가 절대로 필요하다.

일본이 민주화되지 못하고 군국주의 국가 또는 그의 발판으로 존재하는 한에는 특히 조중 인민은 안심하고 있을 수 없다. 위대한 소비에트 무력이 결정적으로 타도하였던 일본 군국주의가 또 다시 미제의 식인종적 마수로 재부식되고 재무장되면서 조선과 중국을 침략하는 데 강력한 앞잡이로 이용되고 있다. 이는 동양 평화와 동방 여러 인민의 자유 행복에 대하여 극히 위험하고 위협적인 사실이다. 그렇기 때문에 조국의 자주 독립과 동양의 평화를 위하여 싸우는 우리 인민은 일본의 민주혁명에 적극적인 방조를 주어야 할 것이다.

끝으로 다시 강조할 것은 임진조국전쟁에서 실질적으로 표시된 인민투쟁의 영웅성과 애국주의의 모범이다. 당시 일본 침략자들이 이것을 타산하지 못한 데서 그의 모험적 전쟁의 실패가 결정되었다. 오늘날 미제 무력 침략자들의 조선 민족에 대한 최대의 오산도 이와 동일한 성질의 것이다.

---

27 '前幕'이라는 뜻으로 쓴 듯하다.

1897년(1세)	3월 7일 강원도(현재 경상북도) 울진군 북면 나곡2리(속칭 골마) 471번지에서 아버지 강릉 최씨 대순大淳(1869~1925)과 어머니 동래 정씨(1865~1928)의 둘째 아들로 태어났다.
1901년(5세)	종조부 현일鉉一에게《천자문》,《동몽선습》,《소학》,《격몽요결》 등을 배웠고, 다음 해에는《십구사략》,《삼국사기》,《삼국유사》 등을 배웠다.
1903년(7세)	부친에게《논어》,《맹자》,《대학》,《중용》 등 사서四書를 배웠고, 다음 해에는《시경》,《서경》,《역경》,《예기》,《춘추》 등 오경五經을 배우고 시부詩賦를 짓기 시작하였다. 그 다음 해에는《제자백가》를 배워 고을에서 '천재 운거雲擧(최익한의 자字)'라고 소문이 났다.
1906년(10세)	영남의 만초晚樵 이걸李杰 선생을 초빙하여 1년간 수학했다.
1907년(11세)	이때 이미 학문이 뛰어나 이걸 선생의 권유로 영남의 홍기일洪起一 선생을 새롭게 초빙하여 3년간 본격적으로 사서오경의 논지, 비판 등과 성현의 문집을 독파하였다.
1909년(13세)	이걸, 홍기일 두 선생의 후원으로 봉화군 법전면 법전리 퇴계 선생의 후손인 유학자 이교정李教正의 장녀 이종李鍾과 결혼하였다.
1911년(15세)	경남 거창에서 면우俛宇 곽종석郭鍾錫(1846~1919)에게 20세까지 수학하였다. 곽종석은 한말의 거유며 1919년 파리장서사건

에 앞장섰던 인물이다.

1914년(18세)   장남 재소在韶가 태어났다.

1916년(20세)   차남 학소學韶가 태어났다.

1917년(21세)   3월에 당시 부안 계화도桂花島에 머무르고 있던 호남의 대학자 간재艮齋 전우田愚 선생을 찾아가 성리학에 대해 질의 문답하였다. 그 뒤 6월 14일 간재 선생에게 장문의 질의서를 올렸고(〈최익한상전간재崔益翰上田艮齋〉), 면우 선생의 권유에 따라 신학문을 수학하러 중동학교를 다녔다.

1918년(22세)   YMCA(조선중앙기독교청년회)에서 영어를 배우다.

1919년(23세)   3·1운동 직후에 파리장서사건이 일제에 탄로나 스승인 면우 선생이 주모자로 대구 감옥에 수감되었다(4월. 곽종석은 그 뒤 병 보석되었으나 1919년 7월 24일 타계하였다). 스승이 송치된 대구에 내려갔다가 구례 화엄사로 공부하러 가서 잠깐 머물다가 6월에 신학문을 배우러 서울로 올라갔다. 한족회韓族會에 가입하여 윤7월 경북 영주에서 부호들에게 독립운동 군자금 모금 1600원을 빼앗아 상해임시정부에 보내고자 하였다. 장녀 분경粉景(나중에 경제학자 이청원李淸源과 결혼)이 태어났다.

1920년(24세)   10월경 추수 매각 대금 400원으로 계모와 동생 익채, 익래와 함께 서울 안국동 51번지에서 하숙을 운영하며 학교를 다녔다.

1921년(25세)   군자금 모금 사건으로 체포되어(3월) 경성지방법원에서 8년 구형에 6년을 선고받았으며, 복심법원에서 4년형을 받았다.

1923년(27세)   복역 중 감형으로 3월 21일 가출옥하였다. 그 뒤 일본으로 건너가 와세다대학 정경학부에 입학하였다.

1924년(28세)   삼남 건소建韶가 태어났다.

1925년(29세)   2월 일본으로 건너가 와세다대학을 다녔다. 그 뒤 《대중신문大衆新聞》, 《사상운동思想運動》, 《이론투쟁理論鬪爭》 등에서 주간을 맡으면서 글도 썼다.

부친 대순이 졸하였다(5월 31일).

1926년(30세)	신흥과학연구회에서 발간한《신흥과학新興科學》(1926.11)에 〈파벌주의비판에 대한 방법론〉를 싣다. 12월 재일본 일월회, 삼월회, 노동총동맹, 조선무산청년동맹 등 동경4단체의 '파벌주의 박멸'에 대한 성명서 발표에 관여하였다.
1927년(31세)	2월 신간회 상무간사가 되었다. 4월에 동경에서 조선공산당 일본부에 가입하여 조직부장으로 선출되었다. 5월에는 조선사회단체 중앙협의회(5월 16일)에 재일본조선노동 총동맹 대의원 자격으로 참여하여 중앙협의회를 상설기관으로 하자는 주장을 비판하는 발언을 하여 지지를 받았다. 또한 의안 제작위원으로 활동하였다. 7월에는 조선에서 제1차, 제2차 조선공산당 탄압으로 검속된 사람들에 대한 재판이 시작되자 재일노총, 신간회 동경지부가 대책을 협의하기 위한 공동위원회를 1927년 7월에 설치하였으며, 이에 일본 노농당에서 변호사 후루야 사다오와 자유법조단 변호사 후세 다쓰지, 공판방청대표로서 대중신문사에서는 최익한, 안광천安光泉을 파견하여 이들과 함께 활동하였다. 차녀 연희蓮 姬가 태어났다. 8월에는 재일본조선노동총동맹 명의로 〈중국노동자대중에게 한 메시지〉를 보냈는데(8월 24일) 여기에서 "중국민중의 해방을 위한 일본제국주의 타도는 우리들과 굳게 단결하면 능히 이를 달성할 수 있다"라고 주장하였다. 9월에는 국제청년의 날을 기념하여 동경에서 조선청년동맹과 일본무산청년동맹이 연합 주최하는 조선, 일본, 중국, 대만의 재 동경 청년들로 구성된 동방무산청년연합대회를 개최하였는데(9월 4일) 개회 직후에 해산 당하였으며 최익한은 바로 체포되었다.

'제3차 조선공산당'의 김준연 책임비서 시기인 9월 20일경 최익한은 조직부장, 11월 김세연 책임비서 시기에는 선전부장이 되었다.

11월 코민테른에서 파견한 존 페퍼John Pepper을 만나 자금과 함께 코민테른 지령을 전달받았다.

한 해 동안 〈사상단체해체론思想團體解體論〉(《이론투쟁理論鬪爭》1권 2호, 1927. 4.25), 〈재일본在日本 조선노동운동朝鮮勞動運動의 최초最初의 발전發展〉(《노동자勞動者》2권 9호, 1927.9) 등 중요한 글을 썼다.

1928년(32세)	1월 《조선일보》에 1927년 사회운동의 전개과정을 담은 〈조선사회운동朝鮮社會運動의 빛〉을 9회에 걸쳐 연재하였다(《조선일보》 1928년 1월 26일~2월 13일).
	2월에 제3차 조선공산당 사건('ML당사건')으로 안광천, 하필원 등 여러 간부들과 함께 종로경찰서에 검거되었다.
1930년(34세)	8월 30일 서울지법에서 제3차 조선공산당사건 판결에서 징역 6년을 받았다. 그 뒤 36세(1932년) 7월 9일까지 서대문형무소에서 복역하였다.
1932년(36세)	7월 9일 대전형무소로 이감 도중 대전역 등지에서 조선독립만세를 외치다가 기소되어 1933년 1월 25일 서울복심법원에서 1년의 형을 더 받았다.
1934년(38세)	두 아들 재소와 학소는 각각 21세와 19세의 나이에 조선독립공작당사건으로 함흥형무소에서 2년 반 형을 받고 복역하였다.
1935년(39세)	12월 8일 대전에서 만기 출옥하여 서울로 올라갔다. 이해 정약용 서거 100주년을 맞이하여 《신조선》의 요청으로 〈다산의 일사逸事와 일화逸話〉, 〈다산의 저서총목〉을 작성하였다.
1937년(40세)	장남 재소가 옥중에서 죽었다(3월 6일). 재소는 2000년 8월 15일 제55주년 광복절에 건국훈장 애족장을 받고 그 뒤 국립대전현충

원 애국지사묘역에 입사했다. 최익한은 아들을 잃은 슬픔을 《조선일보》(1937.4.23~25)에 〈곡아이십오절시哭兒二十五絶詩〉로 실었다. 〈우리말과 정음의 운명〉(《정음》 21호(11월 26일)을 썼다. 삼녀 한경漢景이 태어났다.

1938년(42세) 이즈음에 활발히 일어난 국학운동에 참여해 신문, 잡지에 많은 글을 발표하였다. 주로 《조선일보》에 1938년 말까지 한문학, 역사, 향토문화 등에 관하여 많은 글을 실었으며, 〈조선어기술문제좌담회朝鮮語記述問題座談會〉(1월 4일)는 횡서橫書와 종서縱書의 시비是非, 외래어표음문제外來語表音問題 등 여러 주제를 가지고 김광섭金光燮, 이극로李克魯, 유치진柳致眞, 송석하宋錫夏, 조윤제趙潤濟, 최현배崔鉉培 등 당대 최고의 국어학자들과 대담을 한 것이다.

1939년(43세) 1938년부터 다시 《동아일보》에 들어가 조사부장을 하면서 《〈여유당전서與猶堂全書〉를 독讀함》(1938년 12월 9일~1939년 6월 4일)을 비롯하여 유물 및 문헌고증, 민속 등 다방면에 걸쳐 글을 실었다.

1940년(44세) 연초 〈재해災害와 구제救濟의 사적단편관史的斷片觀〉(1월 1일~3월 1일까지 27회 연재)를 시작으로 8월 《동아일보》가 폐간될 때까지 실학, 역사인물, 구제제도 등 다양한 글을 실었다. 특히 〈사상명인史上名人의 이십세二十歲〉는 최치원, 정약용 등 역사에서 이름 있는 인물의 20세 때 행적을 담은 흥미로운 기획물이었다.

1941년(45세) 《동아일보》 기자 양재하가 중심이 되어 창간(1941년 2월)한 《춘추》에 과거제도, 후생정책 등 역사 문화에 관한 글을 여러 차례 실었다. 생활난으로 동대문 밖 창신동 자택에서 주류 소매점을 하였다(1944년까지).

1943년(47세) 1월 만주 건국 10주년을 기념하여 간행된 《반도사화半島史話와 낙토만주樂土滿洲》라는 책에 이미 작성한 〈조선朝鮮의 후생정책고찰厚生政策考察〉, 〈조선과 거교육제도소사朝鮮過去敎育制

度小史〉를 제목만 고쳐서 〈반도후생정책약사半島厚生政策略史〉
와 〈반도과거교육제도半島過去教育制度〉로 실었다.

10월에는 〈충의忠義의 도道 – 유교儒教의 충忠에 대하여〉(《춘추》
10월호)를 실었다. 이 글에 대해서는 친일의 글이 아닌가 문제 제
기가 있었지만(임종국, 《친일문학론》) 이 무렵 《춘추》의 잡지 성격
때문으로 그렇게 평가한 것으로 보이며 글 내용으로 봐서는 추
정하기 어렵다.

1945년(49세)   8월 15일 해방 직후 ML계 인사들과 함께 조선공산당 서울시당
부의 간판을 걸었고, 서울계, 화요계, 상해계 등과 함께 장안파長
安派 공산당으로 합류했다.

9월 8일 서울 계동에서 열린 장안파 조선공산당 열성자대회에
이영, 정백 등과 참석했다. 건국준비위원회에서도 활동을 하였
다. 건준이 조선인민공화국을 만들면서 최익한은 법제국장을 맡
았으며 12월에는 반파쇼위원회 부위원장을 맡았다.

1946년(50세)   1월 민주주의 민족전선 결성준비위원(24인)의 1인으로 선출되
었다. 이후 민전 기획부장을 맡았다.

3월 22일 조선인민공화국 중앙인민위원회의 긴급회의에서 3상
회의 결정에 대한 태도 표명을 위한 성명 작성위원으로 최익한,
이강국, 김오성 3인이 선출되었다. 좌우합작이 일어나면서 3월
31일 회의에서 4월 23일~24일 전국인민대표자대회 개최에 따
른 대회준비위원으로 선출되었다.

4월 18일 한국독립당 중앙상무위원으로 선출되었다.

9월 7일 공산당 간부체포령으로 일시 체포되었다가 석방되었다.

1947년(51세)   4월 26일 사회로동당(사로당) 탈당 성명서 발표에 참여하였다.
여운형이 중심이 된 근로인민당이 창당되면서(5월 24일) 상임위
원으로 선출되었다.

6월에 《조선 사회 정책사》 간행했다. 일제시기에 쓴 〈재해와 구제
의 사적 단편관〉, 〈조선의 후생정책고찰〉 등을 모아서 만들었다.

1948년(52세)	평양에서 열린 남북연석회의에 참석차 월북하였다. 그 뒤 정치적인 활동은 거의 드러나지 않으며, 국학연구에 몰두하면서 김일성대학 등에서 진행한 강연활동 정도를 알 수 있다.
1954년(58세)	《조선봉건말기의 선진학자들》(최익한, 홍기문, 김하명 공저)을 집필하였으며, 《연암 작품선집》을 번역 간행하였다.
1955년(59세)	《실학파와 정다산》, 《강감찬 장군》 등을 간행하였다. 특히 《실학파와 정다산》은 그의 실학연구를 집대성한 작품으로 손꼽히며, 《강감찬 장군》은 아동용으로 썼다.
1956년(60세)	《조선명장전》, 《연암박지원선집》과 임제의 '서옥설鼠獄說'을 번역한 《재판받는 쥐》를 간행하였다.
1957년(61세)	《정약용 다산선집》을 번역 간행하였다. 그 밖에도 최익한은 북한에서 1949년부터 1957년 사이에 《력사과학》, 《력사제문제》, 《조선문학》, 《조선어문》 등 여러 잡지에 논문을 실었다. 1957년 이후 최익한에 관한 정보는 알 수 없다.

■ 참고문헌

각 읍지邑誌
《고려도경高麗圖經》
《고려사高麗史》
《구당서舊唐書》
《국조인물지國朝人物志》
《권충장공비문權忠莊公碑文》
《남사南史》
《남제서南齊書》(東南夷傳東夷)
《눌재집訥齋集》
《당서唐書》
《대동기년大東紀年》
《대동시선大東詩選》
《대동야승大東野乘》
《대동여지도大東輿地圖》
《대전회통大典會通》
《동국병감東國兵鑑》
《동국통감東國通鑑》
《동문선東文選》
《동사강목東史綱目》
《동사연표東史年表》
《동의록同義錄》(忠武公全書最新本附錄)
《만기요람萬機要覽》

《망해대기望海臺記》
《명사明史》
《무경칠서武經七書》
《무예도보武藝圖譜》
《백사집白沙集》
《북사北史》
《사기史記》(朝鮮傳)
《삼국사기三國史記》
《삼국유사三國遺事》
《삼국지三國志》〈위서동이전魏書東夷傳〉
《서애집西厓集》
《성호사설星湖僿說》
《소련 명장론》
《송서宋書》〈이만전夷蠻傳〉 동이東夷
《수서隋書》
《신단재동사초申丹齋東史草》
《신종실록神宗實錄》
《양서梁書》〈제이전諸夷傳〉 동이東夷
《연려실기술燃藜室記述》
《요사遼史》
《위서魏書》〈고구려高句麗 백제전百濟傳〉
《이조실록李朝實錄》

《일월록日月錄》

《임진록》(국문본)

《자치통감資治通鑑》

《조야기문朝野記聞》

《주서周書》(異域傳)

《증보동국여지승람增補東國輿地勝覽》

《증보문헌비고增補文獻備考》

《지봉유설芝峯類說》

《진서晋書 지리지地理志》〈사이전四夷傳〉
　　동이東夷

《진주서사晋州敍事》

《징비록懲毖錄》

《책부원구冊府元龜》

《청구영언靑丘永言》

《청산진도독비문靑山陳都督碑文》

《충무공전서신구본忠武公全書新舊本》

《택리지擇里志》

《한서漢書 지리지地理志》〈조선전朝鮮傳〉

《해동명장전海東名將傳》

《해동역사海東繹史》

《해동제국기海東諸國記》

《해행총재海行總載》

《후한서後漢書 군국지郡國志》〈동이전東夷
　　傳〉

엮은이 참고

류성룡, 김홍식 옮김,《징비록》, 서해문집, 2003

박혜일·최희동·배영덕·김명섭,《이순신의 일기(난중일기)》(개정증보판), 시와진실, 2016

이민웅,《임진왜란 해전사》, 청어람미디어, 2004

＿＿＿,《이순신평전》, 책문, 2012

이순신, 노승석 옮김,《난중일기》, 민음사, 2010

＿＿＿, 송찬섭 엮어옮김,《난중일기》, 서해문집, 2004